그린 비즈니스의 미래 지도
Les pionniers de l'or vert

LES PIONNIERS DE L'OR VERT
by DOMINIQUE NORA

도미니크 노라
문신원 옮김

세계적 기업가들은 녹색 황금시장에서 어떻게 부를 창출하고 성공의 기회를 얻었는가?

Green Business
그린 비즈니스의 미래 지도

김영사

그린 비즈니스의 미래 지도

저자_ 도미니크 노라
역자_ 문신원

1판 1쇄 발행_ 2010. 10. 5.
1판 2쇄 발행_ 2010. 12. 27.

발행처_ 김영사
발행인_ 박은주

등록번호_ 제406-2003-036호
등록일자_ 1979. 5. 17.

경기도 파주시 교하읍 문발리 출판단지 515-1 우편번호 413-756
마케팅부 031)955-3100, 편집부 031)955-3250, 팩시밀리 031)955-3111

이 책의 한국어판 저작권은 베스툰 코리아 에이전시를 통해 저작권자와의
독점계약으로 김영사에 있습니다. 저작권법에 의해 한국 내에서 보호를 받는
저작물이므로 무단전재와 복제를 금합니다.

값은 뒤표지에 있습니다.
ISBN 978-89-349-4160-6 03320

독자의견 전화_ 031)955-3200
홈페이지_ http://www.gimmyoung.com
이메일_ bestbook@gimmyoung.com

좋은 독자가 좋은 책을 만듭니다.
김영사는 독자 여러분의 의견에 항상 귀 기울이고 있습니다.

미래를 예견하는 최고의 방법은
미래를 만들어 내는 것!

카리브 제도의 청록색 초호礁湖에 둘러싸인 에메랄드와도 같은 개인 소유의 섬. 침실 열네 개에다가 수영장, 자쿠지, 테니스 코트, 백사장까지 갖춘 이 섬은 그야말로 화려함과 안일함의 극치다. 영국의 거물 기업가 리처드 브랜슨이 영국령 버진 제도에 소유하고 있는 개인 저택은 보통 때 같으면 일주일에 25만 달러면 빌릴 수 있다. 그런데 2008년 초반에 버진 그룹 회장인 브랜슨은 그곳에서 '행복한 소수happy few' 목록을 만들어 개인적인 '다보스 정상 회담'을 열었다고 〈뉴욕 타임스〉는 전한다.

그 자리에는 영국의 전 총리 토니 블레어는 물론 구글 창업자인 래리 페이지나 온라인 백과사전 위키피디아 창설자인 지미 웨일스와 같은 미국 인터넷 업체 기업가들도 꽤 있었다. 별이 총총한 하늘 아래에서 브랜슨은 초대받은 손님들에게 물었다. "여러분은 정말로 지구가 뜨거워지고 있다고 생각하십니까?" 그렇게 묻는 사람

이나 그 자리에 모인 사람들이나 대답은 한 가지였다. "그렇다." 그
렇게 해서 토론은 지구를 구하고 부수적으로는 지구를 활용하는
최고의 방법에 관한 주제로 가닥이 잡혔다. 한 참석자는 미국 일간
지에 이렇게 설명했다. "제임스 본드 영화를 보면 악당들이 이국적
인 낙원에 모여서 지구를 파괴하려는 음모를 꾸미죠. 하지만 거기
서는 완전히 정반대였습니다!"

　최근에 브랜슨과 그의 네커 아일랜드에 초대된 손님들만 그런
종류의 질문을 제기한 건 아니었다. 2006년에 이미 앨 고어와 그때
부터 유명해진 그의 영화 〈불편한 진실〉이 물꼬를 터놓았다. 재단
을 통해 '클린턴 기후 변화 이니셔티브CCI'를 추진하고 있는 빌 클
린턴의 말에 따르면, "기후 변화에 대응하는 일이야말로 21세기에
해야 할 중대한 도전이다." 아이슬란드의 가수 비요크는 환경 노래
〈나투라Nattura〉를 만들어 거기서 나온 수익금은 친환경 활동을 위
해 쓴다. 비요크는 아이슬란드의 친환경 중소기업들에 투자하기
위해 레이캬비크의 한 기업과 함께 80만 9,000달러의 자금으로 펀
드를 만들기도 했다. 그런가 하면 한때 우드스턱의 스타였던 닐 영
은 중소기업을 후원해 1970년대 '미국에서 가장 아름다운 차'로
한 시대를 풍미했던 링컨 컨티넨탈 자동차를 전기 차로 개조하는
데 성공했다. 또, 가수 폴 매카트니는 '고기 없는 월요일Meat Free
Monday' 캠페인을 펼치며 영국인들의 육류 소비 습관을 적어도 일
주일에 한 번만이라도 버리자고 호소한다. 최근 연구 결과에 의하
면, 육류로 소비되는 가축이 지구 온난화를 일으키는 '온실가스'를

10퍼센트에서 15퍼센트 정도 배출한다고 한다. 예술가 제프 쿤스, 배우 알렉 볼드윈, 가수 셰릴 크로, 금융업자 데이비드 드 로스차일드 등, 이와 같은 시도를 지지하는 사람들이 점차 늘어나고 있다. 얀 아르튀스 베르트랑과 뤼크 베송도 최근에 영화 〈홈Home〉을 제작해 보급하면서 대중의 생태학적 본능을 일깨우려는 시도를 했다. 프랑스에서는 다니엘 콩방디의 녹색당이 사회당과 거의 대등한 의석을 확보한 유럽 선거 직후에 니콜라 사르코지 대통령은 탄소세 도입 계획에 대해 자화자찬했고 사회당은 녹색으로 덧칠했다…….

리스트를 나열하자면 한도 끝도 없다. 3년 전부터 환경 문제가 대의명분이 되었기 때문이다. 녹색 주장은 질병과의 투쟁이나 빈곤 또는 집단 학살과의 투쟁도 넘어설 만큼 유명세를 타고 있다. 그리고 지구 상의 모든 이들과 정치인들이 환경을 지키기 위해 발 벗고 나서고 있다. 물론 그렇다고 개인적으로 각자의 '탄소 평형'에서 그런 결과를 끌어내는 일은 드물지만! 어쨌든 그건 세계적으로 환경 보호의 중요성을 자각하고 있음을 지극히 추상적으로 보여 주는 데 지나지 않다. 석유와 가스 그리고 석탄 등의 화석 연료에 의해 성장률이 좌지우지되는 경제 체계가 환경에 미치는 영향을 무시한 채 아무런 재검토 없이 그 체계를 이어 나가선 안 된다. 과소비와 낭비의 서구적인 전형을 포함한 갖가지 지표가 이대로 장기화되어선 안 된다는 점을 명백히 보여 주고 있다.

물론 생태학적 토론이 새삼스러울 건 없다. 세계 기업의 역사는 때로는 치명적이기도 했던 환경 관련 스캔들로 점철되었으니까.

인도의 보팔과 우크라이나의 체르노빌 사건, 그리고 1급 발암 물질로 지정된 석면 등을 보라. 하지만 이번에는 다르다. 이제까지는 소수의 좌경주의자들 또는 은둔 과학자들이나 부르짖던 전투적이고 사회와 동떨어졌던 환경 발언이 바야흐로 정치적, 경제적, 문화적 조직체의 공식 입장이 되었다. 가히 새로운 행성의 합슴으로 유발되는 쓰나미라고 할 만하다.

첫째로, 갈수록 분명해지는 석유의 희소화와 치솟는 유가에 대한 토론이 활발하다. 확실히 '피크 오일' 개념은 이제 반박의 여지가 없다. 블랙 골드의 세계적 저장분에는 한계가 있어, 석유는 2050년부터 메말라 갈지 모른다. 그리고 남아 있는 저장분으로는 중국이나 인도처럼 신생 공업국들의 비상에 자극받아 증가한 수요를 충족시키지 못할 것이다. 그 바람에 몇 년 후면 원유 가격이 배럴당 200달러에 육박하거나 초과할지도 모른다.

둘째로, 9·11 테러, 이라크 전쟁 그리고 베네수엘라 대통령 우고 차베스의 고압적인 태도에 미국 지도자들은 오일 달러가 적대적인 단체나 다른 정치 체제에 재정을 후원하는 일이 잦다는 사실을 떠올렸다. 그러자 에너지 독립에 대한 근심이 되살아났다. 그런 감정은 지미 카터 시절인 1979년의 오일 쇼크 당시에 나타났다가 원유 가격이 추락하고 로널드 레이건이 등장하면서 역시 빠르게 사라졌다. 하지만 이번에는 보다 장기화되고 심화될 전망이다.

셋째로, 기후 온난화에 직면해 불안감이 치솟고 있다. 이는 대부분 화석 연료의 연소로 인한 것인데, 그 결과에 대해 과학자들, 특히 기후 변화 국제 전문가 단체의 과학자들은 점점 더 불안감을 높이는 용어로 표현하고 있다. 100여 종의 동식물 멸종, 방대한 서식지의 침수, 가뭄과 화재 그리고 다른 자연재해의 증가라는 공포 앞에서 과연 어떤 통치자가 무관심할 수 있을까? 곧 닥칠지도 모르는 '물의 전쟁', 수백만 기후 난민들의 대이동, 새로운 세계적 유행병의 출현 등은 더 말할 나위도 없다. 이제 정확하게 말해서 생태학만의 문제가 아니라는 걸 이해했을 것이다. 북극곰이나 꿀벌을 구하는 게 문제가 아니라, 인류의 중대한 경제적 재난을 피하고 정작 실질적으로는 책임이 적은 남반구 거주자들이 훨씬 더 가혹한 타격을 받게 될 극도의 부당함을 피하는 것이 바로 문제다.

이 책의 사명은 장마르크 장코비치와 알랭 그랑장의 《지금! 지구를 위한 3년》이나 주느비에브 페론의 《생태 붕괴》와 같은 저서들에서 잘 묘사된 암울한 시나리오를 전개시키려는 게 아니다. 반대로 그런 염려스러운 화폭 위에 희망의 터치를 그리고 싶은 야심을 품고 있다. 그게 필요한 일이라는 건 온 세상이 아는 사실이니까. 기적의 치유책 따위는 없다. 해결책은 단계별로 차근차근 진행되는 주도적인 행위를 거쳐야 한다. 가장 먼저 시급하게 에너지 경제를 펼쳐야 한다. 다시 말하면, 우리의 '일상적인 와트 할당량'을 제한하고 그에 따라 개인적으로 그리고 집단적으로 '탄소 발자국'을 줄여야 한다. 미국의 차세대 에너지 개척자인 로키 마운틴 연구소의 애모리 로빈스는 에너지 사용을 줄인다는 단순한 사실만으로

'생성되는' 에너지를 묘사하기 위해 '네가와트'라는 용어를 만들어 냈다!

해결 과정에는 당장 오늘내일 안에 사라지지 않을, 현존하는 발전소들(석탄, 가스 또는 핵)의 변형도 포함된다. 이산화탄소 포집 및 저장과 같은 기술들은 아직까지는 실험 단계여서 비용이 비싸지만 차차 그 발전소들의 유해성을 조금은 줄여 줄 것이다.

끝으로, 이 탐색의 본질적인 목적이기도 한 것이, 미래는 재생 가능한 에너지, 다시 말해 태양열, 풍력, 수력 전기, 지열과 같은 천연 자원에서 파생되는 에너지에 대한 가속화에 박차를 가해야 한다는 사실이다. 재생 에너지는 현재 세계 에너지 소비의 18퍼센트에 불과하고, 그중 13퍼센트는 바이오매스(숲)이고 3퍼센트는 수력 전기(댐)다. 테크놀로지가 진보하면서 이제 대체 가능하고 깨끗한 새로운 에너지 자원이 경쟁력을 갖게 될 것으로 내다보고 있다. 그리고 현상에 대한 전 세계적인 자각과 더불어 새로운 에너지 자원의 비약적 발전을 돕는 법의 제정이 고려될 수도 있다. 따라서 충분히 낙관적으로 생각할 여지는 있다.

훨씬 평준화된 영역으로 대체해 본다면, 풍력 에너지는 이제 풍차나 태양열 농장 그리고 전기 자동차나 일반 자동차의 연료 수준이 아니다. 이미 존재하여 기능하고 있으며 하루가 다르게 그 능력이 향상되고 있다. 심지어 미국인들은 '깨끗한 환경 기술'이라는 의미의 클린테크나 '녹색 환경 기술'이라는 의미의 그린테크라는 용어로 부른다. 칼럼니스트이자 세계적으로 유명한 작가 토머스 프리드먼은 '정보 기술' 또는 인포테크(반도체, 컴퓨터, 인터넷, 미디어, 디지털 레저)에 빗대어 '에너지 기술'이라는 의미의 에너지테크라고 부르는 걸 더 좋아한다.

그러나 이 모든 용어들은 진정한 생태적 대변동의 의미를 단순화시키는 것 같다. 그린테크 혁명은 실제로 우리의 일상적인 제스처 전부와 관련되기 때문이다. 아파트나 주택 건축, 조명, 난방, 환기, 물 소비 등등. 하지만 한편으로는 우리 각자가 옷을 입고 양치질을 하고 화장실을 사용하는 방법이기도 하다. 뿐만 아니라 먹을 것을 사고, 요리를 하는 방법이기도 하다. 물론 일을 하고 움직이고 여행을 하는 방법도 된다. 그런 변화를 일으키려면 지능형 전력망으로 순환되는 '깨끗한' 전기 제품을 보급하고, 우리가 사는 집과 건물을 '수동화'시키고, 자동차와 비행기의 탄소를 제거하고(전기 배터리, 천연가스, 대체 에너지), 물 소비를 줄이고, 육류 소비는 줄이는 대신 유기농 과일과 채소를 늘리는 녹색 화학과 지속력 있는 농업을 촉진시킬 것 등등의 활동이 뒤따라야 한다. 간단히 말해서 에너지부터 기업에 이르기까지, 농업에서 서비스업까지, 우리의 경제적 그리고 사회적 모델 총체는 지속력 있는 개발이라는 범주 척도에서 재고되어야 한다.

허황된 꿈이 아니냐고? 어쩌면 그럴지도 모른다. 하지만 악착같이 추진해 볼 만한 가치는 있다. 그리고 이 탐색의 기존 방침은 미국에서 가장 굳은 신념을 가지고 그 꿈을 실현하고 있는 사람들을 따르는 것이다. 달리 말하면, 캘리포니아의 '녹색 기업가'들이라는 프리즘을 통해 이 혁명의 초창기를 이야기하고자 하는 것이다. 나는 '골든 스테이트', 즉 캘리포니아를 선택했다. 미국 서부는 환경 분야에서 사회 경향과 규제와 기술의 최첨단에 있기 때문이다. 하지만 또 한편으로는 실리콘 밸리의 '기술 낙관론자들'이 대개는 상큼할 정도로 소박하게 '뉴뉴프런티어'를 만들어 냈기 때문이다.

"미래를 예견하는 최고의 방법은 미래를 만들어 내는 것이다!"라는 말은 1971년에 팰러앨토 연구소의 전산학자 앨런 케이가 한 말이다. 이는 또 '리스크 밸리'의 기업가들과 금융업자들이 시도하는 모험이기도 하다. 대학 실험실의 소프트웨어를 미래 에너지로 집중하면서, 그리고 온 힘을 다해 녹색 투자를 만들어 내고 재정을 지원하면서, 샌프란시스코 해안 지역은 한때 커뮤니케이션 기술 분야에서 그랬던 것처럼 녹색 기술의 세계적인 실험실이 되기를 갈망하고 있다.

연구의 세계적 사원이라 할 수 있는 버클리와 스탠퍼드에서, 벤처 캐피털의 세계적 메카라 할 수 있는 샌드힐로드 주변에서, 기업인들의 세계적 중심지인 팰러앨토와 마운틴뷰에서 최고의 두뇌들은 그 새로운 분야에 저항할 수 없을 정도로 이끌리는 것 같다. 과거에 그들은 '오브젝트 지향의 프로그래밍'이나 '2세대 웹'만을 신봉했었다. 하지만 오늘날에는 친환경 벽체나 슈퍼 단열 창호에 열광한다. 그들은 노트북에서 리튬 전지를 꺼내 전기 스포츠카를 가동하고 전 세계인들이 언제든 사용할 수 있게 만들려고 한다. 그들

은 박테리아의 유전자형을 조작하여 의약품이 아닌 녹색 연료를
만들려고 한다.

프랑스인들에게 충격적인 것은 그 녹색 기업가 세대가 전통적인
녹색 투사들이 했던 생각과 어느 정도로 다른가 하는 점이다. 테슬
라의 엘론 머스크, 베터 플레이스의 샤이 애거시, 마카니 파워의
사울 그리피스, 이솔라의 빌 그로스, 서스테이너블 스페이스의 맷
골든, 아미리스의 제이 키슬링과 같은 사람들은 미국의 급진적인
환경 보호주의자들이나 유전자 변형 작물에 반대하는 프랑스 환경
운동가들 또는 독일의 핵에너지 사용 반대자들과는 아무 관계가
없다. 냉소도 없고 항명도 없다. 클린테크에 열광하는 사람들은 자
연으로 돌아가자며 잔소리하지도 않고 러다이트 운동을 하자고 부
추기지도 않는다. 결핍이나 회개를 옹호하지도 않고 마케팅 소송
으로 부산을 떨지도 않는다. 그저 과학과 기술적 진보를, 현대성과
비즈니스를 지지할 뿐이다. 현재의 생산 시스템이 우리를 막다른
골목으로 이끌고 있는 것을 확인하는 데 만족한다. 그리고 더 잘할
수 있다는 확신을 갖고 환경과 경제를 조화시키느라 분주하다. 그
렇게 해서 혁신의 능력에 대한 거의 신비적인 신앙으로 역사상 가
장 커다란 기술적, 과학적, 인간적 도전에 매달린다. 그들은 과거
에 미국이 제2차 세계 대전의 산업적 분발이나 우주 정복의 경우에
그러했듯이 승리를 장담하고 있다.

물론 성공을 보장하는 건 아무것도 없다. 그런 새로운 생각과 기

술은 가혹한 현실의 법칙에 부딪칠 것이다. 그리고 젊은 녹색 기업들 대부분이 스러져 사라질 것이다. 소박하고 깨끗하고 오래 지속되는 경제 모델을 향한 변화의 성공은 단순히 기술의 문제가 아니기 때문이다. 이는 상당한 규모의 정치적, 경제적, 사회적 그리고 문화적 변화와 관련되어 있다. 그러므로 2009년 12월에 열렸던 코펜하겐 기후 협약에서 이미 의미심장한 결과들이 만들어졌다 해도 놀랄 일은 아니다. 경제 위기와 금융 위기 때문에 초기 투자 비용이 막대할 수밖에 없는 양도도 쉽지 않다. 하지만 그 국제적인 만남과 이후에 이어질 만남은 어떤 일이 있어도 교토 의정서와는 다르리라고 약속한다. 지구 온난화와 인간 활동의 관계를 믿지 못한다거나 활동 범위에 대한 새로운 국제 협약의 시급함을 결론짓지 못할 만큼 '경솔'할 수는 없으니까.

결국 대중 여론과 부유한 국가들의 정부는 대부분 형세를 관망하던 데에서 행동으로 옮기는 쪽으로 기울었다. 서양 국가의 모든 수도에서 에너지 경제, 이산화탄소 시장, 탄소세, 환경 부활, 클린 에너지를 이야기한다. 그래서 예전에는 새로운 환경적 구속 앞에 맞바람을 맞던 실업계가 이젠 그에 맞서 싸우기보다 차라리 효과를 완화시키려 애쓰고 있다.

방향 선회가 가장 극적이기로는 미국보다 더한 곳이 없다. 미국은 지구 상에서 경제적으로 초강대국이자 최고의 오염 국가이다. 조지 W. 부시 시절 환경의 암흑주의 8년이 지나고 버락 오바마 시대를 맞은 미국은 마침내 그 주제를 건강 및 교육과 더불어 최우선 목표로 정했다. 에너지에 관한 새로운 미국의 법칙이 유럽에서 볼 때는 지나칠 정도로 보잘것없겠지만 정치적인 급변임에는 분명하다.

위기와 쇠퇴가 녹색 혁명의 싹을 죽이고 있는 것은 아닐까? 물론 단기적으로 휘발유 가격은 하락했고 예산은 줄어들었다. 굳게 뿌리내리지 못한 '녹색 성장'은 죽었고 기업 프로젝트는 연기되었다. 하지만 2009년은 파동의 불황을 표시했던 것 같다. 그리고 전문가들은 그 운동이 2010년부터는 더욱 활기차게 재출발할 것이라고 예상했다.

사실 어떤 면에서 그러한 위기는 한 시대의 종말에 대한 자각을 가속화시킨다. 패러다임을 바꾸기에는 더없이 이상적인 기회다. "좋은 위기를 망치는 것보다 한심한 짓은 없다"고 워싱턴에서는 말한다. 실제로 오바마 대통령은 자신이 내걸었던 공약을 잊기는커녕 과감하고 단호하게 그린 어젠다를 진척시키려 한다. 오바마는 친환경 팀을 임명했다. 미국에 긴밀한 에너지 정치를 정착시키고 사우디아라비아의 원유와 화석 연료에 대한 의존도를 줄이면서(미국의 전기 50퍼센트가 탄소에서 발생한다!) '녹색 성장'을 일으키기 위해 최대한 노력하고 있다. '미국경기부양법안'의 11퍼센트 이상, 다시 말해 940억 달러가량이 건물의 에너지 효율성과 전기 네트워크의 현대화, 그리고 재생 에너지와 오염도가 적은 교통수단의 연구와 생산에 배정되었다. 새로운 에너지 정책은 지속적으로 그 노력을 개혁해 나가고 '탄소'에 적당한 가격을 매기는 시장을 창출하게 될 것이다.

동쪽 해안에서 서쪽 해안에 이르기까지, 실업계에서 위대한 박애주의자에 이르기까지, NGO 책임자들부터 저명한 예술가들에 이르기까지, 그리고 지역 정치인들부터 동네 단체에 이르기까지 미국의 식견 있는 단체들은 이제 에너지 미래의 도전을 받아들이기로 결심한 것 같다.

당연히 미국은 하루 이틀 안에 '생태학적 모델'이 되진 않을 것이다. 게다가 그들의 역사적 핸디캡이 막중한 만큼 유럽인들에게 훈계할 만한 자격도 없다. 개략적으로, 미국인 한 사람이 유럽인 한 사람보다 더 많은 천연자원을 연소시킨다. 지나친 부채, 과소비, 낭비를 토대로 하는 미국의 사회적 모델은 이제 자본주의 탐닉의 상징이다. '검소함'은 영어로는 쉽게 옮길 수 없는 단어여서 미국 여론 일부는 자신들의 터무니없는 '맥맨션(McMansions, 작은 부지에 크고 화려하게 지은 저택—옮긴이)', 우스꽝스러운 애완견용 조깅 매트, 냉장고처럼 온도 조절이 되는 아파트 등등을 재검토하기 시작했다.

예스 위 캔! 나라의 일부가 마치 새로 개종한 사람처럼 극성스럽게 달려들고 싶어 하는 것 같다. 나는 태양과 바람의 이야기, 미국 서부에서 탄생한 새로운 에너지와 희망의 이야기를 통해 그런 것들을 설명하고 싶었다. 이 책은 '뉴뉴이코노미'의 모험가 부족의 여행 입문기로 자처한다. 그들은 지구를 구하면서 돈을 벌고 싶어 한다. 혹은 그 반대든가. 그리고 그들의 꿈에는 희한하게도 전염성이 있다. 선 마이크로시스템스의 창업자이자 그린 벤처 캐피털의 정신적 스승인 비노드 코슬라는 마하트마 간디의 말을 인용하길 좋아한다. "그들은 처음에는 당신을 무시하고, 그다음에는 비웃고, 그다음에는 싸우려 들지만, 결국은 당신이 이길 것이다."

차례

Chapter 1
;
캘리포니아 드림

2009년 5월 19일, 백악관 로즈가든에 그들이 모였다. 자동차 업체 제너럴 모터스GM, 포드, 크라이슬러, 도요타의 경영자들, NRDC, 시에라 클럽 등 미국의 주요 환경 보호 단체 대표들, 장관들 그리고 캘리포니아 의원들의 선두에 선 사람은 바로 캘리포니아 주지사 아널드 슈워제네거였다.

이날, 오바마 대통령은 자신이 대통령에 당선되기 이전인 2002년에 캘리포니아 주에서 제정했던 자동차 이산화탄소 배출과 소비 규제를 전국으로 확대하겠다고 발표했다. 새로운 규제는 2016년까지 자동차 배기가스를 30퍼센트 줄이고 미국의 원유 수입을 180만 배럴 정도 절약한다는 내용을 담고 있다. 오바마 대통령은 선언했다. "저는 캘리포니아 주와 캘리포니아 의원 여러분 그리고 주지사의 탁월한 지도력에 박수를 보내고 싶습니다. 그분들은 환경 보호

를 위해 힘쓰는 다른 많은 분들과 마찬가지로 이 주제에 관해 나아
갈 바를 제시해 주셨으니까요."

슈워제네거는 더없이 뿌듯해했다. 그는 기후 변화에 맞서는 법
령을 통과시켜 2020년까지 온실가스를 25퍼센트 줄일 수 있도록
했고, 캘리포니아의 수질과 공기를 정화시키기 위해 지칠 줄 모르
는 투쟁을 이끌었으며, 캘리포니아에서 강력한 재생 에너지 산업
을 일으켰다. 그 결과, 마침내 대통령이 미국 전역과 전 세계 앞에
서 그의 정책을 모범으로 내세우지 않았는가! 주지사 당선 19개월
만에 캘리포니아 예산의 심각한 적자로 이미지가 훼손되었어도 빈
둥대지 않고 활동한 그로선 기쁜 일이 아닐 수 없었다. 슈워제네거
는 잠시 후 오바마 대통령의 칭찬에 이렇게 화답했다. "서너 차례
다른 대통령 행정부가 그런 시도를 했지만 결국 성공하지 못했습
니다. 그런데 이번 대통령은 취임한 지 120일 만에 전 세계를 규합
하는 데 성공했군요!"

사실 슈워제네거는 여러 해 전부터 캘리포니아가 연방 규격보다
훨씬 더 엄격한 배기가스 배출 규범을 채택하도록 애써 왔다. 자동
차 제조 업자들의 고소에 시달릴 정도의 투쟁도 불사했다. 그리고
로비스트도, 워싱턴과의 연줄도 부족하지 않았던 디트로이트는 부
시 행정부의 지지를 받았었다. 심지어 '터미네이터'는 2008년 1월
초엔 환경 보호 문제로 부시 연방 정부를 고소하기도 했다! 물론
괜한 수고였지만.

그런데 오바마가 대통령에 취임하면서 전세는 역전되었다. 드디

어 백악관도 환경을 옹호하면서, 막다른 골목에 몰려 있던 자동차 제조 업자들은 행정부에 맞설 수 없게 되었다. 슈워제네거로선 녹색 운동에 헌신하는 주지사로서 자신이 맡았던 두 가지 임무에 대해 인정을 받는 순간이었다.

아이러니의 극치가 아닐 수 없다. 그의 승리를 인정한 대통령은 민주당 출신인 반면 공화당 의원인 슈워제네거는 여전히 그 문제들을 놓고 소속 정당의 반발에 부딪치고 있으니 말이다. 2007년 11월 15일, 슈워제네거는 로스앤젤레스 모터 쇼 신차 발표회장을 찾았다. "이거야말로 우리에게 필요했던 혁신입니다. 다 함께 노력하면 캘리포니아는 깨끗한 차세대 연료계의 선두 주자 자리를 지키게 되리라 확신합니다." 2008년 4월 22일, 슈워제네거는 프리토 레이Frito-Lay사가 머데스토의 선칩 공장을 태양열 에너지로 가동하게 된 걸 축하했다. 2008년 6월 30일에는 전기 자동차 업계의 중소기업 제조사인 테슬라 모터스 본사를 방문해 새너제이에 미래형 공장을 세우도록 설득했다. "혁신의 선두에 서 있는 이 기업이 이곳에서 단순히 연구와 개발에만 몰두하는 건 우리가 바라는 바가 아닙니다. 우린 캘리포니아에서 이 기업이 자동차를 제조해 주기를 바랍니다." 2008년 10월 9일, 슈워제네거는 태양 전지판 제조 업체인 어플라이드 머티리얼스Applied Materials의 주차장에서 2메가와트의 태양광 발전 설비를 공개했다. "장기적으로 우리의 경쟁력을 보장하는 일은 이제 그 어느 때보다도 중요한 일이며 그린테크는 미래를 상징합니다." 2009년 5월 27일에는 로스앤젤레스에서 수소 연료 전지 로드 투어에 참석했다. 그 투어는 수소 연료 전지 자동차들이 샌디에이고에서 캐나다의 브리티시컬럼비아 주까지 완주하는 행사였다. "캘리포니아는 우리의 도로를 달리는 배기가스 배출량이 적은 자동차들이 확실하게 경쟁력 있으며 성장 가능성이 충분하다는 사실을 전 세계에 입증하고 싶습니다!"

최근 몇 년 동안, 슈워제네거는 '주지사'로서 새로운 연구소 개막식에 참석하거나, 공업 지역 또는 자연 보호 구역을 방문하거나, 아니면 그린테크에 관련된 행사나 회의에 참석하기를 한 주도 거르지 않았다. 흉내 내기도 힘든 강한 오스트리아 억양과 배우 출신다운 노련함 그리고 눈에 띄는 넥타이가 트레이드마크인 슈워제네거는 캘리포니아를 "지구 온난화에 맞선 투쟁과 에너지 독립 그리고 클린 테크놀로지를 선도하는 도시"로 만들겠다는 의지를 쉼 없이 주지시키고 있다. 주지사로 취임한 지 6년이 지난 이제는 그의 정적들마저도 인정하고 있다. 그 공화주의자는 미국 경제에서 '탄소를 제거하기' 위해 민주당원 여러 명이 한 것보다 더 많은 일을 해냈다고!

녹색 거인 슈워제네거

그러나 2003년에 재정 적자 문제로 소환당한 전 주지사 그레이 데이비스의 후임자를 선출하는 경합에 뛰어들었을 때만 해도, 보디

빌더 출신이자 할리우드 스타였던 슈워제네거가 처음 펼친 환경 보호적인 담론은 그다지 진지하게 받아들여지지 않았었다. 늘 시가를 입에 물고 다니고, 넓디넓은 저택에 살면서, 대형 자동차 여러 대에 개인용 제트기까지 소유한 그가 주장하는 환경론적 주장이 어떻게 신뢰를 얻는단 말인가? 워싱턴에서 그런 로비를 펼치는 모습을 종종 비쳤던 리어나도 디캐프리오나 톰 크루즈와는 달리, 슈워제네거가 그런 식의 활동을 하는지는 알려지지도 않은 상태였다.

하지만 측근들에 의하면, 슈워제네거는 1960년대 캘리포니아에 처음 도착했을 때부터 캘리포니아 해변의 오염 상태를 보고 놀라 충격을 받았었다고 한다. 샌프란시스코에 있는 칼라일Carlyle 금융 그룹의 로버트 그래디는 이렇게 설명한다. "아널드의 입장은 근교에 살고 있는 대다수 미국 유권자들과 똑같다고 할 수 있습니다. 그는 재정적으론 세금 인상에 반대하고 범죄에 강압적인 보수주의자이지만, 도덕과 교육 그리고 환경 보호에 관해서는 진보주의자입니다." 공화주의자이자 아버지 대통령 조지 부시의 조력자이기도 했던 그래디는 슈워제네거의 주지사 후보 시절 녹색 정치안을 가다듬은 사람이었다. 그 과정에서 슈워제네거는 민주당원 테리 태미넌과 긴밀한 협력 관계를 맺기도 했다. 태미넌은 한때 수영장 청소부, 셰익스피어 전문 배우 등 다양한 활동을 했던 로스앤젤레스의 저명한 환경 운동가다.

태미넌은 이렇게 이야기한다. "아널드와 나는 함께 어울리는 친구들이 여럿 있습니다. 아널드의 아내 마리아, 마리아의 사촌이자 몇 년 전부터 나와 함께 캘리포니아 수질 향상을 위해 힘써 온 보비 케네디 주니어, 할리우드 에이전트이자 현재 NGO 샌타모니카 베이키퍼스Santa Monica BayKeepers 회장 겸 새로운 미국 재단New America Foundation의 기후정치과장으로 있는 보니 레이스와 친하게 지내죠. 그래서 2003년에 아널드가 주지사 선거 활동에 뛰어들기로 했을 때, 보비 케네디는 그의 환경 보고서 작성을 돕고 싶다고 내게 요청해 왔습니다." 확실히 초반에만 해도 태미넌은 조금 회의적이었다. 하지만 슈워제네거와 몇 차례 만난 후로는 그의 결단력에 감명을 받았다. 태미넌은 이어서 이렇게 설명한다. "게다가 무엇보다도 내가 차기 주지사 후보의 계획에 영향을 미칠 수 있는 기회를 놓칠 순 없다고 생각했죠!" 태미넌은 슈워제네거가 순수하고 단호한 공화주의자도, 지독한 공상가도 아니라는 것을 알고 있다. 어쨌든 슈워제네거는 존 F. 케네디 대통령의 여동생 유니스 케네디 슈라이버의 딸 마리아 슈라이버와 결혼했으니까……. 그리고 마리아 슈라이버는 여전히 신념 있는 민주당원일 뿐만 아니라 적극적인 운동원이다. 2008년 대선에서 그녀는 예비 선거에 이어 오바마 후보 진영에 참여한 반면, 슈워제네거는 공화당 후보 존 매케인을 지지했다. 당시 이 부부가 사는 로스앤젤레스 퍼시픽 팰리세이드의 벨라 비스타 빌라 정문 앞에는 양당의 선거 플래카드가 나란히 걸려 있었다. 그리고 주방 식탁에서는 아빠와 엄마 그리고 당시 열 살짜리 막내부터 열여덟 살 장남까지 네 자녀가 둘러앉아 열띤 토론을 벌였다. "딸들은 힐러리를 지지했다가 이제는 오바마 편입니다. 아들들은 매케인 쪽으로 조금 더 기울었고요." 당시에 슈워제네거는 〈뉴욕 타임스〉에서 그렇게 말했다. 한편 마리아 슈라이버는 자신의 입장을 이렇게 설명했다. "우리 부부가 아이들 보는 앞에서도 같은 정당을 지지하지 않는 것에 대해 전 대단히 긍정적으로 생각합니다. 아이들은 한 가지 문제를 서로 다른 방식으로 접할 수 있다는 사실을 이해하고 있어요. 서로 인내하고 타협해야 한다는 것도요."

슈워제네거는 타협에 능하다. 심지어 2008년 5월의 어느 날 로스앤젤레스에서는 과학자 400명과 기업가들 그리고 정치인들 앞에서 그 사실을 '유머러스하게' 강조하기도 했다. 공화당원들은 사형 제도에 찬성하는가? 민주당원들은 재생 에너지에 찬성하는가? 그러고는 이렇게 농담을 던졌다. "그럼, 태양열 에너지로 작동하는 전기의자를 만들면 되겠군요!" 보다 진지하게는, 낙태를 지지하는 입장을 취하고 전 주민 의료 보험 프로젝트를 추진하고 있으며 비서실장 수전 케네디부터 경제 정책 수석 고문 데이비드 크레인에 이르기까지 민주당원 협력자도 여럿 둔 그는 대단히 특이한 공화주의자다. 조금 과격하다는 점만 빼고……

2003년 9월 초에 태미넌과 그래디를 비롯한 몇몇 사람들은 '환경 보호 활동 계획안' 작성을 위한 작업에 착수했다. "예비 선거 과정이 생략된 '소환' 선거였기 때문에 선거 운동 기간은 두 달이 채 안 걸렸어요. 우리의 임무는 최대한 호전적으로 아주 신속하게 계획안을 구상하는 것이었습니다"라고 그래디는 회상한다. 게다가 당시에 두 사람은 초반에는 슈워제네거가 선출될 가능성이 그다지 없어 보였던 만큼 행여 자신이 선출되지 않는다 해도 다른 후보들이 그 문제를 더 중요시하게 만들 수는 있으리라고 생각했다.

슈워제네거는 시어도어 루스벨트의 전통을 따라서 비즈니스의 옹호자인 동시에 환경의 수호자로 자처했다. 2007년 3월에 그는 〈포천〉지에서 이렇게 설명했다. "저는 광신자가 아니라 낙천주의자입니다. 우리 캘리포니아를 깨끗한 주州로 만들 좋은 기회라고 여기니까요." 2003년 9월 21일, 슈워제네거는 샌타바버라에서 자신의 친환경 프로그램을 공개한다. 그래디는 그날 일을 이렇게 이야기한다. "그날, 전 아널드를 소개하게 되어 영광스럽게 생각했습니다. 전 그가 세금에 대해서는 보수적이지만 환경에 관해서는 개혁적인 주지사가 될 것이라고 설명했습니다. 그것이 당파의 문제도 아니고 경제에 해가 되지도 않을 게 분명한 건, 할 수 있는 모든 곳에서 우리는 전통적인 행정 조치가 아닌 시장의 메커니즘을 활용할 것이기 때문이라고 강조했죠."

슈워제네거가 선거 운동을 펼치는 데 활용한 태미넌과 그래디의 수행 계획은 대단히 야심 찬 것이었다. 특히 노후 차량 회수를 비롯한 자동차 오염률 50퍼센트 감소 계획안이 담겨 있었다. 슈워제네거는 버스와 디젤 트럭의 배기가스를 제한하기 위해 워싱턴에서 투쟁하겠다고 약속했다. 그리고 시에라네바다 산맥의 1,000만 헥타르를 보호 구역으로 설정하고 수많은 자연 보호 구역과 연안(시추 금지)과 대서양을 보호하겠다고 장담했다. 아울러 전력망을 현대화해서 2001년과 같은 정전 사태가 두 번 다시는 일어나지 않도록 하겠다고 했다. 또 에너지 경제와 재생 에너지의 발전을 위해 격려를 아끼지 않겠다고 약속하기도 했다. 슈워제네거는 그런 공약들로 민주당의 경쟁자를 모조리 물리쳤다.

그날 슈워제네거의 연설이 끝나자 〈뉴스위크〉지의 저널리스트가 그를 질책했다고 그래디는 회상한다. "잠깐만요……. 뭐 그거야 다 좋긴 한데, 정작 당신은 허머를 타고 다니잖아요!" 군용차 허머는 '기름 먹는 자동차' 중 최악의 자동차이다. "그래서 난 GM에 부탁해서 수소 자동차로 개조시켰습니다"라고 슈워제네거는 응수했다. "좋아요. 하지만 그것도 선거 때문이었겠죠. 그럼 왜 10년 전에는 그렇게 하지 않았죠?" "왜냐고요? 그야 내가 완벽한 사람이 아니니까요!" 슈워제네거는 함박웃음을 지으며 대꾸했고, 좌중은 웃음을 터뜨렸다. 그리고 박수갈채가 터져 나왔다.

단상 위의 논객 슈워제네거는 교묘히 얼버무려 비난을 피해 가는 재주를 갖고 있다. 그래디는 이렇게 이야기한다. "선거 운동 중에 하루는 아널드가 당시 경제 자문으로 발표했던 존경할 만한 기업인 워런 버핏이 특정 주제에 대해 한 번만 더 자신과 반대되는 발표를 하면 엎드려뻗쳐 팔 굽혀 펴기 500번을 시키겠다고 하더군요!"

공약을 지키겠다는 열의에 가득 찬 채 캘리포니아 제39대 주지사로 선택된 슈워제네거는 태미넌을 캘리포니아 주지사 환경 보좌관으로 임명한다. "그는 임기 중에 우리가 함께 완성한 계획안을 제가 실행할 수 있기를 바랐습니다. 그래서 우린 그렇게 했죠"라고 태미넌은 이야기한다.

전기는 아끼면서 휘발유에는 탐욕스러운 주, 캘리포니아

역사적으로 볼 때, 캘리포니아는 슈워제네거가 환경법의 스타가 되기 이전에도 그 분야에서의 활약이 있었다. "1960년대부터 우리는 '청정대기법Clean Air Act'과 '청정수질법Clean Water Act'에 투표한 최초의 주였고, 1970년대에 들어서 그 전통은 연방 수준으로 넓혔습니다"라고 태미넌은 상기시킨다. 캘리포니아의 엄격한 자동차 규범이 전국적인 수준으로 확대되면서 그 과정은 실제로 진행되고 있다. "미 대법원이 작년에 온실가스를 오염원으로 간주할 수 있다고 인정했는데, 이는 온실가스를 줄이려는 우리의 노력을 합법화한 것입니다"라고 그는 덧붙였다.

이처럼 일찌감치 시작된 캘리포니아의 생태학적 자각은 물론 자연 보호 구역의 아름다움과 야생 동식물을 보존하려는 의지로 설명된다. 하지만 지나친 반응도 문제다. 로스앤젤레스의 급전환된 도시 개발, 대형 자동차 예찬(대형차 운행이 캘리포니아 에너지 소비의 38퍼센트에 달한다. 미국 나머지 지역의 29퍼센트와 프랑스의 18퍼센트에 비해서!), 화려한 '맥맨션'과 과도한 정원 급수와 골프…….

황금의 주 캘리포니아는 그 규모 때문에 지구에서 열두 번째로 온실가스를 많이 배출하는 지역이다. 그리고 미국에서 기후 온난화에 가장 민감한 주이기도 하다. 캘리포니아는 이미 연안 침식과 혹독한 가뭄 그리고 대재앙적인 자연 화재 때문에 정기적으로 피해를 당하고 있다. 미국 환경보호국EPA은 과학자들이 예측하듯 2100년에 지구의 평균 온도가 지금보다 섭씨 몇 도 올라가면 시에라네바다 산맥의 눈 더미가 70퍼센트 이상 감소해 대략 6,000만 명이 침수 피해를 입을지 모른다고 추정한다.

어쨌든 캘리포니아는 1970년대부터 에너지 경제에 몰두하고 있다. 2008년에도 미국 에너지효율경제협회ACEEE로부터 오리건, 코네티컷, 버몬트, 뉴욕, 워싱턴에 앞서 미국 최고의 '그린' 경제 주로 인정받았다. 캘리포니아의 비장의 무기는? 캘리포니아의 전력 산업을 규제하는 단체는 30년 전에 에너지 판매량에 맞춰 가격을 조정하는 '디커플링decoupling' 지불 제도를 채택했다. 그리고 2007년에는 10년 목표로 그 같은 '당근과 채찍'의 방법을 한층 강화했다. "우리는 고객들이 에너지를 절약할 수 있도록 강력한 재정적 포상으로 효율성을 높이고 있습니다." 퍼시픽 가스 전기Pacific Gas & Electric사의 지속 가능한 커뮤니티 책임자인 대런 버튼은 그렇게 요약한다. 그리고 "효율성이야말로 전략적인 에너지 자원"이라고 서던 가스 전기Southern California Edison사의 진 로드리게즈는 말한다. 기적을 이루어 낸 제도이다. 캘리포니아 주민당 전력 소비가 1975년부터 안정적으로 유지되었으니까. 당시 개인당 실제 수입은 79퍼센트나 증가했는데도 말이다!

더욱이 공터와 바람, 태양 그리고 수력 전기와 지열 에너지 자원
이 풍부한 캘리포니아는 재생 에너지 개발에 특히 적합한 지형을
갖고 있다. 때문에 캘리포니아의 전기 회사들은 미국 남부와 동부
지역 회사들과는 달리 탄소 의존도가 적은 편이다. 그래서 야심
찬 재생 에너지 할당량을 정할 수 있었다. 비수력 재생 에너지는
2010년에는 캘리포니아 공공시설 총 공급량의 20퍼센트, 그리고
2020년에는 33퍼센트가 되리라 여겨진다. 그 역시 전국에서 가장
강력한 제재에 따른 예상치이다. 하지만 제재가 제대로 이행될지
는 아직 미지수다.

어찌 되었든, 후보 슈워제네거의 2003년 추진 계획은 거의 문자
그대로 적용되었다. 당시에 캘리포니아 주 대기자원국CARB에서 중
요한 역할을 맡고 있던 버클리 대학 교수 로버트 소여는 이렇게 평
가한다. "아널드 슈워제네거는 자신의 녹색 계획을 추진하기 위해
엄청난 노력을 기울였다. 공화당 소속 주지사와 민주당 입법부의
결합은 양쪽 모두 환경적인 목표를 가진 덕분에 실천으로 옮기기
에 좋은, 꽤나 보기 드문 기회를 이루었다."

오늘날 캘리포니아를 환경 분야의 귀감으로 만들어 준 숱한 프
로그램들이 그렇게 탄생되었다. 특히 슈워제네거는 자신의 '캘리
포니아 태양열 에너지 발전 계획'을 자랑스러워한다. 이는 총 32억
달러를 들여 50퍼센트 세액 공제를 제시하고 전문인들과 개인들이
지붕에 태양 전지판을 설치하도록 격려하는 계획이다. 계획대로
실현된다면 2018년에는 태양열 지붕을 갖춘 건물이 100만 채가 될

예정이다. 그렇게 되면 3,000메가와트의 청정 에너지가 추가되는 셈이다. 한편, 건축물의 경우에는 2020년에 신축되는 주택의 절반이 태양열 주택으로, 2030년에 신축되는 상업용 건물의 절반이 태양열 건물로 건축될 예정이다. 태미넌 역시 수소 연료 전지 차 운전자들이 수소를 충전할 수 있는 충전소 26곳이 설치된 '수소 고속도로'에 대단한 자부심을 가지고 있다. 하지만 그래디는 그때 일을 회상하며 농담하듯 말한다. "테리와 아널드를 제외하고는 많은 사람들이 수소를 선뜻 받아들인 것 같지는 않더군요." 그 역시 수소를 크게 신뢰하지 않았었다. 사실 2009년에 캘리포니아 주에는 수소 연료 전지 차가 고작 300대에 불과했다. 그리고 일반 대중이 볼 때 그 기술은 여전히 시기상조였다.

그러나 슈워제네거가 언젠가 미국 역사에 남을 녹색 영웅이 된다면 그건 분명히 지구 온난화에 반대하는 그의 법령 덕분일 것이다. 앨 고어의 〈불편한 진실〉이 나오기도 전인 2005년 6월에 슈워제네거는 단언했다. "내가 볼 때 논쟁은 끝났습니다. 우리는 과학적인 연구 결과들을 알고 있고, 위협에 직면해 있으며, 행동을 개시할 때가 되었다는 사실을 알고 있습니다!" 그리고 '지구 온난화 해소법' 또는 'AB32 법안'이라는 무기를 뽑아 든 터미네이터는 기후 온난화를 '터미네이트' 시키리라 여겨진다.

2006년에 입안되었지만 아직 적용 방법이 모두 정해지지 않은 그 주법은 2020년에는 캘리포니아 주의 온실가스 배출량이 25퍼센트 감소해 1990년 수준으로 돌아갈 것으로 예상한다. 목표를 교토 의정서 수준에 어느 정도 맞춘 차후 단계에서는 2050년까지 80퍼센트 감소를 예상한다. 그 법안의 주요 항목은 이미 유럽에 존재하는 것과 유사한, 탄소 배출권 거래소 창설이 될 것이다. 다만 다른 점은 유럽의 제도에서는 몇 가지 주요 부문의 탄소만 해당된다는 점과 배출권이 지나치게 온건주의 방식으로 할당되어 제대로 구속력을 갖지 않는다는 점이다. 미국인들이 '배출 제한 및 거래 Cap and Trade'라고 부르는 그 제도는 나라별로 실제 배출되는 양보다 적은 수준으로 배출 총량을 정한다. 그 상한선까지의 배출권은 오염원들에 무상으로 할당되거나 (이전의 배출량에 비례하여), 총량 혹은 일부를 경매로 매각한다. 반대로 상한선을 넘지 않은 기업들은 자신들이 가진 초과분의 '오염권'을 상한선을 넘긴 기업들에 자유롭게 판매할 수 있다. 따라서 오염권의 수요가 톤당 가스의 거래 가격을 정한다. 제도 구상자 중 한 사람인 그래디는 이렇게 말한다. "우리는 이미 1970년대에 '배출 제한 및 거래' 제도를 성공적으로 활용해 산성비의 원인이 되는 황산화물 배출량을 감축시켰습니다. 당시에 기업들은 아황산가스 1톤을 없애는 데 드는 비용이 2,000달러는 될 거라고 주장했죠. 정부에서는 오히려 톤당 750달러를 기준으로 삼았고요. 하지만 거래소가 정립되자 톤당 시세는 107달러에서 150달러 사이로 책정되었습니다!" '탄소 제약'의 개념을 용인하는 공화당원들은 보다 단순하고 예측하기 쉽긴 하나 그 수위와 활용이 전적으로 정부에 달려 있는 '탄소세'의 공포보다는 차라리 그런 식의 체제 설립을 더 선호한다.

녹색 일자리의 약속

초반부터 슈워제네거 주지사의 녹색 계획에 대한 기업인들의 반대는 대단했다. 하지만 "리처드 닉슨이 완고한 반공산주의자로 알려져 있었기에 중화인민공화국과의 대화 창구를 열 수 있었던 것처럼, 아널드도 확고한 친비즈니스파라는 명성을 얻고 있었기에 캘리포니아 정책을 녹색으로 물들일 수 있었던 겁니다"라고 그래디는 설명한다. 환경을 보호하는 동시에 경제 성장도 촉진시킬 수 있다고 확신한 슈워제네거는 자신의 이상理想에 기업인들이 찬성하도록 만들려고 애를 썼다. 그러다 보니 일부 실업계 압력 단체들과 그 대책에 강하게 반대하는 공화당원들 그리고 할당량이나 기존의 세금 부과를 요구하는 민주당원들과 동시에 맞서야 했다.

캘리포니아 주 대기자원국의 로버트 소여 박사는 이렇게 설명한다. "기업은 규제받는 걸 좋아하지 않습니다. 실업계는 환경을 규제할 경우에 닥칠지 모를 경제적 파산의 공포로 순식간에 술렁거렸죠. 하지만 그건 역사적으로 볼 때 사실이 아닙니다. 대개 기업이 와해되는 건 경제적인 이유 때문이지, 규제 때문은 아니거든요." 역설적이게도, 악의에 찬 실업계의 반대는 오히려 슈워제네거의 투지를 한껏 더 부추겼다. 주지사 슈워제네거의 양당 연립 팀은 굳게 단결해 유능한 코만도들처럼 작업에 착수했다. 민주당원들은 좌파 공략을, 공화당원들은 우파 공략을 맡았다. "아널드는 자신의 이상을 명확하게 규정했습니다. 그는 매일 아침 자전거 운동 기구를 타면서 브리핑 노트를 읽었습니다. 유럽 쪽을 포함해 다양한 소식통으로부터 정보를 얻었습니다. 그는 목표를 정하고 나면 우리에게 작업을 맡겼죠. 그렇게 믿고 맡겨 주어 우리는 최선을 다할 수 있었습니다. 반면 난관에 부딪치면 언제든 그의 지원을 받을 수 있으리라는 걸 알고 있었죠."

슈워제네거는 자신의 계획을 경쟁력의 도구로 팔려고 애쓴다. "경제 성장과 환경 보호는 서로 떨어질 수 없는 관계"라고 틈날 때마다 강조했다. 그 후 이상을 더욱 확고하게 해주는 보고서 두 건이 제출되었다. 캘리포니아 주 대기자원국은 2008년 9월에 불황 비용과 '지구 온난화 해소법' 적용 비용을 비교하는 연구서를 발표했다. 연구 결과는 그 법안이 대단히 긍정적인 영향을 미쳐 2020년까지 270억 달러의 경제 생산 증대와 10만 건의 신규 녹색 일자리를 창출할 것이라고 밝혔다. 거기서 얻는 혜택은 비단 재정적인 것만은 아니다. 오염도가 줄어든 공기는 300명의 조기 사망을 예방하고 9,000건의 천식과 기타 호흡기 질환을 감소시킬 뿐만 아니라 병가를 5만 3,000일이나 줄일 수 있기 때문이다. 버클리 대학 교수이자 경제학자인 데이비드 롤랜드하츠의 연구 결과는 한층 더 낙관적이어서 2008년부터 2020년 사이에 40만 3,000건의 녹색 일자리와 캘리포니아의 GDP(국내총생산) 760억 달러 상승, 그중 세대로 돌아가는 추가 수입 420억 달러 상승을 기대한다.

그러나 슈워제네거는 정작 자신의 소속 정당을 설득하는 데 실패했다. "AB32 법안이 양쪽 진영의 노력으로 통과되었다고 말하기를 좋아들 하지만, 사실 투표는 엄밀하게 한쪽 당파 노선에 따라 이루어졌습니다. 대다수의 민주당원들과 공화당 출신 주지사 한 명이 빚어낸 결실인 셈이죠"라고 태미넌은 말한다. 2007년 3월에 슈워제네거 본인도 〈포천〉지와의 인터뷰에서 이를 인정했다. "납득하지 못하는 사람들은 양당 모두에 있지만, 솔직히 말하면 공화당원들에게 그 대책을 추진하기가 더 힘든 편입니다. 심지어 미시간 주에는 나 때문에 자동차 산업이 850억 달러나 들였다고 비난하는 내용의 광고판도 있더군요!"

오늘날 그 '큰 사업'은 바로 그런 제재에 대한 생각에서 생겨났다. 결국 확실한 것이 다모클레스의 칼처럼 위기일발의 상황보다는 나은 법이니까. 그래서 그 사업의 대표들은 이제 탄소 시장의 원칙이 아니라 그 원칙의 정립 방법을 두고 맞서 싸우고 있다. 기업들과 에너지 회사들은 배출량 100퍼센트에 대해 무상 분배를 바라는 반면, 환경 운동가들은 100퍼센트 경매를 원하기 때문이다.

슈워제네거가 세 번째 임기를 수행할 수는 없으므로 만일 차기 캘리포니아 주지사가 녹색 정책에 반대하는 공화당원이 선출될 경우라면 그 정책이 재검토될 우려는 얼마든지 있다. 하지만 태미넌은 그 점에 대해서도 낙관적이다. "기차는 이미 달리고 있습니다. 주 의회가 가결시켰으니까요. 그리고 제도의 세부 사항을 정하는 캘리포니아 주 대기자원국은 엄연히 독립적인 기관입니다. 게다가 지금부터 아널드가 임기를 마치는 2010년 말 사이에 그 규칙들 대부분이 제정될 겁니다."

탄소 시장에 나타난 세 개의 싹

어떤 메커니즘이 고려되든 간에, 미국 서부는 2012년에 탄소 시장을 출범시킬 준비를 하고 있다. 슈워제네거가 노련하게 위풍당당한 자신의 녹색 깃발 뒤로 조지 W. 부시의 무대응에 분개한 미국의 모든 주를 연합시켰기 때문이다. 거기서도 역시 태미넌이 주요 역할을 맡았다. "캘리포니아만이 행동하는 유일한 주라고 생각했다면 계획대로 되지 않았을 겁니다. 무엇보다도 워싱턴 쪽에서 관심을 보이지 않았다면요. 우리가 경제적으로 시련을 겪게 될 우려뿐만 아니라 이산화탄소가 주 경계를 넘을 수도 있으니까요! 그래서 어쩔 수 없이 이웃 주들도 탄소 배출권 시장에 동참하도록 설득해야 했습니다." 그래서 태미넌은 슈워제네거의 허락을 받고 2006년에 새크라멘토를 떠나 다른 주지사들에게 '탄소 제거'를 설득하러 갔다. 그리고 임무를 완수했다. 현재 미국의 50개 주 중에서 33개 주가 자치적으로 기후 대책안을 추진하여 탄소 시장 지역 계획에 동참하기로 했다.

사실 미국에는 서로 다른 세 가지 계획이 있다. 캘리포니아에서 추진하는 '서부 기후 변화 행동 계획Western Climate Initiative'에는 미국의 12개 주와 캐나다의 세 지방이 포함된다. "우리 제도는 모든 분야와 모든 온실가스에 관계될 겁니다. 올해엔 기업들이 자사의 배출량을 자발적으로 측정해서 발표할 수 있습니다. 하지만 내년부터는 의무 사항이 됩니다. 수수료는 2012년부터 시작될 겁니다"

라고 태미넌은 세부 사항을 설명한다. 두 번째로 북동 지역 10개 주의 '지역 온실가스 협약Regional Greenhouse Gas Initiative' 또는 '레지 Reggie'는 당분간 그 지역에서 탄소 의존도가 대단히 높은 에너지 부문에서 발생되는 이산화탄소에 대해서만으로 우선 한계를 정하기로 했다. 세 번째는 '중서부 온실가스 감축 협약Midwest Governor's Greenhouse Gas Reduction Accord'으로, 서부 쪽 이웃 주들도 결정 내용을 그대로 따를 준비가 되어 있다. "게다가 유럽 및 뉴질랜드와도 '국제 탄소 대응 파트너십ICAP'을 통해 2013년부터 세계 시장을 창설하자는 생각으로 조정 중입니다"라고 태미넌은 말을 이었다.

지역 시장은 왜 만들어야 하는 걸까? 그냥 연방 '배출 제한 및 거래' 체제만 창설하는 편이 더 간단하지 않을까? 태미넌은 그 의견에 동의하지 않는다. 그 전략은 무엇보다도 양쪽 진영에 속한 선의의 사람들과 함께 더 빨리 진척시킬 수 있게 해주기 때문이다. "이 문제가 계속해서 의원들 사이에 편이 갈리는 원인이 되는 건 사실입니다. 동시에 행정적 차원에서 우리는 대단히 적극적인 공화당 출신 주지사 여러 명과 함께 작업했습니다. 플로리다 주지사 찰리 크라이스트, 미네소타 주지사 팀 폴렌티, 코네티컷 주지사 조디 렐……."

특히 그렇게 분할된 접근 방식은 어쩌면 재생 에너지가 풍부한 '녹색 주'들과 탄소 의존도가 높은 '밤색 주'들 사이의 내란을 피하게 해줄지도 모른다. "이 단체는 저마다 다른 에너지 상황의 차이를 고려할 수 있게 해줍니다. 훨씬 유연하게 대처할 수 있도록 해주고요. 각각의 주에서 가장 취약한 기업들은 보호하고, 번성한 기업들에는 더 엄격하게 대할 수 있죠." 그리고 그 개념은 차후에 연방 프로그램으로 통합해 상한선보다는 하한선을 정하는데, 특히 텍사스나 조지아 같은 '열등생들'이 그런 식의 행동 계획에 동참하거나 스스로 탄소 배출을 규제하도록 이끌려는 의도이다.

그렇게 해서 세 개의 제도가 제대로 운영되면 연방 정부가 막강한 중앙 관료주의를 만드는 것을 막을 수 있다. "자동차 배기가스 배출 규제의 경우처럼 버락 오바마에게 견인차 역할을 맡기기보다는 이미 진행 중인 행렬의 선두를 맡게 할 수 있습니다"라고 태미넌은 결론짓는다. 당연히 거기에는 큰 차이가 있다. 부시는 모든 환경 정책에 완고했던 반면, 오바마는 환경 정책을 위기 극복 계획과 보다 장기적으로는 미국 경제 부활 계획의 선봉으로 삼았다.

"환경에 대해서 워싱턴은 너무 오랫동안 무감각했습니다. 이제야 캘리포니아는 워싱턴에서 파트너이자 동지를 얻었습니다." 슈워제네거는 2009년 1월에 새 정부가 들어선 후에 기뻐하며 이렇게 말했다. 미국 대통령 팀은 명성 높은 행동주의자들로 구성되었다고 할 만하다. 백악관의 환경 및 기후 변화 담당 수석 보좌관 캐럴 브라우너는 한때 빌 클린턴 정부의 환경보호국 국장이자 앨 고어 부통령의 측근이었다. 환경보호국 국장으로 임명된 리사 잭슨은 뉴저지 환경 정책을 구상한 사람 중 하나이다.

그런데 연방 당국에는 그 문제에 관한 캘리포니아 출신 전문가가 지나치리만큼 많다. 신임 에너지 장관 스티븐 추는 로런스 버클리 국립 연구소 소장을 역임했던 인물로, 태양열 에너지와 차세대 셀룰로오스 바이오 연료에 대한 의미심장한 연구를 새 방향으로 이끌었다.(제6장 참조) '환경의 질 개선위원회' 회장 낸시 서틀리는 로스앤젤레스 부시장을 역임하며 환경 에너지 분야를 책임졌고, 테리 태미넌과 함께 캘리포니아 환경보호국에서 일했었다. 의회도 마찬가지여서, 로스앤젤레스 공화당 의원 헨리 왁스먼은 권위 있는 에너지 상공위원회 의장을 맡아 왁스먼-마키 법안을 공동 입안했다. 게다가 영향력이 막강한 연방 하원 의장 낸시 펠로시, 그리고 두 여성 상원의원 다이앤 파인스타인과 바버라 복서는 오바마의 녹색 계획을 지원하는 캘리포니아 출신 에이스 삼인조를 이루고 있다.

"현재로서 그들은 20점 만점입니다. 오바마는 시간을 낭비하지 않았습니다. 오바마는 경제 위기를 핑계 삼아 환경 문제를 지연시키지 않았어요." 태미넌은 2009년 5월에 그렇게 말했다.

그렇다고 미국이 빠른 시간에 온실가스의 전국 시장을 갖게 된다는 얘기는 아니다. 공화당원들 대다수가 여전히 심하게 반대하고 있기 때문이다. 그들 중 대부분은 오바마 진영이 지나치게 당파적인 접근을 하고 있다고 비난한다. "기후 변화 문제는 100여 년 전부터 누적되어 왔습니다. 그 문제를 해결하려면 몇십 년이 걸릴 겁니다. 언젠가 공화당원들이 권력을 가져올지도 모르죠. 그러니 두 진영이 타협해서 합리적인 해결 방안을 세워야 합니다. 기후 싸움에서 이긴다는 건 냉전에서 승리하는 것과 어느 정도 비슷합니다. 굉장한 단결이 필요하죠!” 그래디는 그렇게 강조한다.

결국 존 케리 같은 탄소 시장의 민주당 지지자들조차 차후 법안에 그 법령을 포함하는 문제가 다급한 일은 아니라고 생각한다. “전략적 차원에서 그들은 미국이 우선적으로는 코펜하겐 정상 회담에서 타협하고, 그다음에 그런 식의 행동 참여를 충족시키는 제도를 구축하는 편이 이롭다고 판단합니다”라고 태미넌은 설명한다. 게다가 그들은 전국적인 법문의 정확한 양태에 대해 너무 성급하게 매달려 미국의 교섭 위원들을 속박하는 위험을 무릅쓰고 싶어 하지 않는다.

지구도 구하고, 돈도 벌고!

어쨌든 슈워제네거는 기후 온난화 방지 법안을 통과시키기 위해 벌인 캠페인에서 일부 실업계 인사들의 열렬한 후원을 받았다. 주로 실리콘 밸리의 투자자들과 기업인들 그리고 ‘환경 기업인들’ 또는 ‘뉴 보이스 오브 비즈니스New Voice of Business’와 같은 단체의 회원인 사업가들의 지원을 받았다. 헤아릴 수 없을 정도로 많은 소프트웨어와 인터넷계의 억만장자들이 녹색 사업에 열정을 품고 있기 때문이다. 2세대 웹? 소셜 네트워크? 모바일 인터넷? 아니, 바로 녹색 사업이야말로 ‘괴짜’들을 들뜨게 만들고 가상의 ‘컴퓨터 전문가’들을 열광시키는 오늘날의 광증이다. 실제로 최고의 두뇌들을 끌어들이기에 이상적인 요소들을 제시하는 부문이다. 즉, 굉장한 기술적 도전에 대한 흥분, 지구를 구한다는 희망…… 거기에 새로운 잭팟에 대한 유혹까지 제시하니까. 그야말로 뿌리치기 힘든 혼합이지 않은가! 구글의 래리 페이지, 전 SAP의 샤이 애거시, 전 페이팔의 엘론 머스크, 아이디어랩의 빌 그로스, 사이프레스 반도체의 T. J. 로저스……. 정보 기술계의 스타 대여섯 명이 클린테크에 대한 주장을 설파하고 자본을 투자하는 것만으로도 그 분야는 충분히 '뉴뉴싱the new new thing'이 된다. 기업가적인 모험의 '새롭고도 새로운 경계'가 되는 것이다.

"악한 짓 하지 않기!Don't do evil!" 구글은 이런 슬로건을 내걸고 그 운동의 선두에 설 것을 자처했다. 구글의 공동 창립자인 세르게이 브린과 래리 페이지는 개인적으로 테슬라와 같은 중소기업들에 투자해 각자 100퍼센트 전기로 작동하는 고성능 자동차를 한 대씩 소유하고 있다. 그런데 둘 중에선 래리가 더 광적이다. 래리는 오래전 미시간 대학에 다니던 학창 시절부터 이미 태양열 자동차의 시제품 작업을 했었다. 그에 비해 세르게이는 유전체학에 더 열성적이다.

두 창립자는 마운틴뷰에 있는 구글 본사를 '녹색으로 만들기' 위해 자기 능력이 닿는 범위에서 모든 걸 하기 시작했다. 지붕에는 태양 전지판, 주차장에는 전기 자동차, 사무실에는 재활용 자재, 매점에는 유기농 식품…… 그리고 인근 대지의 잔디를 깎을 때에는 염소 200마리를 정기적으로 대여한다! 그런데 구글의 환경 참여 활동은 2년 전부터 단순한 이야깃거리의 성격을 훌쩍 뛰어넘었다. 2008년 10월 1일, 미국 대통령 선거 하루 전날, 구글의 CEO 에릭 슈미트는 '미국을 위한 에너지 계획'에 대한 보도 자료에서 2030년까지 전기 생산에 필요한 탄소와 석유 의존도를 없애고 휘발유 소비를 40퍼센트 감축할 예정이라고 발표했다. 그리고 정작 마운틴뷰의 거물인 자신은 '석탄보다 저렴한 재생 에너지RE<C' 프로젝트를 추진해 두각을 나타냈다. 이는 총 수억 달러를 들여 석탄 화력 발전소보다 더 싸게 깨끗한 전기를 만들자는 프로젝트이다.

도대체 구글은 에너지 영역에서 뭘 하려는 것일까? 단순히 절약을 하려고? 새로운 사업에 뛰어들려고? 아니면 싼값으로 착한 이미지를 얻으려는 속셈일까? 2008년 9월 19일, 세르게이와 래리 그리고 에릭은 매년 본사에서 주요 동업자들과 함께하는 자이트가이스트 모임에 참석했다. "클린테크에 투자하는 것은 여러 단계에 걸쳐 해야 할 바람직한 일입니다. 우린 무엇보다도 중대한 소비자로서 이 자리에 참석했습니다"라고 래리는 특유의 콧소리 섞인 나직한 목소리로 천천히 설명했다. 일종의 절제된 반어법이다. 구글은 사실 전 세계 곳곳에서 지속적으로 우리의 데이터를 조종하고 무수한 정보 서비스를 제공하는 서버 센터 수십 개를 보유하고 있기 때문이다. "서버를 운영하려면 상당한 에너지를 사들여야 합니다. 그런데 우린 녹색 전기를 찾는 것이, 그것도 저렴한 가격에 찾는 것이 어려운 일이라는 사실을 주목했습니다"라고 래리는 이어서 설명했다.

래리와 세르게이는 실리콘 밸리에 살면서 최근 몇 년간 이루어진 클린테크 분야의 투자가 현재 지구가 안고 있는 문제들에 알맞은 것이 아니었음을 깨달았다. "우리는 재생 에너지를 대량으로 생산할 방법을 조속히 찾아내야 합니다. 이것은 신생 기업을 성공시키는 것과 같은 문제가 아닙니다. 진정한 단계의 차이가 있으니까요!" 그리고 조력 발전으로 전기를 공급하고 바닷물을 이용해 서버를 냉각하는 방식의 수상 데이터 센터에 대해 제출한 구글의 특허권이 지구를 구하는 건 확실히 아닐 것이다.

그 바람에 '구글 보이스Google boys'는 더 많은 위험 부담을 안는 한이 있더라도 수백만 달러를 들여 일부 기업들이 보다 빨리 성장할 수 있도록 도와주는 것이라고 자처한다. 예를 들면? 래리는 지열의 잠재성에 깊이 매료되었다. "지구 상 어디에서든 땅을 어느 정도만 파들어 가면 지열을 찾아낼 수 있습니다. 그래서 시추 비용을 근본적으로 바꾼다면 열이 저절로 올라오는 지표면의 1퍼센트만으로 지열을 제한하지 않아도 됩니다." 구글은 이미 알타록 에너지(AltaRock Energy, 지열 공학), 이솔라(eSolar, 태양열, 제8장 참조) 또는 마카니 파워(Makani Power, 풍력, 제7장 참조)와 같은 전도유망한 기업 10여 개 사와 협력 관계를 맺었다. 게다가 최근에는 구글 벤처스Google Ventures라는 투자 회사를 설립했다. "벤처 기업에 금융 지원을 하는 벤처 캐피털 투자자들은 사업 모델을 갖추고 수익성을 예측할 수 있는 신생 기업에 대해서만 지원합니다. 하지만 우리는 사업적인 측면에서 상당히 불확실하더라도 서둘러 성공시켜야 한다면 투자할 수 있습니다"라고 구글의 '녹색 에너지 황제' 빌 웨일은 설명한다.

빌 웨일의 설명에 의하면, 구글은 "태양열과 풍력 그리고 지열 부문에서 기업들의 설계와 공정 향상을 위해 작업하는" 30여 명으로 구성된 자체 연구 개발 팀을 구축했다. 한편, 제너럴 일렉트릭GE과 함께 지능형 전력망 구축에 협력하여 개개인이 자신의 전기 사용량을 조정할 수 있게 해주는 구글 파워 미터Google Power Meter 프로젝트에 착수했다.(제3장 참조) 그러니까 구글은 내부 문제를 해결함으로써 전략적인 면모를 빠르게 과시하는 한편, 결국 다양화 과정을 완전히 포기하지도 않으려는 생각이다. "석탄보다 더 저렴하게 제대로 된 전기를 만든다면 돈을 꽤 많이 벌어들일 겁니다. 그 점만큼은 확실하죠!" 래리는 침착하게 웃으며 말했다.

보다 일반적으로는, 마이크로컴퓨터에서 더 많은 컴퓨팅 태스크가 사라지면서 정보 기술 분야의 거물들은 갈수록 에너지 문제에 큰 비중을 두고 있다. IBM, 오토데스크, 시스코 그리고 인텔과 같은 회사들은 이제 에너지 분야에 상당한 예산과 인적 자원을 할애하고 있다. 이런 회사들은 자신들의 탄소 발자국을 줄이면서 더불어 성장도 할 수 있길 바라며 고객들을 위해서는 에너지 시스템 운영 플랫폼을 구상하고, 보다 지능적인 전력망을 보내 주는 소프트웨어 알고리즘을 만들어 내거나 차세대 태양 전지의 나노 기술을 완성한다.

벤처 캐피털이 녹색으로 바뀌다

이처럼 기업 차원의 새로운 모험이 시도되면서 실리콘 밸리의 불굴의 '기술 낙관론자들'은 뒤를 받쳐 주는 자본가들의 든든한 지원에 기댈 수 있게 되었다. 일명 'VC(Venture Capitalists, 벤처 투자자들)'는 청정 에너지에 폭넓은 재정적 부양 대책을 제시했다. 인도 출신의 미국 벤처 투자자 비노드 코슬라는 〈블룸버그〉지에서 "제 개인적인 생각으로는 AB32 법안 덕분에 앞으로 차세대 구글이 이곳에서 열 개쯤 부상할 거라 여겨집니다"라고 선언했다. 선 마이크 로시스템스를 창업하고 이후 클라이너 퍼킨스Kleiner Perkins사의 파트너가 된 코슬라는 2004년에 자신의 벤처 캐피털 고유 자본으로 코슬라 벤처스Khosla Ventures를 창립하여 지금은 오로지 클린 테크놀로지에만 매달리고 있다. 코슬라는 개인 자산 약 15억 달러를 포함한 수십억 달러를 들여 바이오 연료 신생 기업 60여 곳의 에너지 효율성 향상, 태양열 또는 풍력, 지열 기술 발전, 건축의 생태학적 설계와 신자재 개발 등에 협력했다. 그에게 있어 "재생 에너지는 앞으로 대규모 성장 사이클을 이루게 될 것"임은 의심의 여지가 없는 일이다.

코슬라와 함께 클라이너 퍼킨스 코필드 & 바이어스의 파트너이자 경쟁자가 된 존 도어의 경우도 마찬가지다. 참고로, 클라이너 퍼킨스는 정보 기술 시대의 가장 영향력 있는 'VC'들 중 하나이다. 클라이너 퍼킨스가 투자한 건수만 300건이 넘는데, 그중에는 컴팩, 선, 아마존, 아메리카 온라인, 구글 또는 일렉트로닉 아츠와 같은 세계적인 성공담도 많다. 2007년 3월에 샌드힐로드의 스타인 도어는 엄선된 명사들을 모아 진행하는 캘리포니아의 미래파 행사인 TED(테크놀로지, 엔터테인먼트, 디자인) 강연에 참석해 주목을 받았다. "우리가 제대로 해내지 못할까 봐 정말 두렵습니다!" 도어는 목이 멘 듯한 목소리로 최근 가족과 함께 저녁 식사를 하다가 열다섯 살 난 딸 메리에게 혼난 적이 있다고 이야기했다. "딸아이가 이렇게 말하더군요. '아빠, 난 무섭고 화가 나요……. 아빠 세대가 이런 문제를 만들었으니까 해결도 아빠 세대가 제대로 해야 할 거 아니에요!'" 스타 투자자인 도어는 그날 저녁 모든 것이 바뀌었다고 이야기한다. "클라이너의 법칙 하나는 공포가 적합한 해답이 되는 순간이 있다는 겁니다. 그리고 우린 지금 바로 그 순간에 도달했습니다!"

도어는 엄숙하리만치 조용한 가운데 자신과 동료들이 그 문제를 연구하기 위해 미국, 브라질, 중국, 인도 등 세계 곳곳을 순회했던 이야기를 들려주었다. 그는 마치 기도서라도 읊조리듯 또박또박 발음을 끊어 "나는 두렵습니다"라며 말문을 열었다. 도어는 엄숙한 장내에 모인 사람들에게 "자신의 탄소 발자국을 없애도록" 그리고 정부를 상대로는 '환경 로비'를 펼치고, 개인의 힘을 발휘해 "자신의 기업과 단체를 녹색으로 물들이도록" 권고했다. 이어 아버지로서 흘리는 눈물을 닦으며 이렇게 매듭지었다. "그래야만 20년 후에 제 딸과 다시 기쁜 마음으로 대화를 나눌 수 있을 것 같습니다."

감동적인 표현을 멈춘 도어는 그 문제가 한편으로는 대단히 장래가 유망하다고 생각한다. "그린테크는 인터넷보다도 중요한 하나의 현상입니다. 이거야말로 21세기의 가장 큰 경제적 기회가 될 겁니다!" 클라이너 퍼킨스도 한창 주가가 오르고 있는 전문가들을 모으기 시작했다. 이 회사의 스타 파트너는? 바로 미국의 전 부통령이자 2007년 노벨상을 수상한 앨 고어다. 클라이너 퍼킨스는 그 부문에 약 10억 달러를 투자했고, 에너지 절약과 재생 에너지를 대상으로 삼는 젊은 새싹들에 수십 차례 협력했다.

록 스타만큼이나 인기 많은 코슬라와 도어는 실리콘 밸리에서 가장 유명한 녹색 벤처 투자자들이다. 하지만 그렇다고 해서 가장 왕성하게 참여 활동을 한다는 건 아니다. "우린 오래전부터 미국에서 클린테크에 가장 많은 노력을 기울인 기업이었습니다. 아마 클라이너 퍼킨스보다 세 배는 더 애썼을 겁니다!" 앨런 샐즈먼은 그렇게 부르짖었다. 밴티지 포인트 벤처 파트너스의 CEO 앨런 샐즈먼은 캘리포니아 산브루노의 회의실 소파에 편하게 앉아 자신의 회사가 클린 테크놀로지의 도전에 맞서기 위해 흡사 히말라야에 오르려는 원정대 대장처럼 비장하게 준비했노라고 설명한다. "우리 전문가들은 적어도 열아홉 명은 됩니다. 하지만 클라이너는 그 절반에도 못 미치죠. 우린 스물대여섯 개 회사에 투자했습니다. 그 부문에 할애한 금액도 10억 달러가 넘죠. 로버트 케네디 주니어 같은 예리한 자문 위원들도 두었고, 기업에 독보적인 파트너 네트워크도 형성했습니다."

유쾌해 보이다가도 가끔씩 파란 눈매가 날카롭게 빛나는 샐즈먼은 자신의 전략을 이렇게 설명한다. "당장 눈앞의 이익만 추구하는 애송이들은 관심 없습니다. 우리 사회가 당면한 주요 문제들을 해결할 수 있는 야심 찬 계획들만 생각할 뿐입니다. 특히 전기 자동차, 태양열, 에너지 저장, 조명의 신기술 분야에서 기업들을 변화시킬 잠재성을 가진 계획들 말입니다."

밴티지 포인트는 여느 경쟁사들보다도 먼저 그 부문에 관심을 갖기 시작했다. 1990년대부터 화학적으로 지나치게 오염된 지역을 깨끗이 만들기 위한 기술을 도입했던 것이다. 하지만 당시에는 정부가 규정한 구속 때문에 화학 기업들의 로비 권력에 맞서지 못했고, 그 최초의 중소기업 파동은 제대로 된 경제적 해법을 찾지 못했다.

샐즈먼과 동료들은 10년 후에 유가가 상승하고 에너지 독립에 대한 근심이 높아지면서 기후 온난화에 맞선 투쟁이 활발해지자 드디어 새로운 기회가 열렸다고 생각했다. "우린 우리가 안고 있는 문제들과 전기, 자동차, 석유 등 관련 기업들의 규모를 고려했습니다. 정보 기술 분야보다 훨씬 더 중요한 분야죠. 무엇보다도 그 기업들이 아주 오랫동안 기업 혁신을 통해 변화하지 않았다는 사실에 큰 충격을 받았습니다. 그리고 이제는 그런 변화를 겪을 만큼 성숙했다고 판단했습니다. 이제는 기술이 해결책을 제시할 수 있으니까요." 샐즈먼은 그렇게 이야기한다.

밴티지 포인트는 개척자로서의 위상 덕분에 수많은 리더 기업들을 투자 자산으로 확보했다고 생각한다. 가령 자동차의 전기화에서는 테슬라와 베터 플레이스(제4장과 제5장 참조), 박막형 태양 전지판에는 미아솔레, 태양열 전력 생산에는 브라이트소스(제8장 참조), LED 조명에는 브릿지룩스, 전기 저장에는 프리미엄 파워 코퍼레이션……. "때문에 우린 에너지 기술의 구글, 시스코, 애플과 같은 기업들을 출현시키는 데 일조한다는 희망을 품고 있습니다." 샐즈먼은 그렇게 결론지었다.

밴티지, 클라이너, 코슬라. 이 세 회사가 미국 녹색 투자자 그룹의 선두에 서 있음은 의심할 나위가 없다. 하지만 그들이 지나간 자리에서는 퀘르쿠스 신탁Quercus Trust, 록포트 캐피털 파트너스 Rockport Capital Partners, 드레이퍼 피셔 저벳슨Draper Fischer Jurvetson 과 그 밖의 여러 투자사들을 찾을 수 있다. 벤처 캐피털 대기업 가운데 녹색 사업에 발끝이라도 담그지 않은 업체는 드물다. 2007년과 2008년에 클린테크 열풍이 전 세계를 덮치며 10년 전에 일었던 '닷컴' 쓰나미 열풍을 생생하게 상기시켰기 때문이다. 그 분야에 이루어졌던 벤처 캐피털의 세계적 투자는 2008년에는 38퍼센트나 껑충 뛰어 840억 달러에 달했는데, 그중 미국의 투자액만 580억 달러였다고 미국의 환경 산업 분야 전문 조사 기관인 클린테크 그룹은 밝히고 있다. 분류해서 보면, 선두에는 단연 태양열이 있고 그다음은 바이오 연료, 자동차 기술, 풍력 그리고 지능형 전력망 순으로 이어진다.

금융 위기와 쇠퇴로 급작스럽게 얼어붙은 그 운동은 2009년 상반기에도 제자리걸음을 했다. 가장 취약한 신생 기업들은 그 위기에서 살아남지 못했다. 그렇지만 하반기에 시작된 재도약은 위기를 벗어나 자리를 굳힐 것이다.

적응하느냐 아니면 사라지느냐

캐피털 투자자들, 기업가들, 대규모 그룹들. 그들의 노력에 캘리포니아의 등대와 같은 두 대학 연구소의 노력을 덧붙여야 한다. 버클리와 스탠퍼드 대학의 연구소는 탄소 고정, 청정 연소 기술, 혁신적인 배터리 설계 또는 건축술에 심혈을 기울이고 있다. 1970년대의 반도체 혁명에 이어 1980년대의 마이크로컴퓨터와 생명 공학, 그리고 1990년대와 2000년대의 인터넷과 스마트폰의 연이은 혁명을 이루어 낸 실리콘 밸리의 '에코시스템' 신화가 새로운 꿈에 착수했음을 알 수 있을 것이다. 디지털 혁명이나 우주 탐색 또는 신약 개발보다 더 고귀하고 열광적이라고 평가되는 운동이다.

2003년에 칼라일 벤처의 로버트 그래디는 이렇게 이야기했다. "아널드 슈워제네거의 에너지 정책 구상 팀의 야망은 실리콘 밸리와 캘리포니아가 예전에 정보 기술 분야에서 그랬듯 클린테크 분야에서도 세계적 혁신의 중심이 될 잠재성을 갖는 것이었습니다." 실리콘 밸리가 정말 그 역할을 맡을 방법이 있을까? 〈월 스트리트 저널〉이 주관한 경제와 환경의 미래에 대한 콘퍼런스(ECO:nomics)

에서 존 도어는 말한다. "그렇습니다. 하지만 혼자선 안 되죠. 왜냐하면 이번에는 혁신이 지구 전체를 둘러싸고 이루어지기 때문입니다. 실리콘 밸리에서는 물론이고 유럽에서도, 이스라엘에서도, 중국에서도요. 이건 지구적인 문제인 만큼 해결책도 지구적이어야 합니다. 풍력과 태양열 그리고 배터리 분야의 세계 최초의 30개 회사를 보십시오. 그중 미국 회사는 여섯 개뿐입니다!"

그래도 밴티지 포인트의 앨런 샐즈먼은 실리콘 밸리의 문화가 그 분야에 완벽하게 적응했다고 생각한다. "실리콘 밸리는 기업의 혁신과 미래의 권력을 상징합니다. 물론 물리적인 장소에 대한 얘기가 아닙니다. 그건 세계 어느 곳에서나 펼쳐질 테니까요. 하지만 최근 25년간 얻은 교훈이야말로 우리가 에코시스템과 도구들 그리고 자원을 창출해 그런 식의 변화를 이끌어 내기 위해 습득한 전문 기술입니다. 그리고 그 기술은 계속해서 세기말까지 적용될 겁니다."

샐즈먼은 정보 기술과 녹색 기술의 학습 그래프의 유사성을 강조한다. "모든 신기술을 동원해 코드를 해독하면 절차는 명백해집니다. 막대한 재정적 대가를 치르는 한이 있더라도 방정식을 풀기 위해 과학자들과 기술자들 그리고 기업가들이라는 방대한 무기를 투입하죠. 그리고 그 문제에 그만큼의 두뇌를 모으면 비용을 절감하고 품질은 놀라울 정도로 향상시킬 수 있습니다." 샐즈먼의 말에 의하면, 신기술은 가격 대 성능비를 나타내는 그래프를 아찔한 속도로 내리긋는다. 컴퓨터 연산 능력(유명한 무어의 법칙대로라면, 메모리 칩의 능력은 같은 가격에 매 18개월마다 두 배로 된다), 불과 얼마 전만 해도 1만 1,000달러나 했던 플라스마 화면PDP TV, 휴대 전화 등의 경우도 마찬가지다.

기업가 출신의 투자자 비노드 코슬라 역시 어떤 기업이 되었든 기술적인 위험 부담 관리에는 특히 '벤처 투자자들'이 적임자라고 생각한다. 그는 영국의 발명가이자 작가인 아서 클라크의 다음 말을 즐겨 인용한다. "가능성의 한계를 발견하는 유일한 방법은 한계를 넘어 불가능으로 나아가는 것이다." 그리고 '기술 회의론자들'을 조롱하듯 역사적으로 예측된 클린테크 분야의 기술에 대한 소개를 체계적으로 곁들인다. 데이비드 사르노프가 1920년대에 무선 전화에 투자하겠다는 제안을 받고 했던 말을 기억하는가? "이 무선 뮤직 박스는 상업적인 가치가 전혀 없습니다. 당신 같으면 불특정 다수에게 보내는 메시지를 돈을 주고 청취하겠습니까?" 워너브라더스의 해리 워너가 1927년에 이렇게 외쳤다는 유명한 일화도 있다. "배우들이 말하는 것을 도대체 누가 듣고 싶어 한단 말인가?" 또 1876년에 웨스턴 유니언의 사내社內에는 다음과 같은 쪽지가 있었다고 한다. '솔직히 전화는 의사소통 수단으로 여기기에는 문제가 너무 많다.' 심지어 거대 기업 DEC의 창시자이자 회장인 위대한 인물 켄 올슨도 1977년에는 이렇게 부르짖었다. "사람들이 집에 컴퓨터를 들여놓을 이유가 전혀 없다!"

한편, 테리 태미넌은 좀 더 신중하게 얘기한다. "기술 정보와 클린테크 사이의 주된 유사점은 바로 잃는 사람은 많고 얻는 사람은 소수에 지나지 않을 위험을 감수해야 한다는 점입니다. 때문에 테크놀로지라는 거대한 부채를 활짝 펴서 그중 일부라도 대량 판매에 채택될 기회를 늘려야 합니다." 반면에 실리콘 밸리의 몇몇 투자자들은 이미 '닷컴' 모델을 클린 테크놀로지에 옮겨 놓을 수 없다는 사실을 호되게 배웠을 거라고 진단한다. "비노드 코슬라는 소프트웨어에서 옥수수 에탄올에 이르기까지 몇 차례 놀라움을 금치 못했습니다. 인터넷 사업은 순식간에 전개되었던 반면에 바이오 연료를 배급하려면 정제 과정이며 인프라 구축, 농업 문화와의 경쟁 등등도 생각해야 합니다."

앨런 샐즈먼은 그 새로운 분야에 대해 자신과 동료 'VC'들이 끝없이 배워 나가고 있음을 인정하며 "학교로 다시 돌아간 거나 마찬가지"라고 농담하듯 말한다. 첫째로, 벤처 투자자들은 한 번도 거시 경제의 요행에 그토록 매달려 본 적이 없었다. 특히 바이오 연료와 전기 자동차에 건 그들의 도박은 유가의 급격한 변동에 좌우되기 때문이다. 더 심각한 건, 그들이 정치인들의 변덕에 속수무책이라는 사실이다. 레이건이 카터가 만들어 낸 세금 혜택을 갑자기 폐지하면서 미국의 풍력과 태양열 에너지의 첫 비상을 어떻게 죽였는지 떠올려 보자. 실리콘 밸리의 투자자들과 기업가들이 "정부 보조금 없이 경쟁력 있는 대규모의" 기술만 투표로 결정하겠다고 설득해도 소용없었다. 게다가 규정이나 세금에 관한 기본적인 후원은 시작 단계에서도 도움이 되거니와 나중에 "마중물을 붓기 위해서는" 꼭 필요하다고 덧붙여 말하기까지 했음에도…….

둘째로, 그 기술들은 성격도 제각각 다르다. 샐즈먼은 이렇게 이야기한다. "스탠퍼드 대학의 공학도 세 명이 건물도, 공급자도, 자본금도 없이 탁상공론식의 봉사자 몇 명만으로 하는 일이 아니잖습니까. 에너지는 구체적인 겁니다. 땅에 강철을 박고 공장을 세워 물리적인 제품을 세계적으로 막대한 분량으로 제조하는 일이란 말입니다." 일정은 크게 다르지 않다. 생명 공학 회사를 개발하는 것도 10여 년이면 되니까. 하지만 자본의 집약도는 규모가 완전히 다르다. "몇억 달러를 호가하는 기술 개발은 아무리 'VC'의 몫이라고 하지만, 시제품에서 그 기술을 대량으로 발휘하는 단계에선 어마어마한 자본이 필요합니다."

자이트가이스트 모임에서 질문을 받은 구글의 CEO 에릭 슈미트도 그 의견에 일치하는 말을 했다. "에너지 기술이 미래 혁명입니까? 맞습니다, 우리가 바라는 바지요. 하지만 미래 혁명은 다른 성격을 띠게 될 테고 그 모든 걸 명확하게 구분 짓기는 아직 시기상조입니다." 에릭에게 한 가지는 확실하다. "클린테크의 경우는 단순히 구글노믹스Googlenomics가 아니라 산업에 속하는 겁니다. 반도체와 마찬가지로 공장을 건설하기 위해 필요한 자본 총액은 훨씬 더 막대하고, 산업 순환은 훨씬 더 길고, 부품 구입을 위한 공급망은 훨씬 더 복잡하고, 재고의 위험은 훨씬 더 높습니다."

그린테크 회사들이 하이테크 회사들보다 더 방대한 환경에서 발전한다는 사실을 잊지 말자. 앨런 샐즈먼은 이렇게 설명한다. "아무리 테슬라 모터스라 해도 수천억 달러가 넘는 자동차 산업에서 완전히 혼자 고립될 수는 없는 겁니다. 대개의 경우, 자율성을 포기하지 않으면서 이미 자리 잡은 거물들과 손잡고 일하려 하죠."

샐즈먼은 테슬라와 브라이트소스 같은 소규모 회사들이 기술적인 변화를 만드는 데 앞장설 것이라고 생각한다. "25년 전부터 다른 분야에서 그런 식으로 스토리가 전개되는 걸 많이 보아 왔죠. 그런 변화는 신인 배우들이 끌어가는 겁니다. 우린 그런 신생 회사들이 성공하기 위해서는 필요한 게 뭔지 알고 있고, 혁신이라는 뿌리칠 수 없는 권력을 확인했죠." 하지만 그 작은 영양들이 크게 성장하려면 거대한 포식 동물에게 잡아먹히는 일 없이 무사히 기존 질서를 통합할 수 있어야 한다. "몇몇 힘 있는 배우들 중에서 그 운동을 회복시킬 만한 장점을 보기도 할 겁니다"라며 샐즈먼은 예측한다. 그의 생각대로라면, 대단한 수완가들이 모래 속에 얼굴을 처박고 사라지거나(컴퓨터 업계의 거인들이었던 하니웰Honeywell이나 NCR 또는 왕Wang을 기억하는가?), 아니면 IBM이나 휴렛패커드가 했던 것처럼 제대로 적응해서 이윤을 얻게 될 것이다.

에릭 슈미트의 말도 크게 다르지 않다. "많은 과학적인 돌파구와 혁신이 실리콘 밸리에서 나올 겁니다. 하지만 산업화는 다른 곳에서 이루어지겠죠, 주머니가 더 큰 제조 업자 파트너들과 함께 말입니다."

Chapter 2

'탄소 거식증'족

2008년, 로스앤젤레스에 거주하는 프리랜서 카메라맨 데이브 샤메이데스는 10제곱미터 정도의 지하 창고를 50번도 넘게 드나들었다. 큰 키에 구릿빛의 건장한 체격을 지녔으며 성격이 외향적인 40대의 데이브는 청바지에 티셔츠 차림으로 대개는 맨발로 전 세계 각지에서 오는 손님들을 맞느라 지칠 줄도 모르고 노스페어팩스 애버뉴에 위치한 자신의 집 지하실로 이어지는 좁은 계단을 오르내린다. 대체 지하실에 뭐가 있기에 그러는 걸까? "재활용되지 않는 쓰레기 13.8킬로그램을 보러 가는 겁니다. 플라스틱병 64개, 유리병 153개, 알루미늄 캔 2개, 플라스틱 주머니 1.8킬로그램, 종이 상자 8.6킬로그램, 전자 장비와 관련된 쓰레기 5.4킬로그램, 종이 31.5킬로그램, 잡지 12.7킬로그램, 페인트 통 8개, 피자 판 9개……." 쓰레기라고? 그렇다, 쓰레기였다!

그처럼 비현실적인 쓰레기 목록은 데이브가 벌인 말도 안 되는 실험의 결과물이다. 그러니까 그는 1년 동안 쓰레기를 버리지 않고 모으기로 한 것이다. 그것도 그대로 보존해 놓은 것이 아니라, 압축시켜 쓰레기통으로 옮겼을 과정 그대로 지하실에 정리해 놓았다. 그런 경험을 들려주기 위해 "환경을 파괴하지 않고 견딜 수 있는 데이브Sustainable Dave"는 '쓰레기 365일'이라는 블로그(365 daysoftrash.blogspot.com)를 만들어 매일매일 모은 쓰레기의 종류와 무게를 꼼꼼히 기록했다. 2008년 1월부터 12월까지, 그의 웹사이트에는 미국은 물론이고 유럽과 아시아에서 찾은 방문자 수가 25만 명을 넘었다. '잘 견디는 데이브'는 미국의 온갖 프로그램에 등장하고 전 세계 일간지와 잡지 인터뷰에 응하면서 순식간에 언론의 새로운 아이콘으로 떠올랐고 미국 동부와 서부 연안의 대도시에서 추종자 수가 갈수록 늘어나는 사회단체의 영웅이 되었다. 이들이 바로 스스로는 '짙은 녹색' 시민들이라고 자부하지만, 〈뉴욕 타임스〉에선 '탄소 거식증carborexic' 족이라고 부르는 사람들이다. 검소한 생활을 하면서 자신의 '탄소 발자국'을, 즉 직접적으로든 간접적으로든 대기 속에 배출하는 이산화탄소의 양을 줄이기 위해 수단과 방법을 가리지 않기 때문이다.

샌타모니카에 거주하는 잰과 폴 스콧 부부는 보다 고전적이면서 적극성은 결코 적지 않은 방법을 택했다. "2001년에 제가 방광암에 걸렸다는 걸 알게 되면서 이제 더는 꿈을 미루지 않겠다고 결심했습니다"라고 폴은 얘기한다. 스콧 부부는 지붕을 태양 전지판으로 덮고 당시에만 해도 시중에서 구할 수 있던 희귀한 전기 자동차 도요타 RAV4를 구입했다. 그렇게 해서 전기 사용료를 1년에 50달러로 줄였다. 그리고 7년 전부터 부부는 환경 문제 위주의 삶을 살았다. 스콧 부부는 '플러그 인 아메리카'라는 단체에 자발적으로 가입했다. 이 단체는 한때 도요타 RAV4와 GM의 EV1을 타던 사람들이 모여서 100퍼센트 전기 자동차의 부활을 위해 투쟁하고 있다. 잰은 클린테크 중소기업 연합의 홍보 관련 전문가로 일하고 있고, 폴은 설비 업체 솔라시티의 태양 전지판 판매자가 되었다.(제8장 참조)

데이브와 잰 그리고 폴은 모두 평범한 사람들이다. 그리고 그런 환경 운동가들은 어디서든 쉽게 찾아볼 수 있다. 괴짜에 가까운 환경 운동가들은 어느 나라에나 있다. 더 이상 오염을 늘리지 않으려고 비행기 타기를 삼가고, 직접 재배한 채소만 먹고, 원뿔형 천막집에서 살고, 자연에서 용변을 보고, 난방을 절약하기 위해 아이들과 한 침대에서 잠을 자는 사람들도 있다. 하지만 새로운 '짙은 녹색' 미국인들은 진보를 거부하는 소외 계층도, 히피도, 신러다이트족(디지털 혁명을 두려워하여 애써 거부하는 집단―옮긴이)도 아니다. 자본주의 체제도, 현대의 안락함도, 테크놀로지도 배척하지 않는다.

새로운 투사들은 평범한 시민들로, 대부분 자녀를 두고 자동차, 텔레비전, 비디오를 갖추었으며 소비 사회에 제대로 속해 있는 도시 노동자들이다. 단순한 소비자로, 일상에서 자신들이 하는 행위의 무게와 쟁점의 심각함에 대해 예리한 의식을 키운 사람들이다.

그들은 새로운 시민 의식을 구현하고 있고, 아직은 로스앤젤레스와 샌프란시스코, 뉴욕에 주로 몰려 있는 소수에 불과하지만 점점 세력을 넓혀 가고 있다고 자부한다. "더 적게 쓰고, 더 잘 쓰고, 알뜰하면서 책임감 있게 쓰자"는 사람들이다. 미국에서는 과소비 사회가 경제 위기 이전에 이미 초현실적인 정점에 도달했다고 할 만하다. 과도한 마케팅, 과도한 부채, 갈수록 심해지는 광증. 유럽의 경우보다 더 심한 편이다.

'지렁이 액비' 약간, 어때요?

데이브는 처음부터 환경을 걱정하던 사람은 아니었다. "전엔 저도 평범한 청년이었죠. 사륜구동 자동차를 타고 다녔고, 외출할 때 전깃불 끄는 걸 자주 깜박했고, 다른 사람들처럼 동네 슈퍼마켓으로 장을 보러 다녔죠." 그러다가 2001년에 아내가 첫딸을 임신했을 때 문득 어떤 깨달음을 얻었다. "곧 아버지가 된다는 사실에 이젠 나만 생각하고 살아선 안 되겠다는 깨침이 들었어요. 내가 없어진 다음에야 될 대로 되라지 하는 식으로 살아선 안 되겠다는 생각이었죠. 내 자식들에게 물려줄 세상에 대해 나도 책임을 져야겠다 싶더군요." 그래서 그는 갖고 있던 자동차 두 대를 팔고 하이브리드 자동차인 도요타 프리우스를 샀다. 또 집 지붕에 태양 전지판을 설치했다. "게다가 그건 경제적으로도 대단히 합리적인 선택이었습니다. 태양 전지판에 처음 투자한 돈은 1만 달러 정도였지만 매달 200달러씩 하던 전기 요금을 10달러로 줄였으니까요."

그 정도면 많은 사람들이 뿌듯해할 만한 시작이었다. 하지만 데이브는 에너지와 환경 문제에 관심을 가질수록 더 강한 책임감을 느꼈다. 그래서 매주 조금씩 더 노력하기 시작했다. 당연히 집 안의 전구도 모두 절전형 압축 전구로 바꾸었다. 빨래는 햇볕에 말리기 시작했고 잔디밭에 물 주는 일도 그만두었는데, 그 바람에 구역의 집주인 단체와 심한 갈등을 빚기도 했다. "전 집 앞에 잔디 대신 물이 거의 필요 없는 토종 식물을 심고 싶다고 했죠. 그랬더니 그 사람들이 잔디밭은 의무적으로 만들어야 한다더군요. 그래서 그럼 잔디에 물 주는 것도 의무적으로 해야 하는 일은 아닐 테니 앞으로는 차라리 물을 주지 않겠다고 했어요." 그는 웃으면서 말했다.

데이브는 자기 전에 텔레비전, 비디오, 컴퓨터 등 전자 제품의 코드를 꼭 뽑는 습관도 들여 쓸데없이 전기를 낭비하지 않게 했다. 그다음 작업으로 낡은 폭스바겐 밴의 디젤을 감자튀김 기름으로 직접 바꾸었다. 그는 집 앞에 세워 둔 차 트렁크를 열어 직접 수리한 커다란 기름 탱크를 보여 준다. "전 한 달에 한 번씩 석유통 하나 들고 동네 식당들을 돌아다니면서 기름을 얻어 주유합니다."

거기까지만 해도 그다지 특별한 건 없어 보인다. 그러나 2007년에 데이브는 친구와 함께 집 안의 고물 더미를 한꺼번에 치우다가 그 평범한 행위의 중요성을 깨달았다. "내가 얼마나 낭비를 하면서 살았는지 제대로 모르고 있었구나 싶었죠. 그 많은 걸 '밖으로', 멀리 떨어진 쓰레기장으로 내다 버리는 거니까요. 그런데 재활용하는 데에도 에너지가 들지 않습니까!" 그래서 데이브와 친구는 그 모든 걸 '밖으로' 내다 버리는 대신 집 안에 쌓아 두면 어떻게 될까 궁금해지기 시작했다. "전 직접 실험을 해보기로 했습니다. 2008년 한 해 동안 내가 만든 쓰레기를 전부 모아서 그 쓰레기의 양이 얼마나 되는지 그리고 그 쓰레기의 양을 얼마나 줄일 수 있는지 보기로 한 거죠."

유별난 교주라기보다는 오히려 보이 스카우트에 가까운 그는 아내나 두 딸에게는 그런 실천을 억지로 강요하지 않는다. 오히려 자신이 그 특별한 모험에 더 열정적이고 더 엄격하게 매달렸다. 매주 쓰레기통에 버리는 것들이나 치우고 싶은 물건들을 일일이 무게를 달아 하나하나 정렬해 놓는 모습을 상상해 보라.

데이브가 예측했던 것처럼 그 실험은 생활 방식을 완전히 바꾸어 놓는 계기가 되었다. 우선, 음식 찌꺼기를 남기지 않는 방법을 찾아야 했다. 주방의 쓰레기통에서 얼마나 빨리 악취가 나는지는 누구나 알 것이다. 음식 쓰레기에 맞서는 그만의 비장의 무기는 바로 지렁이였다! 데이브는 지하실에 1만 2,000마리의 지렁이를 담을 수 있는 플라스틱 박스 다섯 개에 구멍을 뚫어 '지렁이 공장'을 만들었다. 여기에 사용되는 지렁이는 먹성 좋고 번식력이 우수한, 일명 '빨간 꿈틀이'로 불리는 지렁이들이다. 그는 지렁이들에게 과일이나 채소 껍질은 물론이고 분쇄기로 간 상자 조각과 편지 조각 그리고 신문지 조각도 먹인다. 지렁이들은 정원에 줄 퇴비와 식물에도 좋은 갈색 액체인 '지렁이 액비液肥'를 만들어 낸다.

자신이 만든 퇴비가 무척 자랑스러운 데이브는 지렁이를 키우고 싶은 사람들을 위해 교육용 비디오를 직접 제작했다. '지렁이 퇴비화' 방법은 갈수록 더 많은 미국 보보스(부르주아의 경제적 기반에 보헤미안적 사고방식을 가진 부류―옮긴이)들의 마음을 사로잡아 심지어 뉴욕의 아파트 욕실이나 침대 밑에서도 지렁이를 키우고 있다(지렁이는 빛을 싫어하니까!). 거주 지역에 따라 가장 가까운 곳에 있는 지렁이 공급 업자나 '지렁이 액비'를 추출하는 수도꼭지까지 갖춘 사육 도구를 판매하는 업체를 소개해 주는 웜파인더닷컴worm finder.com이라는 인터넷 사이트가 생겼을 정도다.

데이브의 지렁이 공장은 회원 수가 석 달마다 두 배로 꾸준히 늘어나면서 매주 2.2킬로그램의 껍질과 종이를 해치우고 있다. 커피 찌끼와 달걀 껍데기도 환영이다. 그러나 고기와 생선 찌꺼기는 주면 안 된다. 하지만 데이브에게는 문제가 안 된다. 채식주의자니까. 그리고 우유나 치즈를 먹다 남겼을 때에는 키우는 개에게 준다.

데이브가 종이 쓰레기를 없애기 위해 지렁이만 활용하는 건 아니다. 신문, 잡지, 포장지와 우편물, 특히 불필요하게 쌓이는 쓸데없는 정크 메일(미국 성인 한 사람당 매년 평균 20킬로그램에 해당하며 그중 카탈로그는 88개나 된다)은 순식간에 산더미를 이룬다. 물론 미국에서 종이는 54퍼센트까지 재활용된다. 하지만 가정에서 버리는 쓰레기를 원그래프로 살펴보면 종이 쓰레기가 3분의 1로 가장 많은 부분을 차지하고, 그다음으로는 식물성 쓰레기가 12.8퍼센트,

음식 쓰레기 12.5퍼센트, 플라스틱 쓰레기 12.1퍼센트, 고무, 섬유, 목재, 금속과 유리병은 각각 10퍼센트 미만을 차지한다.

창조적인 생태학자들은 남아도는 종이 쓰레기를 없애기 위해 약삭빠른 방법을 찾아냈다. 그걸로 매력적인 진주를 만들어 목걸이와 팔찌를 온라인으로 판매하는 방법이다. 하지만 종이 쓰레기를 줄이려는 데이브의 해결책은 전기, 전화, 케이블 등 각종 청구서를 이메일로 받아 불필요한 우편물을 아예 차단하려는 노력이다. 신생 회사 그린다임스닷컴Greendimes.com은 1년에 평균 20달러로 불필요한 메일을 보내는 업체들에 편지를 보내 고객들이 더는 '정크 메일'을 받지 않고 그들의 이름으로 나무 다섯 그루를 심도록 해준다. 대신에 미국인들은 다이렉트마케팅협회(미국 우편 주문 판매 사업자들을 대표하는 협회—옮긴이), 카탈로그 초이스Catalog Choice, 옵트아웃Optout과 같이 거의 무료나 다름없는 다른 서비스를 이용해 불필요한 우편물과 전단지를 걸러 낼 수 있다. 데이브는 자선 단체들이 계속해서 종이 독촉장을 보낸다면 기부금을 내지 않겠다고 을러대기도 했다. 거기에 또 하나, 그는 머리글자로 등록하려고 노력한다. 회원 가입을 하거나 보증서를 작성할 때마다 매번 밑에 '내 개인 정보나 이름 또는 전화번호를 빌려 주거나 판매하거나 교환하지 마시오'라고 기입한다. 데이브는 현재 원치 않는 우편물을 거의 전부 없앤 상태다. 그는 이렇게 조언한다. "절대 포기하지 마십시오. 그리고 놀이를 하듯 재미있게 시도해 보세요!"

'슬로푸드'와 '플라스틱 블루스'

물론 데이브는 장을 보는 방법도 바꾸었다. 기업 농산품이나 지구 반대편에서 오는 농산품의 탄소 발자국을 줄이기 위해 토종 농산물과 더 건강하고 맛도 좋은 제철 유기농 과일과 채소를 선호한다. 아직까지는 채소를 직접 재배하지 않지만 그것도 구상 중이라고 한다.

그 점에 관해서는 완전한 자급자족을 택한 더배스 가족에게서 배울 점이 있을 듯하다. 스탠더드 오일의 직원이었던 아버지 밑에서 성장한 61세의 가장인 줄스와 성인이 된 그의 세 자녀는 음식 재료 '모두'를 로스앤젤레스 북동쪽 패서디나의 820제곱미터 정도 되는 소규모 근교 농장에서 충당한다. "그건 우리의 항의 방법입니다"라고 줄스는 〈뉴욕 타임스 매거진〉에서 설명한다. 더배스 가족은 매년 350종의 과일과 채소 그리고 식용 꽃을 2,700킬로그램 넘게 생산한다. 이 가족은 염소와 닭, 오리는 물론 퇴비용 지렁이도 기른다. 조명은 태양광으로 하고 자동차에 채우는 바이오디젤도 직접 생산한다. 인근 식당에 과일과 채소를 팔아 얻은 돈이면 그 가족이 직접 만들지 못하는 장비와 옷가지를 구매하기에 충분하다.

그렇게 극단적으로 하지 않더라도 근교의 정원은 캘리포니아 주의 대도시에서 큰 인기를 얻고 있다. 이탈리아에서 처음 시작된 '슬로푸드' 운동은 샌프란시스코 해안에서는 레스토랑 '체 파니스Chez Panisse'를 운영하면서 제대로 된 음식을 먹자고 주창하는 앨리스

워터스와 버클리 대학 교수이면서 기업식 농경 문화의 파괴자 마이클 폴런이 주창했다. 샌프란시스코 시장 개빈 뉴섬은 두 사람과 함께 최근에 주민들에게 유기농 샐러드와 토마토를 정원이나 안뜰 또는 테라스나 발코니에서 직접 재배하도록 권장하는 프로그램을 추진했다. 녹색 운동을 해본 적 없는 시민들도 더 이상 둘러댈 구실이 없게 되었다. 지역의 두 중소기업인 프리랜스 파머스Freelance Farmers와 마이팜MyFarm이 경험 있는 유기농 원예가들을 소개시켜 주기 때문이다. 일주일에 25달러에서 35달러 정도면 전문가들이 자전거를 타고 와서 상추를 관리해 주고 유기농 채소 한 상자씩을 가져다준다. "우리의 목적은 사람들이 배워서 직접 따라 할 수 있게 하는 겁니다. 할 수 있는 건 뭐든 절약해서 자급자족에 더 많이 투자할 필요가 있습니다"라고 프리랜스 파머스의 에밀리 스티븐슨은 설명한다. 그의 좌우명은 "흙으로 돌아가십시오. 당신의 정원을 가꾸십시오!"다.

어찌 되었든 그 주말 농부들은 이제 워싱턴의 비중 있는 협력자가 되었다. 영부인 미셸 오바마는 백악관에 들어가자마자 남쪽 뜰에 '빅토리 가든'을 만들었다. 그 이름은 제2차 세계 대전 때 영국과 미국에서 만들었던 텃밭의 이름을 딴 것이다. 유럽과 마찬가지로 미국에서도 최근 몇 년 동안 근교의 구매자 공동체에 힘입어 친환경 텃밭이 늘어나는 걸 볼 수 있었다. 신선한 농산품을 정기적으로 배달하는 '로커보어(locavore, 자신이 사는 지역에서 생산되는 음식만 먹는 사람들—옮긴이)' 소비자들은 '지역 농업 지원 공동체Community

Supported Farms'의 공동 주주가 되었다. 2007년에 미국에서 그들의 수는 약 1만 3,000명에 달했다고 로컬하비스트닷컴 LocalHarvest.com 은 집계했다.

물론 이것은 시장의 미미한 일부에 지나지 않다. 미국의 고전적인 농업은 여전히 세계에서 에너지를 가장 많이 소비하고 낭비가 심하다. 버몬트 주에서는 쇠똥으로 전기를 만드는 시도도 하고 있지만 그래 봐야 활발하고 강력한 로비로 점철된 기업식 농업이라는 거대한 숲을 가린 나무에 지나지 않다. 그래도 힘을 북돋워 주는 신호가 있다면, 오바마 정부의 농무부 신임 부장관이자 터프츠 대학의 강사로 활약하는 캐슬린 메리건이 지속 가능한 농업과 건강한 먹을거리를 위해 투쟁하고 있다는 사실이다.

다시 쓰레기 모으는 경험에 있어 단연 놀라운 인물인 데이브 샤메이데스로 돌아가면, 그가 1년 동안 만들어 낸 재활용되지 않는 쓰레기는 14킬로가 채 되지 않는다. 한 달에 고작 1킬로도 안 되는 셈이다. 일반적으로 미국인이 하루에 평균 2킬로를 만들어 내는 데 비해서 말이다! 대체 어떻게 한 걸까? 답은 간단하다. 흔히 주변에서 볼 수 있는, 말도 안 되는 과소비 사회에 대한 비판자인 그는 우선 다른 사람들보다 적게 구매한다. 소비자 관련 월간 잡지 〈컨슈머 리포트〉에 의하면, 미국인들은 하루 평균 247건의 상업 광고에 노출된다. 80년을 산다고 했을 때 720만 건에 노출되는 셈이다.

함정에 걸려들지 않기 위해 데이브는 신용 카드를 꺼내기 전에 스스로에게 묻는 열두 가지 질문을 작은 종이에 적어 두었다.

1) 이게 꼭 필요한가?

2) 똑같은 역할을 하는 물건을 이미 구입한 적이 있진 않은가?

3) 사지 말고 빌릴 수는 없을까?

4) 비슷한 걸 직접 만들 수는 없을까?

5) 중고로 살 수 있을까?

6) 가까운 곳에서 사거나 주문할 수 있나?

7) 환경에 책임질 수 있는 방식으로 제작된 걸 살 수 있나?

8) 다른 용도에도 쓸 수 있는 걸로 살 수 있을까?

9) 가스나 전기 대신 인적 에너지를 활용하는 걸 찾을 수 있을까?

10) 다 쓰고 나서 재활용할 수 있는 것인가?

11) 이 물건의 수명 사이클이 환경에 미칠 영향은 어떤 것일까?

12) 제작 과정에서나, 쓰레기가 되었을 때 환경에 해를 끼치지는 않을
    물건인가?

이 정도면 하이퍼마켓에 가는 일이 충분히 망설여지지 않을까? 데이브 역시 인정한다. "이 모든 의문을 제기한다는 게 조금 심하게 느껴질 수도 있겠죠. 하지만 지금의 어마어마한 낭비에 조금이라도 영향을 미치려면 우리 각자가 조금씩 다르게 생각하기 시작해야 합니다." 당연히 우선적으로는 먼저 비닐봉지 사용을 자제해야 한다. 매년 지구 상에서 5,000억에서 1만억 개에 달하는 비닐 백과

비닐봉지, 포장지가 사용된다는 사실은 누구나 알고 있다. 1분에 100만 개가 사용되는 셈이다! 그중 적잖은 부분이 미국에서 쓰이고 있다. 그리고 그중 상당수가 자연 속에서 또는 바다거북이나 돌고래 또는 고래의 배 속에서 생을 마감한다. 사람들이 잘 모르는 부분은, 제조에 드는 전력 낭비와 나무 소비 때문에 종이 봉지도 환경에는 별반 나을 것이 없다는 사실이다. 심지어 크라프트지(표백되지 않은 크라프트 펄프로 만든 갈색 종이―옮긴이)는 대부분 비닐보다 더 오염이 심하고 재활용이 어렵다.

녹색 소비자의 기본은 재활용이 가능한 장바구니다(자동차 문화 때문에 유럽인들이 많이 사용하는 바퀴 달린 작은 장바구니는 미국에선 거의 쓰이지 않고 있다). 그다음으로, 데이브는 가능한 한 대규모로 식품을 구매해서 깡통이나 상자를 보관해 두었다가 기회가 되면 재활용한다. "아무것도 아닌 것 같아 보이지만, 그걸로 이제는 커피나 쌀, 국수 같은 것들을 담아 둔답니다. 그렇게 하면 비용도 훨씬 저렴하게 든다는 걸 알았거든요." 게다가 그는 이제 포장지의 성분도 보기 시작해서 미생물에 의해 무해 물질로 분해되지 않는 제품들은 아예 사질 않는다. 그는 그런 변화가 앞으로는 정부가 부과하는 규범이 될 뿐 아니라 소비자들이 기업을 압박할 부분이 될 것이라고 생각한다. "미생물에 의해 무해 물질로 분해되는 봉지를 요구하는 편지를 1만 통쯤 받는다면 식품 업체도 별수 없이 바꿀 수밖에 없을걸요!"

비단 장 볼 때만이 아니다. 데이브는 대형 커피 체인점이나 패스트푸드점 이용도 바꾸고 싶어 한다. 예를 들어, 그는 일회용 컵에 담긴 음료수는 무조건 안 마신다. "스타벅스가 2006년도에 전 지점에서 일회용 컵 23억 개를 사용했다는 사실을 아십니까? 미국의 모든 상업을 통틀어서 보면 160억 개가 사용되었다는 사실은요?" 일회용 컵은 규정상 90퍼센트의 새 종이로 만들어진다. 2006년에 일회용 컵을 제작하기 위해서 나무 650만 그루를 잘라야 했고 물 150억 리터와 에너지 5만억 줄joule이 소모되었다. 이 모든 것에 쓰레기 배출량 11만 4,000톤이 더해졌다. 그래서 데이브는 동시대를 살아가는 사람들에게 세라믹 찻잔이나 스테인리스 스틸 컵을 사용하라고 권한다. "가치 있는 투자라는 건 스타벅스, 커피 빈, 피츠 커피 앤드 티에서 고객이 머그잔을 들고 가면 가격을 10센트 낮춰 주는 겁니다. 스타벅스가 2004년에 그 프로그램을 추진하자마자 일회용 컵 1,510만 개가 절약되었고 종이 29만 7,000킬로그램이 절약되었답니다." 이는 커피뿐만 아니라 물에도 적용된다. 데이브의 말을 듣고 나면 상점 진열대에 놓여 있는 에비앙 물병을 다시 보게 된다. 당연히 그는 플라스틱 물병은 두 번 다시 손도 대지 않겠다고 맹세했다. 그는 자신의 블로그에 이런 글을 남겼다. "우선은 수도꼭지에서 받아 마시는 편이 훨씬 저렴하죠. 괜찮은 스테인리스 물병을 사더라도 말입니다. 그다음으로, 1리터짜리 물병을 생산하고 보급하는 데 평균 물 5리터가 낭비된다고 합니다! 게다가 일부 물병에는 환경 호르몬 비스페놀A가 포함되어 있습니다. 끝으로, 이 물병들이 재활용된다고 해도 캘리포니아 쓰레기만 매일 300만 개 넘게 쏟아진다는 겁니다. 강이나 바다에서 발견하는 쓰레기는 더 말할 것도 없고요!"

'잘 견디는 데이브'는 플라스틱 식기에 대해서도 똑같은 주장을 펼친다. 일회용 손수건이나 행주 등에 대해서도……. 그런 점에서 미국의 농업 회사 카길과 일본의 섬유 화학 회사 데이진은 일명 네이처웍스NatureWorks라는 이름으로 흥미로운 제휴를 맺어 100퍼센트 재생 가능한 생분해성 플라스틱인 폴리머 제품을 제조하게 되었다고 주장한다. 이 제품은 그때부터 식품 포장재나 가구나 의류를 만드는 섬유로 사용된다. "이 바이오플라스틱은 제조 과정에서 적어도 65퍼센트의 화석 에너지를 사용하고, 기존의 석유 원료 플라스틱에 비해 온실가스를 80퍼센트에서 90퍼센트까지 줄일 수 있습니다"라고 네이처웍스의 CEO 마크 페어브뤼겐은 설명한다. 문제가 있다면 주원료가 옥수수당이라는 점이다. 이 경우, 에탄올 생산의 경우와 마찬가지로 음식 문화와 위험한 경쟁 관계를 만들어 낸다. "우리는 '연료와 식량' 논쟁과 관계없습니다. 우린 비식용 식물을 사용할 수 있으니까요"라고 페어브뤼겐은 단언한다. 어쩌면 그럴 수도 있겠지만, 무엇보다도 바이오 연료의 경우처럼 과학자들은 목본 식물의 섬유소를 적당한 가격으로 분해시키기 위해 상당한 발전을 이루어야 한다.(제6장 참조)

물론 데이브나, 잰과 폴 스콧 부부와 같은 '짙은 녹색'의 소비자들은 미국 국민의 가장 투쟁적인 면을 보여 줄 뿐이다. 하지만 그들은 소비 사회학자들이 지속 가능하다고 판단하는 문화 운동의 선두에 서 있다. 기업들로서는 전략적인, 이러한 소비자 구분은 물론 모든 마케팅 조사 기관에서 조사한 것이다. 2007년에 시장 조사 기관 얀켈로비치는 '열성적인 녹색 운동가들Greenthusiasts'이라 불리는 이들의 비중이 미국 인구의 13퍼센트, 즉 3,000만 명에 달한다고 추산했다. 내추럴 마케팅 조사 기관은 '건강하고 지속 가능한 삶의 유형'을 추구하는 사람들, 즉 '로하스족Lifestyle Of Health And Sustainability'은 소비 시장의 16퍼센트를 차지한다고 한다. 사회학자 폴 레이는 그 고객층이 '문화적으로 창조적'이라고 묘사하면서 그들의 고정 관념을 이렇게 요약한다. "죽을 때 더 많은 놀잇감을 갖고 있는 사람이 아니라 의미 있는 삶을 살았던 사람이 이기는 거다." 미국에서는 완전히 혁명적인 개념이다.

그 스펙트럼의 반대편 끝에 있는 20퍼센트에서 30퍼센트의 미국 소비자들은 환경 논쟁에 아예 무지하거나 아니면 반항적이다. 지구 온난화를 믿지 않아서든 다른 근심거리들을 안고 있어서든 혹은 아랑곳하지 않아서든, 그들은 어쨌든 다른 범주에 따라 장을 본다. 예를 들어 가격, 편의성 등등. 연구 결과에 의하면, 그런 사람들은 '기본 밤색', '치명적인 염세주의자들' 또는 단순히 '무관심한 사람들'이라는 용어로 지칭된다. 그 둘 사이에는 다양한 이유로 적극성은 조금 떨어지지만 쟁점에 대해 어느 정도 의식은 있는 다수의 늪지대가 있다. 환경 마케팅 전문가이자 그리너 월드 미디어Greener World Media사의 대표이고, 《녹색 경제를 위한 전략》의 저자인 조엘 매코워는 경험을 토대로 다음과 같은 용어집을 만들었다.

- **동참자** 뭘 해야 하는지 아는 사람 그리고 대개는 그런 행위.
- **모순적인 사람** 뭘 해야 하는지는 알지만 굳이 그런 수고를 하지 않는 사람.
- **근심하는 사람** 뭘 해야 하는지 배우고 싶지만 아직은 알지 못하는 사람.
- **불확실한 사람** 어떻게 해야 차이를 만들어 내는지 모르는 사람.
- **파렴치한 사람** 알지도 못하고 완전히 무시하는 사람.

대중을 상대하는 기업들의 중요한 문제 하나는 지갑을 쥔 소비자들이 '환경적으로 올바른' 선언에 따를 준비가 얼마나 되어 있는지를 아는 것이다. 물론 이런 문제에 관한 여론 조사 결과는 지나칠 정도로 많다. 하지만 대개는 기만적이고 모순적이다. '녹색 의식'이 있다고 해서 반드시 '녹색 소비'를 하는 건 아니기 때문이다. 따라서 2007년에 전문 조사 기관 콘Cone의 환경 관련 설문 조사에 의하면, 미국인들의 93퍼센트가 에너지를 절약하고, 89퍼센트가 재활용을 하며, 86퍼센트가 물을 저장한다. 또, 70퍼센트가 부모나 친구들과 환경 문제를 이야기한다고 드러났다. 콘은 "대다수의 미국인들이 기업들의 의미 있는 활동을 옹호한다"고 결론짓는다. 반대로, 캐나다 시장 조사 기관인 입소스레이드Ipsos-Reid에 의하면, 미국인 64퍼센트는 어떤 기업이 제품을 녹색으로 칭하면 "대개는 마케팅 전략"이라고 생각한다. 그리고 시장 조사 기관인 얀켈로비치의 '녹색 성장' 연구에 의하면, 미국인 37퍼센트가 환경 문제에 '대단히 관심이 많다'고 자처하지만 그 문제에 관해 '잘 알고 있다'는 사람은 네 사람 중 한 명에 불과하다고 한다.

그 난잡한 혼합물에서 매코워는 두 가지 분명한 생각을 끌어낸다. 첫째, 미국 소비자들은 환경에 대해 보다 책임감 있게 처신하려는 방법을 찾고 있다. "그들은 행동할 준비가 되어 있긴 하지만 그 행위들이 쉬울 경우에만 일상 습관에서 소소한 변화를 끌어낼 뿐, 그 이상의 대가는 치르지 않는다." 둘째, "상품이 녹색이라는 이유만으로 더 잘 팔리지는 않는다." 환경적인 장점 외에도 더 뛰어나야 한다! 다시 말하면 더 저렴하고, 더 빠르고, 더 깨끗하고, 더 분명하고, 더 쓰기 쉽고, 더 효율적이고, 또 그저 단순히 더 '멋져야' 한다. 매코워는 미국인들이 모든 걸 원한다고 설명하면서 다음과 같이 농담조로 요약한다. "환경을 오염시키지 않고도 고용인들에게 임금을 제대로 지불하는 기업들이 만든 저렴한 가격의 상품, 죄책감 없는 사치, 휘발유를 거의 소비하지 않으면서도 넓은 공간에 세련되고 안전한 자동차, 경관을 해치지 않는 조건의 풍력과 태양열 발전소, 복잡한 문제에 비해 단순한 해결책, 그리고 달라지지 않는 변화." 물론 이것은 유럽인들에게도 적용되는 결론이다.

매코워는 그런 어려움과 불확실성 속에서도 "녹색 사업이 하나의 운동에서 시장으로, 그리고 저변에서 중심으로 빠르게 움직이고 있다"는 점을 믿어 의심치 않는다. 새로운 재료와 혁신적인 기술이 경쟁력을 갖추고, 소규모 기업인들과 대규모 그룹들이 환경을 고려한 강령에 따라 제품과 서비스 및 혁신적인 사업 모델을 갖춤으로써 비판적이던 대중도 차차 더 많은 녹색 제품과 서비스에 끌릴 것이라 생각한다.

환경 문제는 모든 분야에 관련되기 때문에 경제적 잠재력은 막강하다. 녹색 문제는 월마트나 홈 디포와 같은 대형 유통 업체나 클로록스나 프록터 앤드 갬블과 같은 가정용품 생산 업체, 나이키나 리바이스 등의 패션 의류 업체, 자동차·에너지·화학·산업·식품 가공업 등의 산업체, HP·델·IBM·시스코·구글의 기술 전문가들, 부동산이나 여행, 금융 등의 건축업이나 서비스업 관계자들의 관심도 끌고 있다. 그리고 리더들에게 다시 문제를 제기하도록 요구한다. 많은 분야에서 신생 기업의 기술자들이 그 기회를 활용해 기존 상표의 입지를 야금야금 갉아먹기 때문이다. 그리고 그들이 그 공격에서 얻은 것은 총 판매액의 미미한 부분에 지나지 않는다 해도, 대개는 젊은 층과 유복한 계층의 고객들을 사로잡아 상표 이미지와 기업 고용인들의 도덕성에 중대한 피해를 입힐 수 있다. 코펜하겐 회의와 같은 국제 정상들의 여세를 몰아 모든 경제 기관들에 보다 엄격한 대중 규제의 위협이 감돈다는 사실을 잊지 말자.

기업들로선 더 이상 선택의 여지가 없다

환경 문제는 대기업들과 유통 업체들의 전략적인 골칫거리가 되기도 했다. 물론 생태학적 근심은 어제오늘의 일이 아니다. 실업계의 자각은 세 차례 역사적인 파장을 통해 일어났다. 1960년대에 몇 차례의 대규모 생태학적 재난 이후에 산업 오염은 상당히 위협적이 되어 이를 통제해야만 했다. 1970년대에 미국은 환경보호국을 세우고 공기와 수질 오염을 막기 위한 몇 가지 법률안을 표결에 부쳤다.

1980년대 중반부터는 기업 쪽에서 오염을 줄이는 것이야말로 낭비를 줄이는 일이라는 사실을 깨닫기 시작했다. 그래서 점진적으로 녹색으로 바꾸기 시작했다. 그것이 자사의 생산력을 높이고, 이윤을 높이는 데 유익하기 때문이었다. 산업 절차의 합리화와 에너지 절약은 '탄소 발자국'이라는 개념이 채 정의되기도 전에 이미 그들의 탄소 발자국을 줄이는 데 기여했다.

하지만 세 번째 녹색 파장인 '지속력 있는 사업'의 파장은 1990년대 말에야 나타났다. 환경 매개 변수가 제조 부문으로 통합되고, 공급 업자·하청 업자·동업자 등을 포함한 생산 계통 전체가 제고되기 시작했다. 2년 전부터 그런 근심은 유가 상승과 기후 온난화의 자각 그리고 소비자들, 고용인들, 정치계의 새로운 생태학적 감성으로 인해 격화되었다. 자동차 제조 업체, 시멘트나 철강 제조 업체, 석탄 화력 발전소를 비롯한 기업들은 더 이상 선택의 여지가 없다.

선두에 선 일부 개척자 역할을 하는 중소기업들은 전문 위원회에서 너무 비싸다고 인식하던 것을 어떻게 하면 경쟁력을 갖춘 장점으로 바꾸어 차별화하고 혁신하고 리더의 이미지를 가다듬을 수 있는지 보여 주었다. 최고의 사례는 레저 의류 업체인 파타고니아의 설립자 이본 취나드가 될 것이다. 1990년대 초반에 취나드는 환경 감사를 시행한 뒤 이렇게 결론 내렸다. "우리가 만드는 모든 것이 오염을 일으킨다. 그리고 죽은 지구에서는 사업을 할 수 없다." 1993년 카탈로그에서 그는 고객들에게 파타고니아는 자사 모델 30퍼센트를 희생해서 지속 가능한 제조 방법에 더욱 집중하겠다고 설명했다. 이 그룹은 100퍼센트 바이오 면을 사용하기 시작했다. 그리고 재활용 페트병으로 만든 양모 원단 '신칠라'를 개발했다. 파타고니아는 고객들의 낡은 재킷도 재활용했다.

이 개척자는 여전히 독립적인 개인 회사로 남아 있는 극소수의 회사 중 하나이다. 왜냐하면 생태학적 제품을 생산하는 그런 베테랑들 상당수를 최근 몇 년간 그들의 이미지와 처세술을 자본화할 욕심에 눈먼 미국 또는 유럽의 다국적 기업이 집어삼켰기 때문이다. 아이스크림 회사인 벤 앤드 제리는 유니레버에, 시리얼 생산업체 카시는 켈로그에, 치약 제조 업체 톰스 오브 메인은 콜게이트 파몰리브에, 비누 제조 업체 바디샵은 로레알에, 요구르트 업체 스토니필드 팜은 다농에, 초콜릿 업체 그린 앤드 블랙은 스윕스에, 음료 업체 오드월라는 코카콜라에, 립밤 제조 업체 버츠 비는 클로록스에 인수되었다.

그리고 그 다국적 기업들은 세계 최고의 '시민'이 되기 위해 노력하고 있으며 어느 정도 성공을 거두기도 했다. 실질적으로 미국 대기업 중에서 지속 가능한 개발 부서를 갖고 있는 기업이나, 온실가스 배출량을 줄인다든가 유해성이 적은 재료를 활용한다든가 에너지와 물을 절약한다든가 쓰레기를 재활용한다든가 또는 환경을 보다 존중하는 제품을 만들어 내기 위한 프로그램을 조직한 기업은 이제 없다. 그래서 거물급 기업인 GE는 2004년에 '에코매지네이션Ecomagination'이라는 야심 찬 프로그램을 도입했다. 이 복합 기업은 특히 세탁기부터 산업용 터빈에 이르기까지 80개의 상품과 서비스를 포함한 그린 포트폴리오의 총 판매액이 2008년에 21퍼센트나 도약해 170억 달러에 육박하는데, 이는 총 판매량의 9.2퍼센트에 해당한다고 발표했다. 2012년의 목표는 250억 달러라고 한다.

조엘 매코워는 몇 가지 다른 사례를 언급한다. 지난 10여 년 동안 프록터 앤드 갬블 그룹은 팸퍼스 기저귀 중에서 사용 후 버리게 되어 있는 흡수층의 비중을 40퍼센트로 조정하여 포장재 80퍼센트를 줄이면서도 성능은 향상시켰다. 월마트와 나이키는 바이오 면을 세계에서 가장 많이 구매하는 업체가 되었다. GM은 쓰레기 가스를 세계에서 제일 먼저 활용한 기업이다. 인텔과 펩시콜라는 재생에너지의 주요 구매 업체다. 맥도널드는 재활용 제품의 주요 소비업체로서 그 분야에 적어도 1년에 1억 달러를 할애한다.

그런다고 거물급 기업들이 녹색 주장의 챔피언이 될까? 물론 그렇진 않다. 충분하다고 보기엔 아직 멀었다. 그런 노력들은 그 기업들이 펼치는 활동의 미미한 부분에 지나지 않기 때문이다. 그리고 그리너 월드 미디어의 2009년 보고서 '녹색 사업 현황'은 오히려 부정적이다. 매코워는 샌프란시스코에서 그 보고서를 소개하며 이렇게 설명한다. "고무적인 소식과 실망스러운 소식이 섞여 있습니다. 하지만 결국은 전반적으로 기업 측의 참여와 활동 비중이 더 높아졌음에도 우린 그런 누적된 행동들이 충분한 리듬과 단계로 지구의 문제들을 해결할 수 있을지에 대해서는 그리 낙관적이지 못합니다."

그래도 미국 대기업의 소유주들은 여전히 이렇게 자문하며 많은 시간을 보내고 있다. '어떻게 하면 녹색이 될까?' '커서를 어디에 놓아야 할까?' 어려운 문제다. 환경적인 개념이 세워졌어도 그 문제에 대답할 만한 기준이나 보증이 거의 없기 때문이다. 미국의 친환경 건축물 인증 시스템인 LEED는 행복한 예외이다.(제3장 참조) 이제는 어떤 건물이 친환경 건물인지 알게 되었으니까. 하지만 친환경 공장은? 친환경 은행은? 친환경 컴퓨터는? 친환경 세제는?

안티그린워싱 단체

객관적인 범주가 없는 탓에 지구 상의 모든 오염자들은 자신이 이웃보다 더 친환경적이라고 주장할 수 있다. 그리고 스스로 그만두지 않는다. 적어도 미국 텔레비전에서 '청정 석탄'을 극찬하면서 환경 또는 석탄 로비의 챔피언으로 자처하는 석유 메이저 업체 셰브런Chevron의 상업 광고가 쏟아져 나오는 것도 놀랄 일은 아니다. 탄소 고정 기법이 그 정도에 이르려면 아직도 멀었는데 말이다! 그러니 여론의 반발도 이해할 만하다. 최근에 이루어진 대부분의 설문 조사 결과를 보면, 미국 소비자들은 상표에 기재된 환경 관련 표시를 크게 신뢰하지 않는다고 한다. 그리고 검증되지 않은 방법으로 '녹색 이미지를 내세우는' '그린워싱(greenwashing, 위장 환경주의)'에 대한 비난이 늘어나고 있다. 2007년에 환경 마케팅 회사 테라초이스는 '그린워싱의 여섯 가지 원죄'라는 연구 결과를 내놓았다. 가장 흔한 것이 감춰진 모순이다. 이는 어떤 기업이 제품의 특정 품질(예를 들면 재활용 종이 사용)만 부각하고 듣기에 좋지 않은 속성들(제작 과정에서 에너지나 물을 대량 사용한 것)은 은폐하는 경향이다. 그 외에도 증거 부족, 애매함, 부적절함 또는 단순한 거짓말이 있다. 미국에서는 NGO가 안티그린워싱 단체를 만들어 그린워싱 지수를 발표하며 그런 태도를 비난하려 애쓰고 있다.

하지만 소비자들부터 태도를 바꿔야 할 듯싶다. 조엘 매코워가 강조하는 것처럼, 기업에 요구하는 내용을 정작 일상생활 속에서 직접 실천하려는 사람은 별로 없어 보이기 때문이다. 그걸 가장 잘 알고 있다는 사람들까지 포함해서 얼마나 많은 미국인들이 하이브리드 자동차를 타고 다니고 직장에 갈 때 카풀을 이용하고 또는 자동차 이용을 줄이기 위해 애쓰고 있을까? 얼마나 많은 미국인들이 집 안에서 에너지 가계부를 만들어 에너지를 절약하고 절전형 전구로 바꾸거나 태양 전지판을 설치했을까? 얼마나 많은 미국인들이 유기농 상품이나 친환경 세제를 사용할까? 아무리 친환경 계층의 모범생들이 성가실 정도로 유별나게 군다고는 해도 데이브 샤메이데스와 그의 '짙은 녹색' 동료들이 고집스러울 정도의 일관성을 보인다는 점만큼은 인정해야 한다. 그들은 대기업을 악마화시키기는 커녕 오히려 모범을 보이게 하면서 오로지 '소비 주체'의 시민운동만이 정부가 보다 엄격한 기준을 정하도록 부추기고 기업들이 새로운 사고방식을 갖도록 강요할 수 있다고 생각한다.

모든 이들이 믿을 수 있는 그날이 올 때까지, 녹색 의식을 지닌 소비자들은 뭘 믿고 장을 보러 간단 말인가? 미국에서는 '기후를 생각하는 모임Climate Counts'의 친환경 평가와 같은 등급 매기기가 나타나기 시작했다. 이 단체는 네 가지 문제에 따라 기업들의 점수를 0점부터 100점까지 나눈다. 기업들이 '탄소 발자국'을 측정하고 있는가? 탄소 발자국을 줄이려는 목적을 갖고 있는가? 온실 효과를 줄이기 위한 공적인 계획을 지지하는가 아니면 맞서는가? 그 문제들에 대해 투명하게 의사소통을 하고 있는가?

2008년 평가에서 0점에서 5점 사이의 점수로 꼴찌를 기록한 기업은 버거킹, 웬디스, KFC·타코벨·피자헛의 윰 브랜즈뿐만 아니라 아마존과 이베이도 있었다! 반면에 상위 성적인 65점 이상을 기록한 기업들 중에는 나이키, 스토니필드 팜, IBM, 캐논, GE 그리고 휴렛패커드가 있다. '기후를 생각하는 모임'은 각각의 상품과 서비스 범주에 대해 가장 훌륭한 기업을 강조하는 작은 쇼핑 가이드

북도 출간했다. 그런 유형의 평가는 아직 불완전하긴 해도 제법 여론화되어서 기업들 스스로 바뀌도록 자극하고 있다. 그 결과로 애플의 경우, 2007년에는 2점밖에 받지 못했지만 2008년에는 11점으로 상향되었다. 리바이스도 2007년에 1점에서 2008년에는 22점으로 올라갔다.

소비자들은 제품 자체와 관련된 정보도 모으기 시작했다. 굿가이드닷컴Goodguide.com과 같은 독립적인 사이트들이 그 과정을 돕고 있다. 바람직한 시도라 할 만한 것이, 얼마 전부터 대량 소비 제품에서 크게 늘어난 환경적 특징들이 대개는 답을 제시하기보다 문제를 더 많이 제기하기 때문이다. 조엘 매코워는 그 점에 대해 다음과 같은 예를 제시한다. "재활용 원료로 제조"(1퍼센트로 아니면 100퍼센트로?), "오존층을 훼손하지 않음"(하지만 다른 오염원들이 포함되진 않았을까?), "생분해성"(그럴 수도 있겠지만 아마도 수백 년이 지나야 가능할 듯……), "유해하지 않음"(사용하는 데에는 사실이라 해도 과연 제조 과정도 유해하지 않을까?)…….

그리고 왜 모든 상품마다 환경적인 효능을 상표에 표기하지 않는가? 2007년에 의류 브랜드 팀버랜드는 일부 신발 상품들에 대해 친환경 지수를 매기기 시작했다. 제조와 유통에 필요한 이산화탄소 배출량에 따른 1점에서 10점까지의 점수, 재료의 유해성 그리고 재생되지 않는 소비 자원이 표기된다. 그 제도는 2010년까지 브랜드의 모든 상품에 대해 일반화될 예정이다.

영국의 거물급 유통 업체 테스코는 보다 야심만만한 실험에 착수해 세제와 오렌지 주스의 탄소 발자국을 표시했다. 프랑스에서는 르클레르와 카지노가 그러한 시도를 했다. 하지만 시행은 복잡하다. 땅콩버터 한 통의 탄소 발자국에 씨앗 재배의 비료와 살충제까지 계산해야 하는 걸까? 수확과 가공에 필요한 에너지와 그다음 포장재와 라벨 제조에 필요한 에너지는 어떻게 해야 하는 걸까?

소비자가 선택할 수 있도록 유용한 모든 자료를 제공하는 그 같은 시도들이 어떤 것을 안겨 주게 될지를 알기에는 아직 시기상조다. 어쩌면 가까운 미래에는 지금 우리가 '칼로리 함량'을 어느 정도 통제하는 것처럼 우리의 '탄소 체제'도 감시하게 될지 모른다. 하지만 주의해야 할 점은, 라벨이 모든 것을 말해 주지는 않으므로 상당수의 신화를 이겨 내야 한다는 점이다. 가령 로컬 푸드가 먼 지역에서 오는 식품보다 환경에 더 좋다는 생각은 잘못된 것이다. 다양한 연구 자료를 보면 오히려 뉴질랜드의 양 한 마리가 영국의 양보다(영국에서는 집약 사육으로 에너지 소모가 상당하다) 네 배나 적은 탄소 발자국을 만들어 내고, 케냐에서 유럽으로 보내는 꽃다발 하나는 네덜란드 온실의 꽃보다 이산화탄소 배출량이 여섯 배나 적으며, 선박을 이용해 뉴욕으로 보내는 프랑스 루아르산 포도주가 캘리포니아 나파 밸리에서 트럭으로 보내는 포도주보다 훨씬 친환경적이라고 한다. 좋은 상품을 사는 것으로 충분하다고 생각해서도 안 된다. 식품과 관련된 이산화탄소 배출량의 절반은 그 식품을 요리하는 방법에 달려 있기 때문이다. 게다가 토종 유기농 감자를 산다고 해도 뚜껑을 덮지 않고 삶는다거나 믹서로 간다면 대단한 것이 못 된다. 그런 경우라면 동네에 있는 맥도널드에 가서 감자튀김을 먹는 것이나 피장파장이다. 맥도널드 감자튀김이 건강에는 더 좋을 것이 없겠지만 그나마 탄소 흔적을 덜 남기니까.

월마트가 친환경을 겨냥하다

미국에 무지막지한 자본주의와 과소비 사회를 상징하는 기업이 있다면 그건 바로 월마트다. 유통 업계의 세계 1위이자 소비 상품의 첫 세계적 구매자인 아칸소 주 벤턴빌의 월마트는 총 판매액이 4,040억 달러에 달하고, 미국에만 4,000개의 지점과 세계 14개국에 약 3,000개의 지점을 운영하고 있다. 200만 명가량의 직원을 고용하고 있으며 매년 2억 명 정도의 고객이 이용한다. 성차별주의에 동성애 혐오까지 있는 무자비한 착취자이자 양심 없는 오염원으로 여겨지는 월마트는 2000년대 초반까지만 해도 형편없는 이미지 때문에 일부 고객들을 포기해야 할 정도였다. 월 스트리트 분석가들은 당시에 그 문제를 놓고 '명성의 위기' 운운했었다.

그런 이미지를 바꿔야겠다는 근심에 사로잡힌 CEO 리 스콧은 2005년에 참모진과 전국에서 영향력 있는 환경 운동가들을 소집해 이틀간 비밀 세미나를 개최했다. 일명 '선택'의 회합은 놀라운 해결책을 만들어 냈다. 즉, 월마트가 지속 가능한 개발의 가장 엄격한 범주에 비추어 작업 방식을 완전히 바꾸기로 한 것이었다. 월마트는 이윤과 브랜드 이미지를 향상시킨다는 두 가지 목적을 가지고 친환경을 지향하기로 했다. 스콧은 〈뉴욕 타임스〉에서 이렇게 설명했다. "우리를 더 좋게 이야기하자는 게 아니라, 들려줄 만한 새로운 이야기를 만들어 내자는 겁니다."

물론 사태는 하루아침에 바뀌지 않았다. 하지만 월마트는 난국을 정면으로 부딪쳤고, 그러면서 수백만 달러를 절약했다. 참모진은 중상모략가들의 비난을 외면하지 않고 NGO, 환경 운동가들과 함께 작업하려고 노력했다. 그리고 2005년 어느 날, 환경 보호 운동가이자 민간 환경 운동 단체 시에라 클럽의 회장을 지냈으며 샌 프란시스코 액트 나우 프로덕션San Francisco Act Now Production의 컨설턴트 자회사를 설립한 애덤 워바크는 희한한 전화 한 통을 받았다. 월마트에서 지속 가능한 개발 프로그램을 맡고 있는 앤디 루벤이라는 사람이 점심 식사에 그를 초대하고 싶다는 내용이었다.

워바크는 무슨 일인지 짐작이 갔다. 1997년에 쓴 책《지금 행동하라, 그리고 나중에 사과하라》에서 유통 업계 상점들을 "새로운 종류의 독소"라고 칭하면서 "가격을 짓밟고 거래를 망가뜨리며 지역 문화를 파괴한다"고 비난했기 때문이었다. 그렇지만 호기심에 이끌려 어쨌든 점심 초대를 받아들였다.

워바크는 루벤을 만나면서 그가 가진 지식과 무엇보다도 문제의 타당성에 감명을 받았다. "그는 월마트 고객들에게 대중적인 바이오 식품을 전하려면 어떻게 해야 좋겠느냐고 물었습니다. 또 어떻게 하면 기업 전체를 지속 가능성이라는 개념 속으로 끌어들이겠는지를요.” 워바크는 〈샌프란시스코 크로니클 매거진〉에서 그렇게 이야기했다. 루벤은 워바크에게 월마트 고용인들 사이에서 환경에 대한 자각을 일으키기 위한 프로젝트에 동참해 달라고 요청하기도 했다. 물론 워바크는 처음에는 사양했다. 하지만 곰곰이 생각해 볼수록 마음이 끌리는 제안이었다.

루벤의 제안이 사실상 그가 갖고 있던 중요한 근심과 맞아떨어졌기 때문이다. 이미 경각심을 갖고 받아들인 소수의 시민들만을 대상으로 진행되는 녹색 운동을 어떻게 바꿀 수 있을까? 어떻게 하면 자신이 갖고 있는 생각을 대중화해서 일반 대중을 지구 온난화에 맞서는 투쟁에 끌어들일 수 있을까? 워바크는 2004년에 커먼웰스 클럽CommonWealth Club에서 ‘환경 보호주의는 죽었는가?’라는 제목으로 열띤 강연을 펼치면서 친환경 운동이 사회 정의와 녹색 투쟁주의를 연결하지 못했다고 비난했다. 그리고 바로 그 점이 루벤의 관심을 끌었던 것이다. 미국 중산층의 근면한 대중에게 복음을 전파시킬 기회를 워바크에게 주고 싶었던 것이다! 매주 월마트로 장을 보러 가는 140만 고객의 사회학적 거울인 월마트의 140만 직원들에게 그의 연설의 영향력을 조금이라도 나눠 주기를 말이다.

샌프란시스코에서 최신 유행을 선도하는 지역인 버널 하이츠의 ‘보보’족 애덤 워바크는 그렇게 해서 소박한 미국 중산층을 만나기로 했다. 워바크는 폴 호켄과 집 엘리슨처럼 당시에 이미 존경받는 생태학계 인물들과 함께 작업했던 월마트 참모진의 주지주의를 가늠하면서 그 임무가 의미 있는 것임을 알아차렸다고 말한다. 그래서 액트 나우 프로덕션(이후에 사치 앤드 사치에 인수된)은 월마트 직원들을 위해 '개인적 지속 가능성 프로그램Personal Sustainability Program'을 고안하고 관리했다. 워바크로서는 욕을 먹고 '배신자' 취급을 당하며 수많은 동료들이 그의 얼굴에 침을 뱉게 만든 행동이었다. 시에라 클럽의 칼 포프는 당시에 월마트가 친환경 기업이 되도록 돕는 일은 "타이태닉 갑판 위에 의자를 다시 배열하는 것"과 같고, 그 순간부터 큰 문제는 대부분 제조 부문의 중국인 공급자들에게 있다고 말했다.

"월마트가 친환경 기업이라고 말한 적도, 완벽하다고 말한 적도 없습니다"라고 당시에 워바크는 미국 공영 라디오에 출연해서 말했다. 요컨대 월마트가 환경적인 모델이 되려면 "아주아주 먼 길"을 가야 한다고 설명했다. 하지만 그 기업의 규모와 고객들이나 납품 업자들에게 미치는 연계 능력을 고려할 때 그 방침을 따르도록 도울 만한 가치가 있다고 판단했다고 한다.

워바크는 경쟁보다는 협력을 택했다. 그리고 자신의 선택이 유용했다고 판단한다. 월마트의 대차 대조표에 의하면, 2007년 9월에 월마트 고용인 가운데 48만 명이 '개인적 지속 가능성 프로그램' 교육을 받았다. 다시 말하면 그들은 일상생활에서 그리고 동료들과 고객들을 상대로 한 교육에서(금연하도록, 보다 건강하게 식사하도록, 체중을 줄이도록, 플라스틱 재활용을 하고 가족 농장을 친환경 텃밭으로 바꾸게 부추기도록) 지구를 위해 작은 변화를 일으키는 데 참여하기로 한 것이다.

물론 그건 월마트가 기울이는 친환경 노력의 미미한 일부에 지나지 않다. 월마트는 그룹 활동의 모든 부문과 관련된 '지속 가능성 360'이라는 제목의 프로그램도 시작했다. 궁극적인 목적은? 100퍼센트 재생 에너지에 의존하고, 쓰레기를 전혀 만들지 않고, 자원과 환경을 존중하는 상품만 구매하는 것이다. 이렇듯 월마트 그룹은 '고효율적인' 상점의 전형이 되기 위해 노력하고 있다. 태양열 전기를 사들여 캘리포니아 주와 하와이에 있는 22개 부지에 공급했다. 주유 방법을 가장 능률적으로 활용해 전 차량의 효율성을 25퍼센트 향상시켰다. 뿐만 아니라 야간 운행 트럭을 위해 보다 작고 검소한 디젤 모터를 거쳐 디젤 하이브리드 프로젝트에 착수했다. 끝으로 플라스틱, 종이 상자, 알루미늄 등의 재활용 절차를 향상시켜 지점 25퍼센트에서 쓰레기를 줄이는 데 동참했다.

보다 친환경적인 클로록스 세제

하지만 가장 눈에 띄는, 그리고 어쩌면 가장 유익한 변화는 상점에서 판매되는 상품들과 관련된 것이다. 물론 월마트도 지금부터 2013년까지 비닐봉지 낭비를 33퍼센트 줄이려고 애쓰고 있다. 특히 월마트는 중국인들을 포함한 6만 1,000명의 납품 업자들과 함께 같은 비용으로 환경에 덜 해로운 제품을 제조하는 더 나은 방법을 검토하기 시작했다. 그래서 2008년부터는 농축 세제만 판매하고 있다. 이렇게 하면 플라스틱 수지와 종이 상자는 말할 것도 없고, 3년간 물 15억 리터를 절약할 수 있다. 2007년 10월에는 에너지 절약형 압축 전구 1억 개 판매 목표를 초과했다. 또한 제조 업자들과 협력하여 PDP TV처럼 에너지 낭비가 가장 심한 상품의 소비를 25퍼센트 감축하는 데 전념하고 있다. 이는 미국에서 300만 가구가 1년 동안 전기료를 절약하는 것과 같은 변화였다. 그리고 생선도 활어만 구매하기로 했다. 또한 자체 브랜드 의류에 바이오 면이나 대나무 또는 재활용 폴리에스테르로 만든 청바지와 티셔츠 그리고 기타 액세서리를 추가했다. 2008년 말, 생태 디자인 전문 잡지 〈그린소스Greensource〉가 제공한 '친환경 의류'의 시험 판매는 실질적인 성공을 거두었다.

비록 과업은 막대하고 실행은 불완전했지만 월마트의 전략은 이미 그 기업의 상당히 굵직한 납품 업체들의 환경 의식을 강렬하게 만드는 데 기여했다. 예를 들면 팸퍼스, 에어리얼, 올웨이즈, 팬틴, 바운티, 프링글스, 질레트 또는 뒤라셀과 같은 주력 상품 브랜드들을 소유한 프록터 앤드 갬블은 2012년까지 '지속적인 혁신 상품'이라고 부르는 상품의, 최소한 500억 달러 시장을 개발하는 동시에 이산화탄소 배출량, 에너지 소비, 물 수요 그리고 각 공장에서 배출되는 쓰레기 20퍼센트를 감축하는 데 전념하고 있다.

그런데 가장 놀라운 시도는 전혀 예상치 못한 곳에서 왔다. 유명한 액체 표백제로 연간 총 판매액 50억 달러 이상을 달성하는 오클랜드의 클로록스가 2008년 1월에 그린웍스GreenWorks라는 이름으로 천연 청소 용품 라인을 출범시킨 것이다. "그 모험은 2003년에 우리 과학자들 몇몇의 '열정 프로젝트'로 시작되었습니다. 과학자들은 천연 성분을 활용해 기존의 세제와 똑같은 세척력을 갖는 방법을 연구했습니다." 그 녹색 라인의 마케팅 책임자인 에멜린 벌린드는 그렇게 설명한다.

3년 후, 기술이 발전하고 고객들의 친환경 의식이 각광받기 시작하면서, 클로록스는 그 문제에 관한 생산 팀을 구성했다. "직원들의 개인적인 계획은 그때부터 전략적인 목적이 부여된 보다 탄탄한 팀으로 통합되었다"고 에멜린은 설명한다. 클로록스는 코코넛이나 식물 추출 기름과 같은 천연 성분 99퍼센트로 이루어진 여덟 개 제품들, 즉 물수건, 얼룩 제거제, 식기 세척제, 화장실·욕실·마룻바닥·가구 표면 등 어디든 사용할 수 있는 다목적 세제를 실험실에서 개발하고 실험하면서 정정당당하게 생산에 임했다. "제품 자체의 구성 표시에 대해서도 심혈을 기울였지만 소비자들이 원하는 것이 무엇인지, 그리고 새로운 세제들을 어떻게 판매해야 할지에 대해서도 파악하기 위해 애썼다"고 에멜린은 말한다.

환경을 존중하는 가정용품의 미국 시장은 그때까지만 해도 세븐스 제너레이션Seventh Generation, 메소드Method 또는 샤클리Shaklee처럼 꽤 신뢰도 높은 전통 브랜드들이 독점하여 매년 약 1억 5,000만 달러의 매상을 올리고 있었다. "첫째, 그 제품들은 찾기가 어려웠습니다. 대중적인 판로를 뚫지 못하고 있었죠. 둘째, 그 제품들은 가격이 비쌌습니다. 셋째, 그 제품들 모두 이것만큼 효율적이지 못했습니다. 끝으로, 그 브랜드들 중 어느 것도 일반 대중에 신뢰를 줄 만큼 알려져 있지 않았습니다"라고 에멜린은 설명한다. 그렇지만 다양한 시장 조사 결과를 보면 클로록스에는 미국 중산층 소도시를 포함해서 화학 제품을 기피하는 여성 소비자들이라는 대상이 있었다.

그리고 클로록스는 그런 대중이 보기에 환경적으로 의심스러운 이미지를 갖고 있다는 핸디캡이 있었다. 그래서 오클랜드에 본사를 둔 클로록스는 시에라 클럽의 공식 지원을 요청해서 품질 보증을 받아 냈다. 이는 가히 혁명적인 일이었다. 시에라 클럽이 창립 116년 만에 처음으로 보증한 제품이기 때문이다. 성급하게 워바크와 월마트 사이의 협력 관계를 비난했던 시에라 클럽 회장 칼 포프는 그린웍스 제품 용기의 클로록스 상표 옆에 시에라 클럽 인장을 찍는 일에 동의했다. 그리고 그 NGO는 판매 수익을 챙기고 있다.

그때까지만 해도 소비자들은 천연 세제의 효율성을 의심하면서 유명한 세제 브랜드에 대해 제품의 환경적 품질을 믿지 않았었다. "그걸 바로잡는 유일한 방법은 유명한 청소 용품 브랜드와 소문난 친환경 라벨을 배합하는 길뿐이었습니다. 그 일로 내부 논쟁이 일지 않았다고는 말할 수 없습니다만……." 포프는 〈뉴욕 타임스〉에서 그렇게 털어놓았다. 하지만 포프는 분명히 그 시장을 개발하는 노력이 더 중요하다고 결정했던 것 같다. 그만큼 시급한 문제라고 생각했기에 포프와 워바크는 실용 생태 지향적인 신인류의 화신이 되어 자신들의 녹색 개념이 이전에는 감히 범접할 수 없었던 90퍼센트의 인구에 도달하도록 타협할 준비를 갖추었다.

그리고 이러한 협력 관계는 결실을 맺은 듯하다. 그린웍스는 출범한 지 1년 만에 녹색 세제 시장에서 42퍼센트로 선두를 달리는 상표가 된 것이다. 판매량을 예로 들면 그린웍스 혼자 유리창 닦는 세제로 340만 달러를 벌어들인 데 비해, 세븐스 제너레이션과 메소드는 둘이 합쳐도 200만 달러에 그쳤다. 대형 할인점인 월마트와 타깃 그리고 대부분의 드러그스토어에서 돋보인 그린웍스는 친환경 상표를 선호하는 고객들을 유혹하는 대신에 오히려 전통적인 제품 구매자들을 공략한 것으로 보인다. "다윗이라면 골리앗이 자신의 영역에 들어오는 것이 절대 마음에 들지 않았을 겁니다. 하지만 긍정적인 점은 클로록스가 친환경적이면서 동시에 효율적일 수 있다는 생각을 소비자들이 신뢰하도록 만드는 데 많은 돈을 투자했다는 점입니다. 그건 그 시장을 발전시키는 데 공헌하는 일이죠." 메소드의 창업자 에릭 라이언은 〈샌프란시스코 크로니클〉에서 그렇게 털어놓았다. 클로록스의 대변인 에일린 제루도에 따르면, 결과에 대단히 만족한 클로록스는 어쨌든 "6개월 내지는 9개월마다 그린웍스 신상품을 론칭할" 계획이다.

한편, 데이브 샤메이데스는 고전적인 상표보다 15퍼센트에서 20퍼센트 정도 비쌀 뿐이라 해도 그린웍스 세제를 살 생각이 별로 없다. 그는 자신의 블로그에 레몬즙과 식초 그리고 맥주 효모로 직접 세제 만드는 방법을 올렸다. 데이브는 자신이 시도했던 '쓰레기 제로' 실험을 통해 더욱 확신을 갖게 되었다. "비록 이제는 지하실에 쓰레기를 모으지 않지만 여전히 똑같은 생활 방식을 유지하고 있습니다. 그건 분명 의미 있는 일이니까요. 그 실험으로 소비자로서의 제 시각은 훨씬 더 좋은 방향으로 바뀌었습니다. 이제는 장을 보러 갈 때 제품과 포장의 완전한 에너지 순환을 볼 수 있게 되었고 그것에 따라 제 결정은 달라지죠"라고 그는 2009년 4월에 밝혔다. 저마다 자신의 탄소 가계부에 대해 심각하게 생각하게 된 수많은 방문자들을 자신의 블로그로 끌어들였던 데이브는 계속해서 웹사이트에 나타나고 있다. "웹사이트의 영향력은 엄청납니다. 근사한 생각을 갖고 있는 사람들이 이젠 그것을 온 세상 사람들과 공유하고 있으니까요!" 모든 나라의 탄소 거식증족들이⋯⋯.

Chapter 3
;
홈, 그린 홈

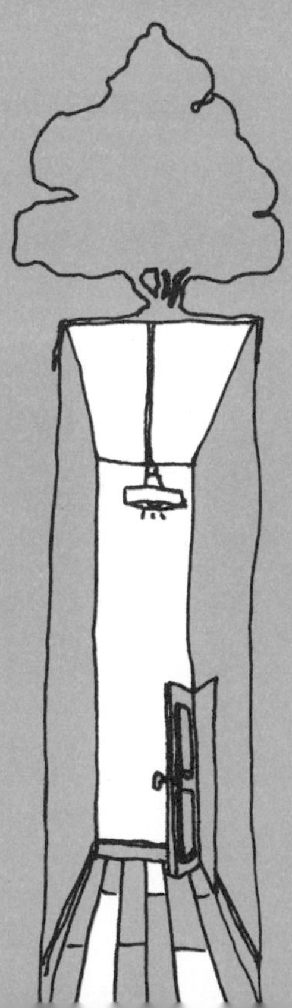

예순두 살의 애모리 로빈스는 올드 스노매스에 위치한 자신의 저택 지붕을 덮고 있는 새로운 태양 전지판의 문설주를 어린아이처럼 뛰어넘는다. 올드 스노매스는 덴버 도로에서 세 시간 거리에 있는 콜로라도 주의 해발 2,200미터에 위치한 소도시다. 멀찍이 아직도 눈에 덮여 있는 로키 산맥 봉우리가 눈에 띈다. "온수와 난방을 위해 태양 전지판 두 개를 추가했습니다. 그렇게 하면 겨울에도 장작 난로가 필요 없을 테니까요." 미국 클린 에너지계의 거물 애모리 로빈스는 온화한 목소리로 설명한다. 두툼한 안경과 갈색 콧수염 그리고 대머리가 눈에 띄는 로빈스는 흡사 만화《탱탱의 모험》에 나오는 해바라기 박사 같은 분위기를 풍긴다. 그는 집에 손님이 찾아오는 걸 무척 좋아한다. 온통 곡선과 잿빛 벽돌로 이루어진 약 375제곱미터의 독특한 저택은 로빈스가 1982년에 첫 아내 헌터와 함께 창립한 환경과 에너지 연구소인 로키 마운틴 연구소RMI 본사로도 사용된다.

통합 설계, 초강력 단열, 재활용 재료 그리고 몇 가지 최신 기술 덕분에 그 건물은 일반 주택에 비해 난방비 99퍼센트, 전기료 90퍼센트, 물 소비 50퍼센트 이상을 절약해 준다. 총 건축비는 1984년 당시 50만 6,000달러가 채 들지 않았다. "고전적인 건축에 비해 대략 6,000달러 정도 더 들였던 추가 비용은 열 달도 안 되어 에너지와 물을 절약해 상쇄했습니다"라고 로빈스는 자신 있게 말한다. 무엇보다 좋은 점은, 그 저택은 전력망이 구축되어 있어 초과 전력을 지역 회사에 팔기도 한다는 것이다. "독일의 건설 물리학자인 볼프강 파이스트가 1990년대 초반에 다름슈타트 시에 최초로 건설한 '패시브 하우스'가 바로 이 저택에서 영감을 얻었다는 겁니다. 지금은 독일에만 그런 건물이 1만 채 정도 있고, 북유럽의 네 개 국가에 1만 채 정도가 더 있죠"라고 로빈스는 자랑스럽게 설명한다. 현재의 기술과 에너지 성능을 최대치로 높인 일명 '패시브 하우스'는 건축 비용이 더 들어가는 것도 아니다. 초반에는 대략 10퍼센트에서 15퍼센트 정도의 초과 비용이 더 들지만 집중적이고 순환되는 기능 절약 덕분에 이내 상쇄된다. 게다가 그런 건물들의 주된 이점은 온실가스의 배출량을 때로는 거의 제로에 가까울 정도로 크게 줄일 수 있다는 점이다.

로빈스는 태양 궤도를 따라가는 전지판과 계절에 따라 기울기가 변하는 다른 것들을 보여 준다. 최근에는 개인 컴퓨터와도 연결되어 에너지 산출량을 실시간으로 볼 수 있다. 로빈스는 건축물들의 특출한 단열성을 강조한다. "크립톤 가스가 주입된 복층 유리로 만든 초단열 '슈퍼 윈도'를 설치했습니다. 그래서 평범한 유리창보다 열 손실이 열 배는 적고 자연광의 4분의 3 그리고 태양열의 절반이 투과됩니다." 그는 "금고 문처럼 꼭 닫히는" 새로운 초강력 방수문도 무척 마음에 들어 한다. 주방은 온통 초절전형 가정용품 일색이다. 행주는 '기계실' 위에 채광 유리의 빛과 통풍구로 환기되어 들어오는 공기로 말린다. 자연 채광을 최대한 활용하고, 전구는 모두 최신형 발광 다이오드LED 전구이거나 절전형 형광 전구이다.

넓은 베란다 아래쪽에는 거대한 아열대 온실이 생활 공간과 작업 공간을 둘로 나눈다. "이게 바로 우리의 난방 장치입니다. 여기서 바나나, 망고, 아보카도, 파파야가 자라죠! 작은 폭포와 물고기들이 노니는 연못들도 지었습니다. 그렇지 않으면 집이 너무 적막해서 이야기 소리도 듣기 힘들었을 거예요." 로빈스는 경쾌하게 말했다. 온실 아래쪽에는 탁 트인 작업 공간이 펼쳐져 있다. 탁구대 뒤에서는 청년 둘이 컴퓨터 화면을 응시하고 있었다. 위쪽으로는 로빈스의 사무실이 넓은 목재 메자닌(층과 층 사이의 중간에 설치된 중2층―옮긴이)을 차지하고 있다.

RMI의 75명 남짓한 나머지 직원들은 그곳에서 몇 킬로미터 떨어진 곳에 있는 다른 두 개의 주택과, 고객들이 찾아가기에 좀 더 쉬운 콜로라도 볼더의 사무실에 분산되어 있다. RMI는 실제로 하이브리드 단체이자 반半NGO, 반半고문 기관이다. "우리는 독립적이고 기업가적인 두뇌 및 이행 집단think-and-do-tank이고, 우리의 임무는 자원의 지속 가능한 활용을 추진하는 겁니다. 우리는 문제가 아니라 해결책을 만들어 냅니다. 우리는 이론가가 아니라 실천가입니다. 그리고 우리는 진보적인 향상이 아니라 깊이 있는 변화를 믿습니다"라고 로빈스는 설명한다.

때문에 RMI의 예산 절반이(2009년에 총 1,300만 달러) 민간 부문에 대한 자문 임무에서 나온다. RMI는 특히 1,000여 채의 건축물 구상에 동참했고, 그중 3분의 1은 지구 상에서 가장 높은 에너지 성능 점수를 받았다. "우리의 최근 프로젝트 중 하나는 사용 전력을 더 많이 산출하게 될 유럽의 대단지 건물입니다"라고 로빈스는 말한다. RMI는 세월이 흐르면서 모든 산업 부문에서 미국과 일부 외국계 최대 기업 500개 가운데 90개 기업과 함께 작업했다. GM, 뱅크 오브 아메리카, 다우, 쉘 등등.

연구소는 영향력을 최대화하기 위해 고객을 선별하려 애쓴다. "우린 전략적인 변화에 대해 의욕적이고 성숙하며 해결해야 할 실질적인 문제를 안고 있는 파트너를 원합니다"라고 로빈스는 말한다. RMI는 특히 월마트가 자사의 탄소 가계부를 향상시키도록 도왔던 '친환경 고문 기관'들에 속한다. 왜 하필 월마트였을까? "첫째, 월마트의 리 스콧 회장이 단순히 환경적인 측면에서만이 아니라 진심으로 변화를 원했기 때문입니다. 둘째, 월마트는 납품 업자들에게 막대한 영향력을 미치기 때문에 납품 업자들은 월마트를 위해서라면 무엇이든 만들어 낼 것이기 때문이죠. 셋째, 그들은 대단히 빨리 움직입니다. 넷째, 식품을 제외하고 그들이 만드는 제품 대부분은 중국에서 오는 겁니다. 따라서 그렇게 하면 지구의 미래와 관련된 그 나라를 변화시킬 만한 힘이 될 수 있으니까요."

로빈스는 실용적인 자문가다. "천사 같은 기업들하고만 일을 해야 한다면 고객이 많지 않겠죠!" 환경을 위할 줄 아는 야심 찬 물리학자인 그는 역사가 옳다고 인정한 공상가다운 차분한 신념을 갖고 있다. 40년 전부터 환경을 위해 고군분투하고 있는 애모리 로빈스는 1977년에 《소프트 에너지의 길》을 출간해서 당시에 이미 재생 에너지를 받아들일 것을 권장했다. 이어 1999년에는 헌터 로빈스와 폴 호켄과 함께 '자연 자본주의'라는 제목으로 환경과 경제적 번영을 위한 새로운 기업 혁명의 토대를 구축하는 저서를 출간했다.

교통보다 더 나쁜 건축물

1980년대 초반 착상 단계에서부터 RMI 본사는 오늘날 주택과 빌딩 그리고 산업 건축물들이 에너지 효율을 따지기 시작한 것보다도 30년 앞서 근본적인 운동을 이끌었다. 미국인들은 주거지와 상업 소재지가 책임 있는 에너지 정책의 보다 큰 작업장이라는 사실을 이제 막 깨닫기 시작했다. 미국에서는 건축물들이 에너지 수요의 첫 번째 원천이다. 생산된 전력의 72퍼센트와 천연가스 55퍼센트를 사용한다. 이산화탄소 배출량의 절반 정도가 건축물(12퍼센

트는 건설에, 39퍼센트는 활용에)과 관련되는 데 비해 교통과 관련되
는 몫은 3분의 1 정도다. 따라서 건물의 에너지 사용량을 줄이고 재
생 에너지 활용을 늘리는 일은 기후와 에너지 방정식을 풀기 위해
반드시 거쳐야 할 과정이다. 하지만 결코 쉽지는 않은 일이다. 정
책을 개혁하고 변화시키는 동시에 수익성 있는 해결책을 장려해야
하기 때문이다. "이건 타이태닉호를 타고 있는 것과 같아서, 빙산이
6킬로미터 앞에 있다는 걸 알지만 항로를 바꾸려면 8킬로미터를
가야 하는 셈입니다!" 로런스 버클리 국립 연구소의 환경 에너지
기술 분야를 맡고 있는, 그 문제의 또 한 명의 전문가 아룬 마줌다
는 농담하듯 이야기한다.

사실 미국은 유난히 에너지를 많이 잡아먹는 넓은 건물들을 주
로 건축해 왔다. "지금까지는 에너지 측면을 완전히 무시한 채 편의
와 미학 위주로만 구상되었습니다." 마줌다는 안타깝다는 듯 이야
기한다.

따라서 첫 단계는 기존 단지의 단열성을 높여 개조하는 것이다.
에너지 절약 사례는 비록 청정 에너지만큼은 못하지만 무엇보다도
거기에는 향후 5년간의 주요 에너지 적립금이 있다. 그 현상을 보
다 구체적으로 만들기 위해서 애모리 로빈스는 절약된 전력량을
측정하는 '네가와트'(에너지 절약 및 효율성 향상으로 생기는 잉여 전기
량—옮긴이) 개념을 만들었다. "네가와트는 그 어디에서 파생되는
메가와트보다도 생산 비용이 훨씬 저렴하고 그만큼 온실 효과를
감소시킵니다"라고 그는 단언한다.

미국인들은 에너지 절약에 해당하는 행동을 지칭하기 위해 대단히 다채로운 은유를 사용한다. 가령, 손만 뻗으면 '낮게 매달린 과일low hanging fruits'을 딸 수 있다는 식이다. "절약할 수 있는 잠재성은 디자인과 기술을 향상시킬수록 많아지기 때문입니다. 낮게 매달린 과일은 나무에서 떨어지기만 하는 게 아니라 발등 위로 소복이 쌓여서 저절로 깨지니까요. 반면 혁신이라는 나무는 계속해서 더 많은 과일을 우리에게 떨어뜨려 주죠!"라고 로빈스는 말한다.

그렇다면 그 정도로 진행되고 있고, 그렇게 빠른 시간 안에 비용을 상환할 수도 있다면 왜 우리가 살고 있는 집들을 전부 태양열 '패시브 하우스'로 바꾸지 않는 걸까? "에너지 효율에 관해서는 60가지에서 80가지 정도의 특수한 장애물이 있는데, 그것들 각각이 기업적인 기회가 될 수 있는 겁니다." 로빈스는 그렇게 진단한다. 그리고 그는 바로 그런 장벽들을 허무는 데 일조하기 위해 RMI를 설립했다. 로빈스는 제일 먼저 전기 회사들에 판매된 전력에 따라 수당을 주지 말고 차라리 절약된 네가와트를 보상하는 체제를 갖추어야 한다고 제안한다. "특히 유럽과 미국 48개 주에서는 전기 회사들이 전력을 더 많이 팔수록 돈을 더 벌고 소비자가 절전을 하면 벌칙이 부과됩니다. 말도 안 되는 거죠!" 반면 캘리포니아와 같은 몇몇 주에서는 고객들이 전기를 아끼도록 재정적으로 부추긴다. 심지어 그렇게 절약된 돈의 이율을 관리할 수 있어서 굉장한 결과를 만들어 낸다.

로빈스의 논리는 항상 필요에서 비롯된다. "우선은 잘 알고 효율

적인 방법으로 활용해야 합니다. 따져 보니 보통의 미국 주가 열
명의 리더만큼 능력이 뛰어나다면 전국에서 소비되는 전력 전체의
31퍼센트, 그러니까 석탄으로 생산되는 전기의 62퍼센트를 절약하
게 되더군요!" 게다가 이 방면의 개척자인 로빈스는 1976년에 미
국의 원죄는 화석 에너지에 대한 의존도와 중앙 집권적 에너지 생
산의 '경성 에너지 경로'를 취한 것이었다고 자신의 저서에서 쓴 바
있다. "그 노선을 채택한 건 이런 질문이 제기되었기 때문입니다.
어디에서 더 많은 에너지를 얻을 수 있을까? 어떤 속성의 에너지
를, 어떤 원산지에서, 어느 정도의 가격으로?" 그의 주장에 의하면,
미국은 반대로 활용도에 따른 '연성 에너지 경로'를 취했어야 했다.
즉, 온수 샤워, 시원한 맥주 등등을 어떻게 하면 더 저렴한 가격으
로 충족시킬 수 있는지 생각해야 하는 것이다. 또한 오늘날 지방
분권적 가스로 열전력을 생산하는 소규모 단체와, 태양열과 풍력
지역을 늘려야 한다고 권한다. 석탄으로 기화시키든 원자로 기화
시키든, 대규모 발전소는 "기술적으로나 재정적으로 빅토리아 시
대의 증기선이나 1970년대의 중앙 컴퓨터처럼 쓸모없게" 될 거라
고 판단한다.

　하지만 에너지 수요를 최소화하기 위한 로빈스의 비장의 무기는
자신의 저택에서 대단히 매력적으로 예시된 데다 실례로 일반 방
문객에게 공개된 '통합 설계' 개념이다. "집 중앙을 받치고 있는 아
치는 열두 가지 기능이 있지만 난 그저 한 번만 비용을 지불하면
되죠. 그 집의 구성 요소들이 전부 제각각 적어도 세 가지 기능을

갖고 있죠"라고 로빈스는 설명한다. 그리고 이렇게 덧붙인다. "일반적으로 건축 설계 방법이 잘못되었습니다. 건설 물리학자들과 건축가들이 제각각 이렇게 생각하기 때문입니다. 지붕과 벽, 유리창, 보일러 등등의 성능이 어때야 하는 걸까? 하지만 개별적인 조각들을 최적화시키려다가는 그 집을 시스템으로서 '비관적으로 만들' 우려가 있단 말입니다!"

얼마 전 미국에는 그 기법을 보급하는 '패시브 하우스' 연구소 어포더블 컴포트 인스티튜트Affordable Comfort Institute가 생겨났다. 그런데 건축 기업가들이 주택의 방수 처리는 건축에서 가장 주의를 기울여야 할 부분이기 때문에 '공기 대 공기 열 교환기'처럼 꼭 친숙하지는 않은 특정 설비들이 필요하다며 반발하고 있다. 그러려면 추운 날씨에도 공기 차단력이 우수한 문을 추가로 설치해 단열 외피로 새는 공기를 막아야 한다. "그런데 아직까지 미국에서는 어느 누구도 그런 것들을 제작하지 않습니다. 때문에 전 독일에서 공수해야 했죠!"라고 애모리는 말한다.

그런데 RMI의 전문 지식은 비단 거주지에만 국한되지 않고, 다양한 30여 개의 활동 부문에서 꾸준히 '통합 설계'를 추진해 왔다. 예를 들어 최근에는 한 고객을 위해 전력의 75퍼센트를 줄여서 소비하고 제작 비용은 10퍼센트에 불과하면서도 훨씬 절약적으로 기능하는 컴퓨터 데이터 센터를 고안했다. 그 사이트는 서버와 서피스 유닛으로 전통적인 센터보다 더 많은 수익을 올릴 것이다.

이 친환경 구루guru의 또 다른 '취미'는 자동차 운행이다. 로빈스는 20여 년 전부터 몸체가 50퍼센트에서 60퍼센트 정도 가벼워진 '하이퍼카' 제작을 권장해 왔다. 하이퍼카는 판금 대신 알루미늄이나 탄소 섬유로 강화된 합성 플라스틱 재료처럼 가벼우면서도 내구력 있는 재질로 대체된다. 그 결과, 모터는 세 배 더 적은 힘으로 동등한 성능을 발휘할 수 있게 되어 훨씬 알뜰해졌다. 로빈스는 그 정도의 차이면 현재로선 전기 모터와 심지어 수소 모터까지도 경쟁력을 갖추기에 충분하다고 한다. 하지만 그런 식의 주장이 디트로이트만큼은 설득하지 못했다. 그래서 그 주장은 도요타 같은 몇몇 그룹을 통해서만 진지하게 연구되기 시작했다.

"미국에서는 통합 설계가 알려지지 않았기 때문에 우리의 최근 프로그램은 잘못된 공학 기술을 평화적으로 바꾸자는 계획입니다! 교육학과 실무를 동시에 바꿔야 하죠"라고 로빈스는 설명한다. 2009년 5월에 이 대책 없는 낙천가는(정작 본인은 '실용적인 희망'을 만든다고 말하는 걸 좋아한다) 뉴욕의 쿠퍼 휴이트 국립 디자인 박물관의 '희망의 디자인' 부문 내셔널 프라이즈를 받았다.

친환경 리모델링

2009년 5월, 〈타임〉지는 애모리 로빈스를 올해의 '가장 영향력 있는 인물 100명'에 선정했다. 사실상 건축 산업 여기저기서 그가 통합적인 접근을 하고 있다는 신호가 보이기 시작한다. 맷 골든이 설립한 중소기업 샌프란시스코 서스테이너블 스페이스를 예로 들어 보자. 갈색 피부에 키가 훤칠하고 상냥하고 입담 좋은 서른네 살의 쾌활한 청년 맷은 녹색 혁명이 시작되기 전에는 인터넷으로 웹 서핑을 즐기던 세대의 일원이었다. "인터넷 거품이 빠지고 나서전 더 많은 의미가 있는 뭔가를 할 필요를 느꼈습니다. 기후 변화의 현실을 생각하던 차에 2001년에 태양 전지판 설비 업체 SPG 솔라의 열여덟 번째 직원이 되었습니다. 그때까지만 해도 태양열 산업은 '황량한 서부'였죠!"

그러나 맷은 제대로 단열 시설을 갖추지 않은 주택에 태양열 장비를 설치한다는 건 창밖으로 돈을 내던지는 것과 같다는 걸 금세 깨달았다. "사람들은 녹색 설비들을 늘려서 나란히 설치하고 있었습니다. 그러다 보니 아무도 그 체제들을 통합할 생각을 하지 못해서 요금이 올랐던 거죠." 고객들의 지갑 형편을 고려해서나 환경을 위해서나 황당한 일이었다. 그래서 맷은 제대로 된 회사가 필요하다는 생각을 하게 되었다. "사람들이 신뢰할 수 있는 회사, 에너지 시스템을 구체적으로 최적화시켜 줄 수 있는 회사 말입니다."

2004년에 맷은 타던 자동차를 팔아 친구와 함께 서스테이너블 스페이스를 설립했다. 그는 건축학 전공이 아니라 워싱턴의 조지타운 대학에서 외교학을 공부했다. 하지만 그런 건 중요하지 않았다. 맷은 이렇게 이야기한다. "우린 전문 건축기업가협회에서 훈련 과정을 거쳤습니다. 그러고는 곧바로 뛰어들었죠. 정말이지 이것저것 복잡하게 따지지도 않고요." 그 대담한 청년들은 있지도 않던 직업을 현장에서 만들어 내야 했다. "전 앞서 얘기한 것들을 맡았고, 친구는 프로젝트를 관리했죠. 우리는 고객들을 하나하나 상대하면서 혹독하게 배워 나갔습니다." 사실 그 젊은 기업가들은 대번에 수익성이라는 속박을 받았다. "하지만 한 달도 임금 지불을 거른 적은 없었습니다."

맷에게 중요한 건 단순히 뛰어난 건축가가 되는 것이 아니라 버클리 연구소에서 했던 것처럼 건축학에서 얻은 영감을 현실 세계에 적용하는 것이었다. 2009년, 그 지역 전체에서 완전한 서비스를 제공하는 기업은 그의 회사뿐이었다. 즉, 정밀한 에너지 대차 대조표, 실행 계획서 제안, 리모델링 작업과 새로운 장비 설치 등을 모두 제공한다.

서스테이너블 플레이스는 초기 비용 600달러를 받고 통합 작업을 차근차근 해나간다. "진짜 적극적인 고객들을 평가하기 위한 여과 장치인 셈이죠. 앞서 말한 것들이 무료라면 우린 수요에 깔려 죽을 테니까요." 그런데 서스테이너블 플레이스가 만든 에너지 대차 대조표는 단순히 인터넷 사이트에서 하는 빈칸 채우기가 아니다. 전문 기술자들이 열 카메라나 블로어 도어(건물 에너지 측정 기기—옮긴이) 같은 정밀한 장비들을 이용해서 주택과 창고를 물리학적으로 세밀하게 측정하고 검토한다. 그리고 개별적으로 견적을 낸다.

권장된 공사에 따른 청구 요금은 대략 몇만 달러까지 비싸게 나올 수도 있다. 하지만 단계별로 리모델링 작업을 시행할 수도 있고, 그 비용은 발생된 절약 비용 덕분에 대개 5년에서 7년 후면 상쇄된다. 맷은 이렇게 설명한다. "우리는 근본적인 것들부터 시작합니다. 가령 외풍을 차단하고, 유리창에 단열 처리를 하고, 도관에 방수 처리를 하고(평균 30퍼센트 손실), 가전제품과 전구를 바꾸는 등등. 그다음에는 난방, 공기 조절, 환기, 온수 시스템을 살핍니다. 그리고 필요성이 줄어든 정도에 따라 다시 생각합니다. 그러고 나서야 재생 에너지를 고려하게 되죠!"

고객 유형은 가구당 연간 수입이 12만 달러에서 14만 달러 정도 되는 중상층 미국인들이다. 그들에게는 세 가지 커다란 동기가 있다. 바로 절약, 안락함, 건강이다. 기후 온난화에 맞선 투쟁은 이제 부수적인 것에 지나지 않다. "그 사람들이 우리를 부르는 건 가스 요금을 줄이고 싶어서죠. 아니면 온수기 같은 걸 설치하고 싶거나 태양열 얘기를 하죠. 하지만 의논하다 보면 다른 문제들을 발견하게 됩니다. 습기, 제대로 배치되지 않은 급탕 장치, 아이들의 천식, 알레르기……."

샌프란시스코 해안 지역 텔레비전 방송국 간부인 일리사와 인터넷 유아용 이불 쇼핑몰을 운영하는 릴라의 경우가 바로 그런 사례였다. 두 여성은 오클랜드 남쪽 샌리앤드로에서 1940년대에 지은 목조 단층집에서 살다가 딸을 하나 갖게 되었다. 공기도 안 좋고, 벽장에는 곰팡이가 가득하고, 집 안 구석구석 난방이 안 되어 더는 못 살겠다고 생각한 두 사람은 서스테이너블 스페이스에 도움을 청했다. 그래서 맷과 그의 팀이 다락방부터 지하실까지 그 집의 '내장'을 들어내는 작업을 했다. 단열, 유리창 교체, 에너지 절약형 전구, 새로운 난방과 환기 시스템, 온수용 태양 전지판 등등. 일리사와 릴라는 보름 동안의 작업에 4만 달러를 들였다. 하지만 그 후 두 사람의 연간 에너지 요금은 650달러에서 50달러 미만으로 떨어졌고 그때부터 건강하고 편안한 생활 공간을 갖게 되었다.

맷과 그의 동료는 성공을 거두었다. 지난 5년 동안 총 판매액이 매년 100퍼센트씩 증가했기 때문이다. 3년 반 만에 '비즈니스 에인절'(벤처 기업 창업가에게 경영 노하우와 투자 형태의 자본을 지원하는 개인 투자자—옮긴이)에서 자본을 조달할 수 있었고, 곧이어 2008년 9월에는 다시 벤처 캐피털 자금 600만 달러를 조달했다. 현재 서스테이너블 플레이스의 고용인 수는 60여 명으로 앞서 언급한 네 팀에 여덟 개의 작업 팀을 더 두었는데, 정보 처리 전문가들과 고객 담당 직원들이 갈수록 늘어 가고 있으며 매달 30~40가구를 상대한다.

위기도 있었지만 회사는 계속해서 수요가 늘고 있다. "정부의 '경제 촉진 정책'의 도움을 받지 않고도 2009년에는 판매액이 두 배 이상 되어 목적을 달성하게 됩니다." 그건 바로 그들이 막대한 잠재 시장을 개척했기 때문이다. 기후 온난화에 대한 근심과 오바마 정부의 새로운 활성화 정책은 에너지 혁신 활동에 날개를 달아 주고 있다.

"공식 목표는 2030년까지 주거지에서 소비되는 에너지 25퍼센트를 감축하는 겁니다. 그러기 위해선 그때까지 매년 1,000만 가구를 다루어야 합니다." 본질적으로 정부 보조는 저소득 가정과 회사에 기본 작업을 할 수 있게 해준다. 하지만 서스테이너블 플레이스의 목표는 그 이상이다. "중산층 또는 상위 계층의 저택 550만 채가 목표입니다. 그 정도면 매년 600억 달러를 벌어들일 수 있는 잠재 시장이죠."

뒤죽박죽인 장려 제도

역사적으로 미국의 건축 기업가들은 대규모 주택이나 주택 단지, 즉 그 유명한 '맥맨션'을 건설해 재산을 모았다. 그리고 최고의 기술자들은 에너지 절약 부문에 그다지 마음이 끌리지 않았었다. 하지만 경제 모델이 바뀌고 새로운 부동산이 하루 이틀 안에 재기할 기미를 보이지 않자 이젠 대형 개발 업자들도 관심을 보이고 있다. "대변동입니다. 시어스, 홈 디포, 대형 부동산 개발 업자들, 이 산업의 모든 주요 관계자들이 이제는 리노베이션 시장을 노리고 있죠"라고 맷 골든은 평가한다. 한 시대 앞서 친환경 공정과 프로그램 개발에 착수했던 서스테이너블 플레이스는 그 신생 사업의 촉매 역할을 하려는 포부를 품고 있다. 예를 들어 기술적 도구와 운영 도구에 대한 이용권을 자사의 노하우를 늘릴 수 있는 대기업들에 양도하는 방법이다.

맷은 의기양양하게 설명한다. "공식 목표에 도달하면 이산화탄소의 관점에서는 미국 도로의 자동차 절반을 줄이는 셈이 될 겁니다. 그리고 에너지 절약 차원에서는 사우디아라비아에서 매년 수입하는 양과 맞먹죠." 또 다른 이점은 그러한 녹색 정책이 고용을 크게 창출한다는 점이다. 직접적으로는 건설 업계에서 125만 명 그리고 관련 직종까지 따지면 600만에서 800만 명가량 된다.

맷은 단지 그 잠재성이 이제껏 무시되었다는 사실이 아쉬울 뿐이다. "미국에서 건축 사업은 실질적으로는 마비된 거나 마찬가집니다! 사람들은 수직 시장(비슷한 방법을 사용하여 비슷한 제품이나 서비스들을 개발하는 특정 산업이나 기업들의 그룹—옮긴이)의 관점에서 생각합니다. 단열, 유리창, 난방·환기·공기 조절 장치, 전기, 물 등을 말입니다. 그런 식으로 일이 조직되죠. 그리고 기득권을 지키려는 권력과 돈과 함께 강력한 이해관계도 있고요." 그런데 정말 중요한 건 제품이 아니라 성능이라고 그는 강조한다. "단열을 잘해서 필요성을 줄이고 가스 누출을 없애면 대부분 보일러 성능이 원래보다 적어도 두 배는 좋아집니다!"

문제는 에너지 성능을 향상시킨다는 것이 태양 전지판보다 설명하기도 훨씬 까다롭고 혜택도 적다는 점이다. "에너지 성능은 언제나 최신 재생 기술 중에서 미운 오리 새끼였습니다"라고 맷은 탄식한다. 하지만 그는 지금 클린테크의 제2세대로 넘어가는 중이라고 평가한다. 공장 한 곳에서 대략 5억 달러의 투자가 요구되는 태양열과 풍력에 관한 굵직한 프로젝트들이 경제 위기로 일제히 얼어붙었다. 그러자 자본가들과 정치인들은 효율성의 장점을 새삼 깨닫고 그 운동을 확대하기 위한 방법을 다시 찾고 있다.

"근본적으로 기술에는 아무 문제도 없습니다. 홈 디포에서 필요한 재료는 모두 구입할 수 있고 30~40퍼센트의 고객의 주택에서 에너지 성능을 향상시킬 수 있으니까요. 가장 중요한 건 실행에 옮겨 빈틈없이 작업을 추진하는 겁니다"라고 맷은 강조한다. 이제는 기업마다 이산화탄소 배출량을 감축시켜 절약해야 한다는 책임감을 갖고 있기 때문에 에너지 절약이니 재생 에너지니 하는 건 더 이상 논란의 대상이 아니다. "에너지 절약이야말로 비용이 더 많이 드는 재생 에너지나 새로운 수송 기반 시설 등 그 모든 것의 재정을 뒷받침할 만한 일입니다."

지금까지 대중적인 장려 제도는 온통 뒤죽박죽이었다. 발표된 내용을 보면 재생 에너지로 넘어가기 전에 에너지 효율성이 먼저라고 되어 있지만 실제로 적용된 사례는 드물었다. 맷은 이렇게 말한다. "경기 부양책을 보십시오. 세상이 거꾸로 되었다니까요. 일자리를 가장 많이 창출하고 가장 가치 있는 작업이 도움은 가장 못받고 있습니다. 보일러 같은 중장비는 보조를 더 많이 받고요. 그리고 재생 에너지 체제는 목록의 맨 앞에 올라와 있지요!"

다행히도 차기 에너지 법안과, 국가와 시 당국이 운영하는 역외 프로그램에서는 조율될 예정이다. 가령 캘리포니아 주에서 탄소 발자국이 주로 감축될 분야는 운송(연간 이산화탄소 3,600만 미터톤), 그다음은 건축물과 설비의 에너지 성능(매년 2,640만 미터톤)이 될 것으로 예측되며 '캘리포니아 태양 에너지 발전 계획'은 목록 맨 끝에 올라 있다(210만 미터톤).

서스테이너블 스페이스는 에너지 리노베이션 작업을 재정적으로 후원해 줄 공적 보조를 받기 위해 전문가 350명으로 구성된 '이피션시 퍼스트Efficiency First'라는 단체를 결성했다. 한때 앨 고어 전 부통령 백악관 팀의 연수생이기도 했던 맷 골든은 정책에 영향을 미치는 걸 좋아해서 '에너지 지수'를 정립하기 위한 로비를 벌이며 그 보조의 주춧돌 역할을 하고 있다. 당장으로선 에너지 성능 평가 제도 자체가 없는 미국은 모든 부동산 매매 이전에 반드시 에너지 지수 정립을 의무화하도록 만들 방침이다. "에너지 지수가 20퍼센트 향상되면 어떤 해결책이 사용되든 3,000달러를 보조받게 되고 한 가지 사항이 추가될 때마다 150달러를 더 받게 됩니다." 법안 추진 프로젝트에 그 수치를 기입하는 데 성공한 맷은 그렇게 설명한다.

결국 맷은 자신이 벌이는 활동이 탄소 배출의 추가·감축 비용 비율에 따라 판단되리라는 걸 알고 있다. "일자리 창출에는 충분하지 않다 해도 계속 진행해서 보란 듯한 결과를 얻어야 합니다." 그렇기에 그는 인가 절차, 엄격한 기준, 외부 감독 등 보다 엄격한 규제를 통해 시행의 장점을 보장하도록 요구한다. 하지만 그의 공적인 간섭주의 애호에는 한계가 있다. "무엇보다도 정부가 기술을 선택하게 해선 안 됩니다. 정부는 그 부분에서 아주 형편없거든요!"

당연히 새로 짓는 건축물에는 기존 부지에 있던 결함이 없다는 점을 보장해야 한다. "그런데 새 주택 대부분은 너무 빨리 짓고 설계는 형편없습니다"라고 맷은 말한다. 문제는 대부분 시공에서 생긴다. "두꺼운 단열층을 설치한다고 해도, 단열재와 천장 또는 지붕 사이에 얇은 공기층이 있으면 열 카메라로도 감지되지 않습니다!" 업체 선별 과정도 품질에 도움이 되지 않는다. 하청 업자를 선정할 때 대개 비용 면에서 단가가 제일 싼 업자를 선정하기 때문이다. 또한 친환경 건축을 위해서는 중간 관리자를 두어 모든 하청 업자들을 조정해야 한다. 그런데 이런 작업은 규모가 큰 경우에만 가능하다.

미국 친환경빌딩위원회Green Buildings Council는 방향 전환을 위해 1998년에 친환경 인증 제도LEED를 만들었다. 이는 품질 등급을 얻는 절차로서 기존의 건축물, 신규 건축물, 상업용 건축물 등 모든 범주에 해당한다. 예를 들어 개인 주택에 대한 LEED는 2007년에 출범했다. 점수는 최하위 등급인 서티파이드부터 중간 등급인 실버와 골드를 거쳐 최고 등급 플래티넘까지 있다. 그리고 전문가들은 장려 차원에서 몇 가지 수치를 공개하기 시작했다. 맥그로힐 건설사의 보고서에 의하면, 미국 건축 업계에 투자된 총액의 41퍼센트는 현재 LEED 프로젝트로 진행되지만 6년 전만 해도 사전 지식이 거의 없었다. 그리고 그 현상은 국제적이다. 맥그로힐의 예측에 의하면, 주거와 상업의 친환경 건축 세계 시장은 2005년에 100억 달러에서 2009년에는 360억~490억 달러 그리고 2013년 무렵에는 960억~1,400억 달러로 증가할 전망이라고 한다. 맥그로힐의 하비 번스타인은 이렇게 말한다. "전 세계에서 경이로운 성장을 보이고 있습니다. 세계적인 경제 위기에도 지속 가능한 건축 시장이 제공한 기회는 실질적이어서, 산업 주동자들에게도 인정받고 있습니다."

놀라운 일은 아니다. 저당 대부抵當貸付 파탄에 이은 부동산 침체 상태에서도 친환경 건설업자들만은 곤경을 면했으니까. 캘리포니아 회사 리빙홈이 그런 경우인데, 이 회사는 고객들에게 품질이 뛰어난 생태학적 주택을 제안한다. 창립자 스티브 글렌은 샌타모니카 하일랜드 애버뉴 2914번지에 'LEED 플래티넘' 등급을 받은 그 지역 최초의 특별한 저택을 개인적으로 건축했다. 남부 캘리포니아 건축 연구소의 창립자인 레이 카프가 설계한, 230제곱미터에 옥상 테라스가 있는 2층짜리 저택은 리빙홈의 웅대한 성격을 과시하는 훌륭한 전시실이 되었다.

"철강과 목재 그리고 유리 구조는 12개의 조립식 모듈로 이루어졌는데 여덟 시간 만에 설치되었습니다"라고 리빙홈 마케팅 책임자인 시런 벨은 설명한다. 글렌의 친환경 주택은 부지 없이 75만 달러(모델에 따라 제곱미터당 2,000~3,000유로)로 시장에서 다소 가격이 높은 편에 해당한다. 하지만 "그 주택은 같은 등급의 건축물보다 20퍼센트 정도 저렴하고 에너지 면에서는 80퍼센트 더 효율적"이라고 시런 벨은 강조한다.

동쪽으로 몇 블록 떨어진 링컨 대로에서는 리빙홈의 건축가들과 설계자들 팀이 로스앨터스, 베니스, 라스베이거스에서 10여 건의 다른 프로젝트를 놓고 작업하고 있다. 글렌은 레고 마니아이자 불만이 많은 건축가이다. "학교 다닐 때만 해도 건축 공부를 할 만큼 실력이 좋진 않았습니다. 하지만 진정한 결정권자는 부동산 개발 업자라는 걸 깨달았죠." 글렌은 클리어뷰 소프트웨어와 창업 지원 사인 빌 그로스의 아이디어랩(제8장 참조) 등 정보 기술 분야에서 첫 경력을 쌓은 후에 벤처 투자자 비노드 코슬라의 지원을 받아 리빙홈을 창업했다.

리빙홈의 창업 목적은 개인들이나 개발 업자들에게 총괄적인 생태학적 주택을 제안하는 것이다. 리빙홈은 두 개의 건축가 사무소와 함께 작업한다. 레이 카프는 개별화된 대규모 건물을, 키런 팀버레이크는 근교의 작은 건물들을 맡았는데, 이 회사는 시대에 부응하기 위해 건축의 세 번째 단계 도입을 고려하고 있다. "장식물이나 복잡한 도면 그리고 난방과 환기를 해야 하는 쓸모없는 공간은 이제 시대의 흐름에 맞지 않습니다"라고 글렌은 인터뷰 내내 강조한다.

따라서 리빙홈은 세련된 라인의 건축물을 제안하고 모듈 방식을 활용한다. 이동식 목재 패널을 이용하면 메자닌 응접실이 순식간에 침실로 변신한다. 디자인, 공간, 난방, 환기, 물, 재료, 그 모든 것이 리빙홈 주택에서는 편의나 미적인 면에서 한 치의 포기도 없이 건물의 생태학적 흔적을 최소화하도록 구상된다.

글렌은 다음과 같이 요약해 말한다. "우린 Z6라고 명명한 설계 규칙을 따릅니다. 즉 물 제로, 에너지 제로, 낭비 제로, 배출 제로, 탄소 제로, 무지無知 제로죠." 중수도는 빗물을 모아 관개용수로 모두 재활용된다. 단열 외피는 방수 효과가 탁월해서 지붕의 태양 전지판과 태양광 간접 채광 장치만으로도 난방과 온수 그리고 환기에 꼭 필요한 만큼을 충분히 공급한다. 전구는 모두 LED다. 재료의 활용은 낭비를 피하도록 한정되어 있을 뿐만 아니라 세심하게 선별된다. 즉, 재활용되거나 지속 가능한 방법으로 제작된다. 예를 들어, 글렌의 주방 조리대는 멀리서 보면 화강암으로 착각할 법한 '페이퍼스톤'으로 만들었다. 페이퍼스톤은 낡은 신문의 셀룰로오스와 친환경 수지를 혼합한, 매우 견고하고 방수 효과가 뛰어난 혁신적인 재료이다.

에너지계의 램프의 요정

리빙홈은 수백 개 회사들 가운데 한 예에 지나지 않는다. 환경적인 근심과 경제 위기가 이어지면서 미국 도처에서는 알뜰하면서도 저렴한 생태학적 해결책의 장점을 자랑하는 건축 사무소와 설계 사무소 그리고 부동산 개발 사무실이 전성기를 맞았다. 가령 신생 회사인 SG 블록스는 오로지 오클랜드 항구의 재활용 컨테이너로만 이루어진 주택과 사무실을 건축한다.

시대의 흐름에 맞춘 또 다른 경향은 '작은 집 갖기 운동Small House Movement'이다. 미국인들은 30~90제곱미터에서도 아주 잘 살 수 있다는 사실을 재발견하고 있다. 여론의 동향을 살펴보자. 미국 주택의 평균 규모는 1950년대 이후로 140퍼센트 커졌다가 경제 위기 직전에는 232제곱미터에 도달했다. 이후 그 수치는 작아지기 시작해서 2008년에 거의 10제곱미터까지 줄어들었다. 이제는 생활 공간의 축소된 규모가 꼭 거주자들의 사회적 실패의 표시로만 낙인찍히지는 않는다. 웹사이트(주얼 박스 홈Jewel Box Home)에 올린 단체들(작은집협회Small House Society)이나 책들(《작은 지구 위의 작은 집Little House on a Small Planet》, 《그리 크지 않은 집The Not So Big House》), 작은 주택들이 유행이 되었다. 타이니 텍사스 하우지스Tiny Texas Houses나 텀블위드 타이니 하우스Tumbleweed Tiny House 같은 소형 주택 전문 업체들은 어제까지만 해도 친환경적인 소형 주택을 파느라 전전긍긍했는데 이제는 주문 노트를 훨씬 수월하게 채우고 있다. 빅토리아풍 내지는 시골풍의 집들이 모인 아기자기한 단지는 2만 달러에서 3만 달러에 날개 돋친 듯 팔리고 있다.

하지만 단열이 잘되고 소박한 집이라도 반드시 에너지 절약이 보장되는 건 아니다. 그건 바로 그 집에 사는 사람들에게 달린 문제이기 때문이다. 또한 에너지 절약은 무엇보다도 정신 상태와 습관의 문제이다. 위협받는 지구의 시민들은 일상생활에서의 평범한 행위가 에너지 측면에서 어떤 결과를 초래하는지 깨달아야 한다.

냉장고가 소비하는 전력량이 얼마나 되는지, 오래된 백열전구가 얼마만큼 쓸데없이 전력을 먹어 치우는지, 밤새 전원을 끄지 않은 VCR나 초소형 컴퓨터가 얼마나 많은 에너지를 낭비하는지, 또는 지나치게 큰 화장실 물탱크에서 얼마나 많은 물이 낭비되는지 아는 사람이 얼마나 있을까?

그런 사실들은 갈수록 더 많은 미국인들의 삶과 관계될 것이다. 어쨌든 실리콘 밸리의 또 다른 유망주인 그린박스GreenBox는 그렇게 장담한다. 산브루노 지역의 신생 기업인 그린박스는 소프트웨어계의 사총사 게리 그로스먼, 로버트 타츠미, 피터 샌턴젤리, 조너선 게이가 설립했다. 아마 어지간한 사람들은 이 네 사람의 이름은 들어 본 적이 없어도 그들이 낳은 '아기'는 흔히 사용하고 있을 것이다. 다시 말해, 인터넷 그래픽 애니메이션의 가장 중요한 요소가 된 플래시 프로그램 말이다. 2006년에 이 재주 많은 프로그래머들은 다니던 직장 매크로미디어(어도비가 플래시를 인수한 후)를 그만두고 지내던 중에, 소노마에서 전기가 들어오지 않는 집을 짓고 살던 조너선 게이가 자신에게 필요한 에너지를 충당하는 방법에 대해 궁리하기 시작했다.

조너선은 평균적으로 한 가정에서 구입하는 전력의 20퍼센트가 낭비된다는 사실을 깨달았다. 조너선과 나머지 친구들은 함께 의논하다가 전기를 사용하는 사람들이 보일러나 전자 제품들이 실제로 얼마나 비용이 많이 드는지 알고 나면 소비량을 절반 정도는 쉽게 줄일 수 있으리라고 확신했다. 그래서 2006년 10월에 그들은 일반 대중에 자발적으로 에너지 소비를 통제할 수 있는 도구를 만들어 주자는 취지에서 그린박스라는 회사를 설립했다. "사용자가 자신이 어떤 전기를 쓰는지, 그리고 그 비용이 얼마나 되는지를 시시각각 시각화할 수 있게 해주는 간단한 웹사이트를 완성했다"고 마케팅 부국장 브래드 보골리는 설명한다.

브래드는 프로그램을 조작해 소비자들이 각각의 행위를 할 때마다 파생되는 최고치 소비량과 비교해서 평소의 전력 사용 패턴을 확인하는 방법을 보여 준다. 식기 세척기 혹은 세탁기를 돌리고, 정원 조명을 켜고, 에어컨 온도 조절 장치를 18도에서 20도로 맞추는 등의 일상생활에서 말이다. "화면으로 자신이 매일, 매주, 매달 쓰는 총 소비량을 볼 수 있고, 비슷한 유형의 가정이나 이웃이 동의한다면 이웃들의 전기 요금과 비교해 볼 수도 있습니다." 게다가 그린박스는 자사의 프로그램에 물과 가스 소비도 통합할 예정이다. 그 누구도 뭐라 할 수 없는 주택의 '에너지 램프의 요정'이 되는 것이 목적이다. 이 개인적인 포털 사이트는 온도 조절기를 프로그래밍하거나 원격 조종기로도 관리할 수 있게 하려고 한다.

문제는 그린박스의 비주얼 컴퓨터가 에너지 사슬의 마지막 고리에 지나지 않다는 점이다. 근본적으로 바꾸려면 그 플랫폼이 에코 시스템으로 통합되어 전기 공급 업자의 컴퓨터와 가정의 다양한 가전제품과 동시에 소통할 수 있어야 한다. 2009년 봄, 산브루노의 그린박스 건물 1층에는 직원 열 명이 전부다. 하지만 그린박스의 프로그램은 이미 오클라호마 가스 전기사를 매료시켜 새로운 디지털 컴퓨터 시험 운행을 전개하고 있다. 그 외 퍼시픽 가스 전기사와 같은 다른 운영 업체들 상당수도 실험실에서 그린박스의 기술을 검토하고 있다.

물론 그러한 미래 시장에 그린박스만 있는 건 아니다. 리빙홈은 클린테크 소프트웨어 업체인 루시드 디자인 그룹이 제안한 빌딩 대시보드(Building DashBoard, 건물 에너지 사용에 관한 실시간 피드백 시스템—옮긴이)를 자사의 주택에 통합하고 있다. 그 밖에도 텐드릴 네트웍스, 그리드포인트, 컨트롤4 등이 있다.

특히 이 문제는 이제 중소기업계의 거물인 구글 외에는 그다지 내세울 것 없는 실리콘 밸리의 주역들을 열광시키고 있다. '세상의 모든 정보를 체계화'하는 것을 주된 임무로 삼고 있는 인터넷 탐색 엔진 구글은 에너지 영역을 새로운 활동 영역으로 삼고 있다. 구글의 박애주의 지사支社인 구글닷오아르지Google.org는 2009년 2월에 구글 파워 미터를 만들어 그룹 내 일부 직원들이 테스트 중이라고 발표했다. 그리고 2009년 5월에는 지능형 계량기 제조 업체 아이트론을 비롯하여 미국과 캐나다 그리고 인도(릴라이언스 에너지)의 대여섯 개 전기 회사를 포함한 파트너들을 모두 공개했다. 결정적으로, 이제는 우리의 사생활 한 조각도 마운틴뷰의 고릴라를 피하지 못하게 될 것이다. 구글은 내가 어떻게 웹 서핑을 하는지, 누구에게 편지를 쓰는지, 무엇에 관심을 갖는지, 누구와 통신하는지, 뭘 구입하는지, 어디에 사는지를 알 뿐만 아니라 나의 에너지 소비에 대해서도 훤히 들여다볼 수 있게 된다.

소규모 전력망 관련 기술 판매 신생 기업인 실버 네트워크처럼 장래가 유망한 기업들은 전기 회사들이 지금까지는 고객들에게 무슨 일이 있는지 알 길이 전혀 없던 네트워크에 약간의 지능을 더하도록 돕는다. 한 가지는 확실하기 때문이다. 지구 상의 모든 국영 전기 공사에 그런 유형의 기술은 전략적인 것이 되리라는 사실 말이다. 사용자와 쌍방향 통신망을 구축하고 소비 패턴을 보다 섬세하게 파악하여 하이테크 시대에 새로운 생산력을 쓸데없이 가동하는 일을 막을 뿐만 아니라 네트워크 비용에 따라 차별화된 요금제를 도입할 수도 있을 것이다. 미국에서는 아직 개발되지 않은 상업 기술이다. 그래도 그 전기 거인들은 무엇보다 데이터 관리나 사용자와의 직접적인 접촉을 잃지 않으려 한다. 그렇게 되면 분명 그린 박스 같은 신생 회사들로서는 중요한 자리를 차지하기가 더 쉽지 않을 것이다.

지능적인 재료

절약형 주택 붐은 자연스럽게 건축 자재 제조 업자들을 위한 틈새시장을 만들어 낸다. 그래서 빌딩그린닷컴BuildingGreen.com과 같은 웹사이트들은 부문별로 보다 경쟁력이 강한 제품들을 조사한다. 시리어스 머티리얼의 CEO 케빈 서레이스는 이렇게 설명한다. "1970년대 초반에는 건축 재료학과 정보 기술 부문에 투자된 자본의 총액이 같았습니다. 그러다 IT가 모든 관심과 자원을 흡수해서 미니 디지털 리코더나 고기능 전화기 같은 기발한 가전제품들을 출현시켰죠. 대조적으로, 건축학은 완전히 버림받았습니다. 30년 전과 같은 방법으로 건축하고 활용된 재료 대부분은 족히 한 세기는 된 것들입니다. 정말입니다, 그 재료들을 개발한 사람들은 이미 죽고 없다니까요!"

케빈은 반도체 분야에서 일하다가 소프트웨어 패키지와 전기 통신 분야에서 일했다. 2002년에 그는 예전에 애플과 최초의 전자 다이어리 제조 업체 제너럴 매직에서 일했던 마크 포랫과 협력하여 학교, 병원, 호텔, 주택 단지용 방음재를 생산할 목적으로 시리어스 머티리얼을 설립했다. 실리콘 밸리 한가운데인 서니베일에 자리 잡은 그 회사는 오늘날 방음재와 단열재의 부활 운동에 앞장서고 있다. 특히 애모리 로빈스의 지지를 받은 고단열 창호 '시리어스 윈도'와 마찬가지로, 제작에서 에너지 90퍼센트를 절감하는 친환경 내부 방음재 '에코록'으로 특허를 얻었다.

시리어스 머티리얼의 비상한 솜씨는 제품들이 그들이 대체하는 제품과 같은 가격대라는 점이다. "우리 회사의 벽체나 저렴한 창호들의 경우는 반드시 같은 가격으로 출시하도록 되어 있습니다. 최상품은 훨씬 비쌉니다. 하지만 우리 회사의 정교한 창호는 냉방과 난방에서 에너지를 20퍼센트에서 30퍼센트 정도 절감해 줍니다. 주택의 경우는 몇만 달러 정도 될 테고, 빌딩의 경우는 수백만 달러가 되겠죠. 그 정도면 차별 원가는 금세 상쇄될 겁니다."

시리어스 머티리얼의 판로는 70퍼센트가 상업용이고, 30퍼센트는 서스테이너블 스페이스의 1인 주택 리노베이션이다. "우리의 성장 잠재력은 무한합니다. 그 두 가지 상품에서 우리만큼의 기술을 갖고 있다거나 전국을 커버할 수 있는 경쟁자가 없으니까요." 케빈은 자신만만하게 말한다. 시리어스 머티리얼은 5년째 1,000여 명의 벽체 배급 업자들과 200명의 창호 배급 업자들을 통해 미국 50개 주와 캐나다를 도맡고 있다. "우리 제품들은 이미 작업장 5만 곳에서 자리를 잡았죠. 매년 판매액이 두 배가 되어 2009년에는 약 5,000만 달러의 총 판매액을 올렸습니다." 벤처 캐피털의 자본 투자를 받는 시리어스 머티리얼은 그 시장이 정상적으로 재가동되어 증권 거래소에 들어가기를 바라고 있다.

서니베일의 중소기업 시리어스 머티리얼은 전국에 퍼져 있는 다섯 군데 공장에 200명의 직원들을 고용하고 있는데 2009년 말에는 인원이 두 배가 될 전망이다. 케빈은 오바마의 에너지 경제 부양 정책을 통해 촉진된 수요를 도저히 맞추지 못할 것 같다고 한다. 그렇다고 회사의 몸집을 부풀리기 위해 전통적인 대형 건설 업체들과 제휴할 계획은 없다. "그 그룹들은 한 세기도 더 된 업체들입니다. 연구도 하지 않고 이 시장을 이해하지도 못하죠. 그러다 보니 공장들을 바꿀 수밖에 없습니다. 반면에 우리는 우리가 손대는 모든 범위 안에서 연구하고 개발하고 반응하죠."

케빈에 의하면, 건축계의 '녹색 혁명'을 가로막는 주요 장애는 바로 기업의 보수적인 문화이다. "사람들은 변화를 좋아하지 않습니다. 건축 기업가들은 뭐든 새로운 걸 원하지 않고요. 하청 업자들은 뭔가 새로운 걸 봤다 하면 단박에 청구서를 두 배로 올리죠. 그야말로 경쟁력도 없고 적절하지도 않은 무용지물의 실무인 셈입니다." 반면에 시리어스 머티리얼은 제품 선택에 영향력이 있는 모든 사람을 설득해 동의를 얻으려고 노력한다. 집주인, 개발 업자, 건축가, 설계자, 공사장 기술자들…… "대개 결정은 경제적인 기능을 원하는 집주인이 하게 되죠. 집주인이 미래의 사용자라면 그 사람을 설득하는 것이 더 쉽습니다." 하지만 개발 업자들의 마음을 끄는 일은 훨씬 더 어렵다. 개발 업자들이 사무실 건물을 건축하는 건 다시 팔기 위해서인지라 나중에 다른 사람들에게 유익할 경제에 당장 투자하는 일은 절대 하려 들지 않기 때문이다.

시리어스 머티리얼의 가장 큰 작업장은 엠파이어 스테이트 빌딩 리노베이션 현장이다. 애모리 로빈스의 RMI도 1930년대에 세워진 28만 제곱미터의 그 신화적인 건물의 리노베이션 프로젝트 연구에 막 동참했다. "우리는 특히 복층 유리창 6,500개를 떼어 내 빌딩 5층에 차려진 시리어스 머티리얼 임시 공장에서 크립톤 가스를 주입해 슈퍼 윈도로 다시 제조할 겁니다"라고 로빈스는 이야기한다. 그렇게 하면 단열 효과가 적어도 세 배는 좋아져서 열의 절반을 차단하고 자연 채광은 더 많이 투과된다. "섭씨 46도까지는 에어컨을 켤 필요가 없을 겁니다. 일단 창문들을 다시 설치하고 나면 채광 기능도 향상되고 냉각 요금이 3분의 1은 줄어들 겁니다"라고 로빈스는 말한다. 낡은 냉난방 도구들은 대체되거나 늘어나는 대신에 혁신

되고 축소될 것이다. 그렇게 해서 절약된 돈은 다른 개량에 투자된
다. 최종 결과로, 엠파이어 스테이트는 에너지 소비량을 38퍼센트
줄이게 된다. 그리고 예정했던 투자에 비해 초과된 총 1,300만 달
러의 비용은 매년 440만 달러가 절약되어 3년 안에 상쇄될 것이다.

주택과 마을

캘리포니아에는 친환경 건물들이 우후죽순으로 생겨나고 있다.
2008년에 로스앤젤레스에서 그리 멀지 않은 칼라바자스에는 '골드
LEED' 등급을 받은 최초의 시청 겸 도서관이 갖추어졌다. 샌프란
시스코는 골든게이트 공원에 렌초 피아노가 디자인한 새로운 과학
아카데미를 만들었다. 작은 언덕 같은 근사한 지붕이 있는 최초의
'플래티넘 LEED' 등급 모델의 박물관이다. 선구자적인 건축가이
자 순환 경제를 도입한 저서 《요람에서 요람으로》의 저자인 윌리엄
맥도너는 특히 갭Gap사의 사무실을 건설하고 리버루지의 포드 공
장을 리노베이션했다. 2009년에는 미국 기업의 82퍼센트가 최소
한 소유 건물의 16퍼센트를 '녹색화'시킬 것이고, 나머지 18퍼센트
는 부지의 60퍼센트 이상을 녹지화시킬 것이라고 맥그로힐 건설사
는 예측한다.
　그런데 그래 봤자 기존의 상업용 건물들에 비하면 새 발의 피다.
미국의 사회 기반 시설 전체와 관련되고, 이어 그 모든 걸 건설해

야 하는 중국과 인도까지 뻗치는 규모의 방대한 운영을 어떻게 해야 하는 걸까? 그것이 바로 여러 대학과 공공 연구소를 연합한 '고성능 빌딩 연구 및 실행 센터'가 맡은 어려운 임무이다. 계획에 참여하고 있는 버클리 연구소의 아룬 마줌다는 대형 빌딩들의 구상과 건설 그리고 관리를 철저히 다시 생각해야 한다는 사실을 굳이 숨기지 않는다. 그는 버클리 공공회에서 이렇게 설명했다. "실제로 그 건물들 가운데 심지어 LEED 등급을 받은 건물 중에서도 실질적으로 서류상에 표시된 에너지 효율에 도달한 건물은 하나도 없습니다. 그건 마치 사륜구동 자동차에 올라타 한 발은 액셀러레이터에 올려놓고 다른 한 발은 브레이크 페달 끝까지 밟으면서 운전하는 것과 마찬가지죠!" 난방과 통풍 시스템을 맡은 책임자들과 창문을 만드는 사람들이나 기계를 설치하는 기사들 사이에 의사소통이 원활하지 않기 때문에 절차를 바꾸어야 한다. 한 가지 해결책은 지휘자가 명령을 내리는 방법이다. "일종의 중앙 개발 시스템으로, 적어도 그 빌딩들의 단편적인 시스템이 조화롭게 작용하도록 해줍니다."

단순히 빌딩과 주택을 넘어서, 미국의 책임자들은 도시 계획의 보다 방대한 문제에 대해서도 심사숙고하고 있다. '패시브 하우스'를 아무리 지어 봤자 그곳에서 자동차를 최대한 활용한다면 아무 소용 없다. "운전 행위 자체가 과세 대상이 되는 동시에 과소비가 됩니다. 최근에 도시토지연구원Urban Land Institute의 연구 결과를 보면 제대로 계획화된 공동체는 자동차를 탈 필요성을 3분의 1가량

줄일 수 있다는 사실은 놀라울 것도 없죠.” NGO 천연자원수호위원회의 아만다 이켄은 이렇게 요약한다. 그렇게 해서 ‘지속 가능한 공동체’의 전략이 세워진다. 거기서도 거주지와 상가가 인접한 인간적 규모의 도시와 거리 개념에 있어 미국은 유럽보다 한참 뒤처진 편이다. 하지만 시도는 계속되고 있다. 새크라멘토 지방 자치 단체는 2050년까지 주민별 자동차 주행 킬로미터 총량을 줄이겠다는 목표를 정했다. 시애틀에서는 주 정부에 귀속되었던 노스게이트의 쇼핑센터가 ‘친환경 지구’로 바뀌었다. 손턴 광장에는 상가와 식당가가 인접해 있고 자전거와 자가용 그리고 대중교통이 정책적으로 용이한 ‘실버 LEED’ 등급의 아파트가 세워졌다.

미국 대도시 차원에서 가장 친환경적인 도시가 어디인지 알아보는 일종의 경합이 벌어지고 있다. “그동안 우린 너무 오랫동안 많을수록 더 좋은 거라고, 에너지와 콘크리트 그리고 자동차가 심하게 밀집된 도시들이 우리의 삶을 더 낫게 만들어 준다고 믿어 왔다. 그런 환상은 이제 진정한 도시의 부는 이웃과의 관계, 가까운 시장, 공원, 유동성, 조용함, 녹지대 그리고 의미 있는 삶이라는 느낌으로 바뀌고 있다. 뭐든 자원은 덜 쓰면서 디자인은 더 훌륭해야 한다.” 녹색 개척자이자 《자연 자본주의》의 공동 저자인 폴 호켄은 대도시 생태학을 다룬 이 책의 서문 〈서스테인레인SustainLane 2008〉에서 그렇게 말한다. 서문에서는 미국 도시들의 순서를 포틀랜드에 이어 샌프란시스코, 시애틀, 시카고, 뉴욕, 보스턴의 순으로 매기고 있다.

Chapter 4

; 친환경 자동차

2009년 1월 13일 화요일. 디트로이트 자동차 박람회. 전시장의 '화려한' 자동차들 속에서 어깨를 드러낸 검은 드레스 차림의 두 여성이 번쩍이는 마세라티Maserati 양쪽에 서 있었다. 맞은편의 최신형 애스턴 마틴Aston Martin 세 대는 그만큼 방문객을 끌어들이지 못하고 있었다. 반면에 기자들과 카메라맨 그리고 구경꾼들은 중간의 작은 진열대 앞에 다닥다닥 달라붙어 있었다. 그곳에선 통통한 외모에 짙은 색 바지와 오픈 셔츠 차림을 한 서른일곱 살 청년이 빨간 고성능 자동차 앞에서 미소 짓고 있었다. 그날 디트로이트의 스타는 단연 그였다. 최초로 100퍼센트 전기 자동차를 제조한 실리콘 밸리의 신생 기업 테슬라 모터스의 CEO 엘론 머스크. 정지 상태에서 시속 100킬로미터까지 도달하는 데 4초도 채 안 걸리고 시속 240킬로미터까지 주행할 수 있는 데다 소음도 거의 없는 고성능 자동차다. 최대 항속 거리는 390킬로미터이다.

2009년 초에 테슬라는 여러 달 전에 미리 선금을 지불한 실리콘 밸리의 백만장자들과 할리우드의 스타들에게 대당 10만 달러의 모델 150대만을 인도했다. 그리고 11월까지 주문이 꽉 차 있고 대기자 명단에 1,200명이 올라 있는데도 테슬라는 심각한 재정난을 겪고 있다. 하지만 그런 건 중요치 않다. 테슬라는 다른 제작자들이 전향한 덕분에 싼값에 진열대를 확보할 수 있었고, 엘론은 그 기회를 놓치지 않고 자동차의 수도에서 다른 대기업들과 나란히 서게 되었다. 일종의 축성이자 상징인 셈이었다. 테슬라가 성공하든 실패하든 역사에는 길이 남을 테니까. 설립자 마틴 에버하드의 표현에 의하면, 테슬라 모터스는 전기 자동차 세계 시장에 불을 지필 '불씨'이기 때문이다.

3년 전만 해도 배터리만으로 작동하는 자동차를 대중적으로 생산한다는 생각은 불가능한 일처럼 보였었다. 하지만 현재 지구 상에는 전기 모델 프로젝트를 추진하지 않는 제작자가 하나도 없다. 2009년 디트로이트 박람회는 온통 녹색 일색이었다. 진열대에 놓인 차체들, 판촉용 대형 비디오 전광판들. 신형 하이브리드 렉서스와 프리우스3 외에, 도요타는 2010년 전에 미국을 겨냥한 전기 자동차를 출시한다고 예고했다. GM은 재충전이 가능한 차세대 전기차 시보레 볼트Chevrolet Volt로 주목을 끌었다. 중국의 배터리 제조업체인 BYDBuild Your Dream도 전기 자동차를 전시했다. 디트로이트 2009는 동시에 위기의 박람회로도 보여서 GM과 크라이슬러는 살아남기 위해(두 그룹은 몇 달 후 파산을 선언할 수밖에 없게 되었다), 그리고 친환경 자동차 시대의 진정한 개시를 위해 몸부림치고 있었다.

자동차 업계의 만물박사 마틴 에버하드

"모든 건 제가 2002년부터 몰입했던 생각에서 시작되었습니다"라고 마틴 에버하드는 말문을 연다. 팰러앨토 근처 우드사이드의 한 작은 바에서 턱수염이 희끗희끗한 마흔여덟 살의 전기 공학자는 특유의 빠른 말투로 테슬라 모터스의 탄생에 대해 열정적으로 이야기한다. 2000년, 마틴은 옛 로켓 e북의 제조사인 전자북 회사 누보미디어를 1억 8,700만 달러에 머독 그룹에 매각했다. 하지만 그는 '씀씀이가 헤픈 사람'은 아니다. "나는 보통 사람입니다. 차는 마쓰다3를 타고 욕실 청소도 하고 아이들 옷도 갈아입히죠." 그는 그렇게 말하길 즐긴다. 마틴은 당시 새로운 기업 아이디어를 찾는 중이었다. 많은 캘리포니아인들처럼 이 버클리 토박이는 지구 온난화를 염려하는 동시에 조지 W. 부시가 이라크 전쟁까지 일으키도록 만들었던 미국의 석유 의존도에 대단히 비판적이다. "우리가 석유를 소비하는 부문 중에서 소비량은 40퍼센트에서 45퍼센트나 되면서도 가장 대체하기 쉬운 부분이 바로 자동차 운송 부문입니다"라고 마틴은 상기시킨다. 게다가 일반적으로 수송은 미국에서 배출되는 온실가스의 거의 30퍼센트의 책임이 있고 개인 자동차는 20퍼센트 정도다.

마틴은 다양한 추진 방법의 에너지 성능에 대한 계산에 뛰어들었다. "바이오 연료, 수소 전지, 전기 배터리……. 저는 평소에 특별히 믿는 것이 없었습니다. 하지만 전기가 가장 효율 높은 연료라는 결론에 도달했습니다." 마틴은 수소 전지의 미래를 크게 믿지 않아서 그 테크놀로지를 '연료 전지fuel cell' 대신 '바보 전지fool cell'라고 부른다. 게다가 태양열과 풍력의 도래는 마침내 정말 깨끗한 전기를 대량으로 발생시키게 되었다는 희망을 준다. 그 해결책을 지지하는 사람들은 수많은 전지들이 훌륭한 저장 방법이 되어 간헐적인 재생 에너지의 개발에도 기여한다고 주장한다.

전기 자동차는 물론 새로운 생각은 아니다. 최초의 시제품이 1830년대에 휘발유 모터가 나타나기도 전에 생겼기 때문이다. 이어 1990년대 초반에 캘리포니아는 자잘한 시리즈로 제작된 도요타 RAV4-EV, 포드 레인저, 혼다 EV + 또는 GM의 EV1 등을 잠깐 선보였었다.

마틴은 과거에 실패했던 모든 경험을 연구했다. 그는 재미있다는 듯 말한다. "저는 사라진 모델들의 팸플릿을 모았습니다. 참고 자료를 조사하다 보니 그 차들이 골프 카트나 통조림 캔하고 닮았다는 생각이 들더군요. 보기도 흉하고 느린 데다 별로 실용적이지도 않고 비쌌죠." 그는 접근 방법 자체가 잘못되었다는 결론을 내렸다. 자동차 같은 대중 시장에서는 낮은 단계로 들어가면 경쟁력을 가질 수 없다. "신생 기업은 모든 부품을 기존의 제작자들보다 훨씬 비싸게 구입하기 때문입니다. 바퀴, 도색, 범퍼, 와이퍼 모터, 좌석까지 모든 걸 두 배로 치러야 하죠!"

그래서 마틴은 가격을 어찌할 수 없다면 성능으로 경쟁해야 한다고 결심했다. 어쨌든 고급 자동차를 구입하는 고객들은 비용엔 신경 쓰지 않으니까. 무엇보다 고객들이 추구하는 것은 매력과 속도다. 그래서 예쁜 전기 자동차를 구상할 생각이 떠오른 것이다. '행복한 소수'를 위한 화려한 자동차. 그 자동차가 성공하면 그다음에는 단계를 다시 낮추어 가족형 자동차를 제작하는 것이다.

마틴의 두 번째 혁명적인 생각은 자신의 차를 리튬 이온 전지로 가동하는 것이었다. 충전이 되는 그런 유형의 배터리는 특히 휴대전화, 노트북 컴퓨터, 전자책과 같은 전기 장치에 활용된다. 과거의 전기 자동차는 대부분 납축, 니켈-카드뮴 기술을 활용해서 한번 충전한 다음에 도달 거리가 65킬로미터를 채 넘지 못했다. "충전 균형을 잡기가 까다로운 리튬 이온 기술을 컴퓨터 한 대에 전지 세 개가 아닌 7,000개가 들어가는 모듈에 적용할 수 있었겠습니까?" 마틴은 과거에 누보미디어 파트너였던 친구 마크 타프닝과 함께 카페 브레인스토밍을 자주 했다. 테크닉을 논하고 노트에 배터리 시스템을 수없이 끼적인 끝에 두 공학도는 해볼 만한 도전이라는 판단을 내렸다.

점점 흥분한 마틴과 마크는 2003년 초에 그들의 무모한 계획에 대해 내내 생각하기 시작했다. '미래의 자동차 회사' 창설에 대해서

……. 도중에 이름도 찾아냈다. "테슬라 모터스라는 아이디어가 떠올라 아내와 의논했죠." 마틴은 그렇게 이야기한다. 니콜라 테슬라(1856~1943)는 토머스 에디슨의 동료였던 크로아티아의 천재 공학자로서 교류AC를 발명한 사람이다. "마크의 의견을 따라 그 이름을 붙여 보니 바로 마음에 들더군요. 그때만 해도 우리가 자동차를 만들게 될 줄은 몰랐습니다. 그런데도 곧장 그 도메인 이름을 샀죠!" 샌칼로스의 테슬라 모터스는 2003년 7월에 정식으로 설립되었다.

그러나 둘이서만 자동차를 재발명할 수는 없었다. 그래서 그들은 모터와 변속기, 전자에 집중하고 차체 제작은 다른 기업에 맡기기로 했다. "소형 시리즈들을 제작하면서 하청을 맡기도 하는 평균 이상의 자동차 제조사들을 전부" 검토했다고 마틴은 이야기한다. 리스트 맨 앞에는 영국의 로터스가 있었다. 미국 교통부가 인정한 모델이고 총액도 그들의 계획과 어긋나지 않는 멋진 상표였다.

로스앤젤레스 자동차 박람회에서 처음으로 긍정적인 계약을 한 후에 두 사람은 영국의 로터스 본사에 들러 기본 방침 협약을 맺는 데 성공했다. 테슬라는 노퍽의 에설 공장에서 제작되어 캘리포니아로 '아무 장식 없이' 배송된 로터스 엘리스Lotus Elise 모델에서 생겨난 것이다. 두 사람은 실리콘 밸리의 자동차 엔지니어링 중소기업 AC 프로펄션과 구두 협약을 맺어 일부 시스템을 활용했다. 그들은 열정적으로 테슬라 모터스의 사업 계획서를 작성하고 자본을 모으기 시작했다. 마틴은 농담조로 이렇게 말한다. "실리콘 밸리의

공학자들을 아시잖아요. 그 사람들은 전혀 의심이 없어요. 정말이
라니까요, 무에서 시작해 새로운 자동차 그룹을 시작하려면 그래
야 했어요. 이후에 우리에게 닥쳐올 그 모든 난관들을 미리 알았더
라면 절대 시작도 안 했을 테니까요!"

바쁜 남자 엘론 머스크

마틴 에버하드와 엘론 머스크가 처음 만난 건 2004년 초 로스앤
젤레스 공항 남쪽 엘세군도에 있는 엘론의 사무실에서였다. "우린
벌써 몇 년 전에 잠깐 만난 적이 있었습니다. 마크 타프닝과 난 인
류의 화성 탐사를 추진하는 화성학회Mars Society 회원이거든요. 그
리고 엘론 머스크는 스탠퍼드 대학에서 그와 관련해 주관한 학회
에 참석했죠."

엘론은 소심하다고 해도 좋을 만큼 태도가 신중하고, 화려한 이
력과는 대조적으로 말을 더듬는 사람이다. 그는 이미 실리콘 밸리
에 퍼져 있는 '연쇄 창업자'의 화신이다. 어렸을 때 엘론이 자신
의 첫 컴퓨터 프로그램 블래스터 비디오 게임을 열두 살의 나이에
50달러를 받고 팔았다는 얘기는 전설이 되었을 정도다. 남아프리
카공화국 공학자와 캐나다인 어머니 사이에서 태어난 엘론은 프리
토리아에서 성장했다. 그런데 열일곱 살에 남아프리카공화국을 떠
난 건 무엇보다도 아파르트헤이트 국가에서 해야 하는 군 복무를

피하기 위해서였다. 엘론의 어머니는 남편과 헤어진 뒤 나머지 두 남매를 데리고 북미에서 엘론과 합쳤다.

아버지와 차갑게 헤어진 후 다시는 보지 못했다는 엘론은 아르바이트를 전전하며 스스로 학비를 벌어야 했다. 그리고 미국으로 직접 이민을 갈 수가 없어 우선은 온타리오의 퀸스 대학에 다녔다. 그러고는 펜실베이니아의 워튼 스쿨에서 장학금을 받아 경제학과 물리학을 전공했다. "나는 무조건적으로 미국을 사랑하는 사람입니다. 미국은 대단한 것들이 가능한 나라입니다!" 그는 나중에 일간지 〈플로리다 투데이〉에서 그렇게 말했다.

컴퓨터와 우주에 심취한 엘론은 물리학 과정을 마치기 위해 1995년 스탠퍼드 대학에 입학한다. 하지만 고작 이틀밖에는 다니지 못한다. 스물네 살에 그는 언론 그룹들을 위한 온라인 소식지 〈집Zip2〉를 만들었다. 실리콘 밸리는 인터넷 경제를 만들어 내는 중이었고, 엘론은 갓 나타나기 시작한 '닷컴'의 행복한 바다 위를 성공적으로 서핑한다. 1999년에 그는 컴팩의 알타비스타에 〈집2〉를 팔아 현금과 스톡옵션으로 3억 4,100만 달러를 거머쥐었다.

같은 해에 온라인 금융 서비스 회사인 엑스닷컴을 설립하고, 1년 후에는 엑스닷컴을 맥스 레프친과 피터 시엘의 회사 컨피니티와 합병해서 페이팔을 탄생시킨다. 2002년 10월, 온라인 금융계의 새로운 챔피언이 된 페이팔은 인터넷 경매 업체 이베이에 15억 달러에 인수된다. 그렇게 해서 엘론은 그 회사의 자본 11퍼센트 이상을 소유한 최대 주주가 되었다. 그는 서른한 살에 스스로 만족할 수 있을 만큼의 부자가 되었다. 또는 적어도 쉬엄쉬엄 해도 될 정도로. 하지만 그런 말들은 그의 사전에 없는 것 같다.

2002년에 엘론은 우주에 대한 열정에 투자해 자기 재산의 약 3분의 1인 1억 달러를 들여 새로운 회사 '우주 탐사 테크놀로지Space Exploration Technologies'를 설립한다. 일명 '스페이스 X'라 불리는 그 회사는 본인이 엘세군도에서 직접 운영하면서 저렴한 가격의 우주 탐사선을 구상, 제작, 추진한다. 2008년 9월에 직원이 150명에 불과한 엘론의 회사는 네 번째 시도에서 로켓 '팔콘 1호'를 궤도에 진입시켰다. 이것은 그때까지 국영 기업이나 유럽 우주 관제 센터의 전유물이었던 업적이다. 하지만 그에게는 시작에 불과했다. 그의 최종 야망은 화성에 거주할 사람들을 보내 그 붉은 행성을 개척하는 것이다.

"그래요, 이상하게 보일 수도 있겠죠. 하지만 어쨌든 몇 세기 전에는 다른 나라를 개척한다는 생각도 이상하게 여겼을걸요." 태양전지판 설비 업체인 솔라시티(제8장 참조)의 CEO 린든 라이브는 그렇게 지적한다. 엘론은 솔라시티에도 투자해 이사회를 이끌었다. "위대한 사람들은 불가능이라는 단어를 모릅니다. 엘론의 원동력은 인류의 위대한 도전에 부딪치는 겁니다. 미국의 기업가들은 일주일에 평균 55시간을 일하는데 그는 적어도 100시간은 일하죠. 밤에 다섯 시간 이상은 자지 않아요. 결코 멈출 줄 모르는 사람입니다." 린든은 감탄스럽다는 듯 이야기했다.

만족을 모르는 엘론은 그 외중에도 작가 저스틴 윌슨과 결혼하여 6년 동안 세쌍둥이와 쌍둥이 아들 다섯을 두었다. 아내는 그가 '탄소 발자국'에 신경 쓰기 시작했던 마지막 2년 동안 임신한 상태였다. 전용기 다소 팔콘 900으로 이동하고 맥라렌 F1과 포르셰 911 터보를 소유하고 있다는 사실 때문에 난처해지자 그는 구하기 힘든 물건을 손에 넣으려고 애를 썼다. 바로 전기 스포츠카이다. "나는 대단히 친환경적인 사람입니다. 하지만 포기하거나 없애기보다는 더 나은 상품으로 문제를 해결하자는 쪽이죠." 그는 나중에 〈뉴스위크〉에서 그렇게 밝혔다.

엘론은 우선 티제로Tzero라고 이름 붙인 시제품 작업을 하는 작은 회사 AC 프로펄션의 승인을 받아 그 차를 자신에게 팔도록 설득하려 했다. 하지만 뜻대로 되지 않자 그 회사의 CEO 톰 게이지에게 자신의 포르셰를 전기 차로 바꾸어 주는 대가로 2만 5,000달러를 제시했다. 톰은 이번에도 역시 관심을 보이지 않았지만 자신의 친구 마틴 에버하드에게 그와 똑같은 자동차를 꿈꾸는 젊은 기업가 엘론과 대화를 나눠 보라고 귀띔해 주었다.

2004년 2월, 마틴과 엘론의 첫 만남은 30분도 안 걸릴 예정이었으나 실제로는 두 시간이나 걸렸다. 엘론은 단번에 마틴의 생각에 매료되어 그를 후원하고 싶어 했다. 마틴은 이렇게 이야기한다. "우린 기본 협정을 맺었습니다. 그런데 그가 이렇게 말하더군요. '좋아요, 하겠습니다. 그런데 아내가 몇 주 후면 쌍둥이를 낳을 예정이라 서둘러야 합니다. 그다음에는 제가 너무 바빠질 것 같거든요!'"

테슬라와 관련된 유럽의 벤처 캐피털 회사는 그렇게 빠른 결정을 받아들일 수가 없었다. 때문에 첫 라운드에서 거두어들인 700만 달러에서 엘론이 내놓은 금액이 500만 달러였다. 여러 달에 걸쳐 그 젊은 기업가는 총 5,500만 달러를 투자한다. 테슬라 모터스 자본의 족히 3분의 1은 되는 금액이다. 그렇게 해서 엘론은 그 회사의 사장이 되어 이사회를 총괄하게 되었다. 그리고 이사회는 실리콘 밸리의 벤처 캐피털 회사들, 특히 앨런 샐즈먼의 밴티지 포인트 벤처 파트너스와 테크놀로지 파트너스로 구성되었다.

마틴은 돌이켜 생각하면서 엘론의 성격과 과거를 좀 더 깊이 연구해 볼 시간이 없었던 점을 씁쓸히 후회한다. 물론 엘론의 경력은 놀라웠다. 하지만 페이팔 창립자들과의 관계는 소란스러웠다. 그가 2000년 4월부터 10월까지 이사회에 거리를 두면서 페이팔의 CEO 역할을 제대로 해내지 못했기 때문이다.

"처음에는 우리 둘 사이도 모든 면에서 원만했습니다. 엘론은 스페이스 X 때문에 무척 바빴죠"라고 마틴은 이야기한다. 마틴은 엘론에게 자주 전화를 걸었지만 엘론은 6주에 한 번꼴로만 테슬라 본사에 나왔다. 엘론은 돈 말고도 테슬라 모터스에 커다란 가시성을 가져다주었다. 마틴이 매사에 검소한 반면 엘론은 화려한 걸 좋아해서 실리콘 밸리와 할리우드의 부유하고 유명한 사람들을 친구로 두었기 때문이다. 엘론은 구글의 창립자 래리 페이지와 세르게이 브린이나 과거에 이베이 사장이었던 갑부 제프 스콜 같은 사람들을 설득해서 테슬라 모터스에 투자하게 하고 각자 차를 한 대씩 주문하도록 만들었다. 영화 제작사 '파티시펀트Participant'를 설립한 제프 스콜은 영화 〈시리아나Syriana〉와 〈굿 나잇 앤 굿 럭Good Night and Good Luck〉을 제작한 사람이다. 조지 클루니에게도 대번에 테슬라 차 한 대를 구입하게 하고 맷 데이먼과 리어나도 디캐프리오도 불러들였다. 이어 밴드 '레드 핫 칠리 페퍼스Red Hot Chili Peppers'의 플리와 앤서니 키디스를 중심으로 유명 래퍼 '윌아이앰Will.i.am', 할리우드 연예인들의 매니지먼트 대표이자 백악관 비서실장의 형제인 아리 이매뉴얼, 기업인인 오라클의 래리 엘리슨과 델의 마이클 델, 심지어 주지사 아널드 슈워제네거와 샌프란시스코의 민주당 시장 개빈 뉴섬까지 동원했다. 전기 자동차가 모습을 드러내기도 훨씬 전이었지만 미래의 고객 명단은 이미 미국 젯셋족(jet-set, 한 곳에 정착하지 않고 전 세계를 비행기로 누비는 부유층—옮긴이)의 '명사록名士錄'이나 다름없었다.

실리콘 밸리, 전기 자동차의 디트로이트인가?

전기 자동차는 이제 캘리포니아에서 크게 유행하고 있다고 말할 만하다. 경제, 환경, 기술, 정치 등 모든 요소들이 한데 모여 그 개념을 추진하고 있다. 물론 배경에는 대형 자동차들의 판매를 덮친 원유 가격의 급등과 석유 중독의 위험성에 대해 미국인들을 민감하게 만든 이라크 전쟁이 있다. 국지적인 측면으로는 보다 친환경적인 자동차에 대한 캘리포니아 주의 규제와 도요타 프리우스의 커다란 성공이 있다. 1990년대에 일시적으로 등장했던 전기 차를 소유한 사람들은 '플러그 인 아메리카'라는 역동적인 단체를 만들어 전기 차의 부활을 위해 끊임없이 투쟁하고 있다. 또한 미래의 기술 도전을 위해 언제나 열정을 불사르는 실리콘 밸리의 성향도 무시할 수 없다. 그곳의 대학 연구소들, 투자자들 그리고 기업인들은 새로운 배터리 기술, 차체를 가볍게 만들 수 있는 신소재에 매달려 자동차의 역량과 새로운 사업 모델을 확장하기 위해 애쓰고 있다.

2007년에는 1년 내내 새로운 전기 자동차 회사들의 투자와 설립 발표가 늘어났다. 샌타로사의 중소기업 잽ZAP은 스쿠터와 영업용 삼륜 차량부터 시작해서 모든 탈것을 단계별로 개발하고 있다. 테슬라의 가족용 자동차 모델 '화이트 스타White Star' 구상을 맡은 디자이너 헨릭 피스커는 경쟁 프로젝트 '카르마Karma'를 발표했다. 한편, 한때 소프트웨어 기업 SAP의 신동이었던 샤이 애거시는 2억 달러를 들여 프로젝트 베터 플레이스사를 설립해 지구에서 석유 중독을 없애고자 한다.(제5장 참조)

캘리포니아에 거주하는 록의 전설 닐 영도 나섰다. '아름다운 미국 차'를 선호하는 닐 영은 자신이 타고 다니던, 길이 6미터, 2.5톤에 달하는 1959년식 링컨 컨티넨탈을 오로지 가스와 전기만으로 움직일 수 있도록 개조했다. 심지어는 그런 식의 전기 자동차 개조를 장려하기 위해 링크 볼트 테크놀로지Linc Volt Technology라는 회사를 차리기도 했다. 로스앤젤레스에서 멀지 않은 남쪽 지역에선 멀티미디어 경제의 개척자였다가 태양열 에너지로 전향한 빌 그로스(제8장 참조)가 마치 공상 과학 영화에서 나왔음 직한 최첨단 공기 역학적 삼륜 하이브리드 카 '압테라Aptera'를 만들었다.

링크 볼트는 압테라와 그 밖의 몽상가들이나 천재들이 만들어 낸 40대 남짓한 차들과 마찬가지로 X 프라이즈 재단의 자동차 경주에 참여할 목표를 갖고 있었다. 이 경주는 기름 1갤런(3.7리터)으로 적어도 160킬로미터를 달릴 수 있는 팀에 상금 1,000만 달러를 내걸었다. X 프라이즈의 설립자 피터 디아만디스는 〈와이어드〉지에서 이렇게 설명한다. "과거의 해결책을 결합시킨 대단히 거대한 산업 지구가 있습니다. 우리가 잘만 하면 모래 위에 획을 하나 긋고 그날 이전까지 몰았던 자동차들은 모두 고대 박물관에 넘겨야 한다고 말하게 될 겁니다." 흥분이 어찌나 대단하던지 실리콘 밸리의 일간지 〈새너제이 머큐리 뉴스〉는 2007년 11월에 이런 제목을 내걸었다. '실리콘 밸리는 어떻게 전기 자동차의 디트로이트가 될 수 있는가.'

2006년 말에 테슬라 모터스의 전기 자동차는 〈타임〉 1면에 '올해 최고의 발명품'으로 뽑혀 소개되었다. 문제는 그 회사가 본거지 샌칼로스에서 클린테크 운동의 총아가 되었지만 계속 문제가 쌓이고 있다는 점이다. "네, 그래요. 우린 지쳤습니다. 전부 다시 만들어야 해요." 마틴은 그렇게 털어놓는다. 그리고 테슬라가 숙련된 공학자들을 빼낼 방법이 없었던 만큼 더 힘들었다. "2006년에 누가 도요타 같은 좋은 직장을 그만두고 캘리포니아의 이름 없는 중소기업에서 일하고 싶어 했겠습니까? 그래서 일할 수 있는 사람들을 모집했죠. 학교를 갓 졸업한 젊은이들이 많이 모였습니다. 그 사람들은 열정은 대단히 충만했지만 실수도 많았죠."

그러나 마틴이 이끄는 팀은 앞길을 모색해 나갔다. 안전장치나 배터리 제작 등 많은 것들을 하나하나 힘겹게 배워 나가야 했다. 과열 위험을 막기 위해 전지를 영구 냉각시키는 시스템을 상상해야 했다. 연장해서 사용할 경우에 불이 붙는 자동차를 상상해 보라! 그렇지만 마틴에게 가장 힘들었던 문제는 기술적인 부분이 아니라 물품 조달 경로였다고 한다. "그렇게 적은 양을 합리적인 가격으로 제작해 줄 업자를 찾는 게 몹시 힘들었습니다. 예를 들어, 스피드 박스는 치수에 딱 맞게 제작해야 합니다. 처음에는 충분한 물량을 만들어 내지 못하는 회사와 함께 시작했습니다. 그러다가 다른 회사로 바꾸었는데, 그 회사는 작은 시리즈를 만들려고 하지 않았죠."

자존심의 무게

그런 풍토 속에서 재정가 엘론 머스크와 관리자 마틴 에버하드 사이에 긴장이 고조되었다. 비용과 기간을 맞춰야 한다는 근심에 마틴은 스피드만 갖춘 가장 단순한 자동차를 출시하자고 주장한다. 이후 버전에서 개선시킬 점이 있어도 상관없다는 식이었다. 하지만 완벽주의자인 엘론은 끊임없이 더 많은 걸 요구했다. 그는 1975년에 설립되어 혁명적인 스포츠카를 만들려다가 1982년에 파산했던 미국의 소규모 자동차 회사 드로리언의 실패를 자주 언급했다(드로리언의 모델 DMC-12는 양쪽 문이 마치 풍뎅이 날개처럼 열리는데, 영화 〈백 투 더 퓨처〉에서 '시간을 거슬러 올라가는 기계'로 나왔다).

"자동차 한 대에 10만 달러나 한다면 그 차는 완벽해야 하는 겁니다." 엘론은 인터뷰 내내 그 말을 되풀이했다. 특히 그는 테슬라가 4초 만에 시속 100킬로미터까지 올라간다는 약속을 분명히 지킬 수 있는 유일한 방법인 듀얼 클러치 변속기에 애착을 가졌다. 그것 하나 바꾸는 데에만 무려 900만 달러의 초과 비용이 들었다. 하지만 다른 변화도 얼마든지 만들 수 있었다. 문손잡이를 택타일 스위치로 바꿀 수도 있고, 문턱이 밑으로 내려가게 해서 치마 차림의 여성들이 성큼 넘어서느라 얼굴을 붉힐 필요가 없도록 할 수도 있고, 계기판을 가죽 속에 상감시킬 수도 있고, 탄소 섬유를 도입해 차체를 가볍게 만들 수도 있을 것이다.

결국 애초에 2007년 초반으로 예고되었던 로터스의 테슬라 출시는 2008년 3월에야 이루어진다. 예산은 계속 초과되었다. 처음에 사업 모델은 차 한 대당 6만 5,000달러의 원가를 예상했는데 초반 50대의 경우, 실제 들어간 비용은 10만 달러에 가까웠다. 여러 달이 지나면서 달러가 하락하여 비용은 더 부담스러워졌다. "로터스와 파운드로 계약을 했다가 환율 때문에 망쳐 버렸죠"라고 마틴은 털어놓는다. 테슬라 모터스는 그렇게 해서 첫 자동차를 손해를 보고 팔 수밖에 없었다.

엘론으로서는 참기 힘든 일이었다. 정기적으로 자비를 털어 가며 회사의 재정난을 구해야 했던 그는 대신에 점점 더 많은 권력을 요구하게 되었다. 2007년 8월에 그는 마틴에게 CEO 직위에서 물러나라고 요구하는 대신 수석 엔지니어 역할을 양도한다. 테슬라를 본궤도에 다시 올려놓을 만한 경험 있는 관리자를 찾을 때까지 이사였던 마이클 마크스가 임시 CEO가 되었다. 2007년 12월, 몇 달의 탐색 끝에 엘론은 새로운 CEO를 임명하고, 마틴은 '자신의' 기업에서 완전히 멀어진다.

엘론은 그리 고상하지 못하게 공개적으로 테슬라의 실패를 모두 창립자의 실수로 돌려 버린다. 마틴은 씁쓸한 심정을 어느 인터넷 포럼에서 이렇게 표현했다. "거짓말은 하지 않겠습니다. 전 완전히 부당한 대접을 받았고, 과도기에 그건 잘못된 일이라고 생각합니다. 테슬라 모터스나, 고객들에게나(그들에게는 저도 책임감을 느낍니다만), 투자자들에게나 말입니다. 실리콘 밸리는 크게 성장하고 있는 신생 기업들의 훌륭한 사례를 많이 만들어 냈습니다. 그 기업들의 경우에 설립자들은 분명한 역할을 했고, 경영은 전문가들이 맡았지요." 마틴은 자신이 CEO 직위를 포기하는 것에는 완전히 동의했다고 설명한다. "제가 직접 모색을 했으니까요……." 하지만 희생양 역할만큼은 받아들일 수가 없었다. 그래서 그는 하룻밤 사이에 자신에게 그토록 중요했던 회사의 운명과 단절된 데다 아버지와 형제, 고모까지 다 합해도 5퍼센트도 안 되는 지분을 갖게 된 점에 몹시 실망했다.

두 파트너 사이에 대체 무엇이 잘못되었던 걸까? 엘론은 마틴이 무능하다고 비난했다. "난 너무 오랫동안 그에게 운영을 맡겼다"고 엘론은 나중에 털어놓았다. 특히 마틴의 잘못된 경영을 비난했다. 이는 오늘날까지도 마틴을 분개하게 만드는 부분이다. "엘론은 재정 이사나 금융 부사장 한 명도 내가 알아서 고용하게 놔두지 않았습니다. 모두 거부했죠!"

마틴은 심사숙고한 후 2009년 6월에 샌머테이오 고등 법원에 엘론을 '명예 훼손'과 '계약 파기'로 기소했다. 엘론의 얼굴에 그야말로 먹칠을 하는 법적 소송이었다. 마틴의 가장 놀라운 주장 중에는 엘론이 스탠퍼드를 '자퇴'는커녕 아예 등록조차 한 적이 없다는 내용도 있었다.

마틴은 결국 단순히 자존심의 문제였다고 생각한다. "회사가 언론의 주목을 끌기 전까지만 해도 둘 사이에는 아무 문제도 없었습니다. 그런데 기사가 나오고 라디오나 텔레비전 방송에 나갈 때마다 전에는 앞에 나서지도 못했던 사람이 점점 사나워지더군요. 그는 마케팅 팀과 함께 날 불러서 야단치고 불평했습니다. 심지어 홍보 회사까지 바꾸었고요. 그는 모든 관심을 독차지하고 싶어 했습니다!"

회사의 초기 투자자들이 확증한 가설에 의하면, "엘론은 엄청난 자아의 소유자이다. 그는 부차적인 역할에 쉽게 만족하지 못한다. 대단히 정력적이고 성공에 집중하는 사람이다." 아무리 그렇다고

는 해도 지나치게 효율성만 따지는 태도는 팀을 이끄는 경영자답
지 못했다. "엘론은 거추장스러운 사람들을 내칠 때면 인정사정 봐
주지 않았다."

한시적인 CEO

2007년 12월, 다섯 달 동안 '비상한 사람'을 찾아 헤맨 끝에 엘론
은 새로운 CEO를 충원했다. 바로 이스라엘 출신의 기업가 제프 드
로리로서, 반도체 회사와 전자 보안 회사를 연달아 만들어 팔았던
인물이었다. 제프는 날카로운 인상에 어울리는 결단력을 지닌 사
람이다. "그 자리가 무척 탐났기 때문에 월급은 한 푼도 안 받고 일
하기로 했을 뿐만 아니라 개인적으로 저 역시 그 사업에 투자를 했
습니다"라고 그는 이야기한다. 그는 엘론 다음으로 테슬라의 두 번
째 개인 주주가 되었다.

그 시기에 엘론, 마틴, 구글의 래리와 세르게이 등 일곱 명의 특
별한 '연쇄 창립자들'은 마침내 전기 차에 착수해서 일단의 시제품
들을 속도, 운전, 성능 등의 테스트를 받게 하기 위해 자동차 전문
잡지사 기자들에게 맡겼다. 〈로드 앤 트랙〉부터 〈모터 트렌드〉는
물론이고 〈카 앤드 드라이버〉까지 열렬히 환영했다. 하지만 가장
화려한 묘사를 한 건 분명 댄 닐의 기사였을 것이다. 댄 닐은 〈로스
앤젤레스 타임스〉에서 테슬라의 가속 성능을 이렇게 묘사했다. "맙

소사, 마치 부드러운 천에 휘감겼다가 유연하게 튕겨 나가는 기분이었다. 와우!" 그리고 이렇게 덧붙여 설명했다. "테슬라의 물질대사는 로터스 엘리스에 상당히 근접하다. 로터스 엘리스를 기반으로 만들었기 때문이다. 1,247킬로그램으로 대단히 가볍고 날렵하고 코너링이 뛰어나다. (……) 테크니컬 서킷에 있어 테슬라는 그 어떤 평범한 전기 차도 너끈히 물리칠 만하다."

샌프란시스코와 새너제이 중간, 샌칼로스의 조용한 거리에 자리 잡은 테슬라 모터스 본사는 눈에 확 띄는 건물은 아니다. 내부에는 반쪽짜리 회색 칸막이가 율동적으로 놓인 탁 트인 작업 공간이 있다. "디트로이트 근처에도 지점이 있습니다. 하지만 직원 250명 대부분이 여기서 일하고 있습니다." 작업 책임자인 콜레트 니아즈먼드는 그렇게 설명한다. 중간의 커다란 창고에서는 기술자들이 오렌지색, 페리윙클 블루, 파피 레드 등 화려한 색채의 시제품 대여섯 개에 매달려 분주히 움직이고 있다. 차 보닛 위에는 주유 캡 대신 검은색 굵은 케이블이 플러그에 연결되어 노트북의 충전 등처럼 깜박거린다. 가정에서도 충전할 수 있는 길이 1미터, 무게 0.5톤의 거대한 리튬 이온 전지는 350킬로미터의 항속 거리를 제공한다. 그리고 사용 비용은 전기 요금과 같아 캘리포니아에서는 마일당 2센트(킬로미터당 20원)로 휘발유보다 여섯 배에서 열 배 정도 저렴하다.

테슬라 쿠페의 산업 생산은 2008년 3월 중순에 영국에서 시작되었다. "일주일에 두 대씩 시작해서 세 대, 그다음에는 네 대를 생산했죠. 아직도 시운전 단계입니다. 문제가 생기는 대로 해결해 나가고 있죠. 대량 생산을 서두를 필요가 없으니까요"라고 제프 드로리는 상세히 설명한다. 그 모델은 지금까지 900대가 주문된 상태이고, 1년에 1,500~1,800대까지 정상 가동시키는 것이 목표이다. "고객들은 차체는 열세 가지 색상 중에서, 그리고 가죽으로 된 내부 장식은 아홉 가지 색상 중에서 선택할 수 있습니다"라고 콜레트는 덧붙여 말한다. 기본 가격은 10만 9,000달러이다.

2008년 여름 초반에 제프는 첫 번째 쿠페들을 인도하고 로스앤젤레스와 멘로 파크의 테슬라 모터스 상점 두 곳을 개점하는 일에 집중했다. 2009년 여름에는 뉴욕, 시카고, 마이애미, 시애틀, 워싱턴 등으로 이어졌다. 미국의 대도시마다 전시장이 생길 예정이다. 체인점 영업권은 어림도 없다. 테슬라가 모든 것을 통제하기 때문이다. "미학, 전시 장소, 서비스 품질 등등, 우리는 자동차 업계에서 개인용 컴퓨터의 애플 스토어나 커피의 스타벅스 같은 존재가 되기 위해 노력하고 있습니다"라고 제프는 설명한다. 회사는 유럽에서의 전기 자동차 승인 절차도 시도하고 있다. 런던을 시발점으로 해서 뮌헨과 모나코로 이어질 계획이다.

하지만 엘론과 제프는 그들의 야망이 그 첫 자동차를 훨씬 넘어서는 것임을 잊지 않고 있다. "당장은 잘난 체하는 것 같을지 모르겠지만, 우린 이 분야의 최고가 되기 위해 최선을 다할 겁니다. 생각해 보십시오.. 30년 전에는 인텔도 신생 기업이었다는 걸요." 제프는 그렇게 말한다. 테슬라 모터스의 다음 단계는 2010년까지 S 모델을 자체 생산하는 것이다. S 모델은 6만 달러에 판매되는 5인용 가족형 세단이다. "암호명 '화이트 스타'라고 불리는 이 모델은 완전히 미국에서 제작될 겁니다"라고 제프는 설명한다. 엘론은 그 기회에 훨씬 저렴하게 구입할 수 있는 약 3만 달러짜리 '블루 스타'라는 다음 모델도 언급한다.

위기의 충격

하지만 그 당시만 해도 테슬라의 가족형 세단은 아직은 먼 프로젝트에 불과했다. 테슬라는 약간 회복된 것처럼 보였지만 저당 대부 실패의 결과로 이어진 경제적 그리고 재정적 위기로 된서리를 맞았다. 그 소문은 처음에는 실리콘 밸리의 비밀 블로그를 중심으로 부풀어 오르기 시작하더니 2008년 10월 중순경엔 회사가 직접 사실을 인정하기에 이르렀다. 테슬라 모터스는 미시간의 사무실을 폐쇄한 뒤 직원 일부를 해고하고 S 모델 생산을 2011년으로 여섯 달 연기했다. 은행 신용장 시장은 완전히 죽었고 테슬라 모터스가 재활하려면 에너지부에서 청구한 대부금 4억 6,500만 달러를 갚아야 한다. 상징적인 대실패였다. 엘론은 다시는 GM의 시보레 볼트보다 먼저 가족형 모델을 출시하겠다고 큰소리치지 못할 것이다.

회사는 "위기의 국면을 맞았지만 앞으로 아홉 달 뒤에는 자금 흐름이 원활해질 것"이라고 엘론은 자신의 블로그에 썼다. 그 소식

자체만으로는 그다지 놀라울 것이 없다. 신용 위기로 그해 가을에 실리콘 밸리의 모든 신생 기업들이 허리띠를 졸라매야 했으니까. 그런 신생 회사들의 벤처 투자자들이 읊조리는 슬로건은 바로 '예산을 바짝 조이고, 쓸데없는 건 없애고, 현금을 아끼자'이다.

그러나 놀라운 건 제프 드로리가 CEO 자리에서 물러나고 바로 엘론 머스크로 대체되었다는 사실이다! 제프는 테슬라의 최고 자리에서 채 1년도 채우지 못했지만 그래도 이사회 자리와 회사 부사장 자리는 지켰다. 그는 "개인적으로 돈을 많이 걸었는데 경제가 그렇게 걱정스러운 상황이 되다 보니 지휘권에서 물러날 수밖에 없었다"고 웹사이트 더딜닷컴 TheDeal.com에서 밝혔다. 그리고 이렇게 덧붙였다. "난 실패라는 걸 겪어 본 적이 없었다. 이제는 섣불리 나서지 않으련다!"

4년 동안 네 명의 CEO라는 결과. 실리콘 밸리의 베테랑들이 보기에 엘론은 신용을 잃었다. 어느 유명한 헤드헌터는 이렇게 판단한다. "그는 자신의 기업을 망칠 뿐이다. 지휘권을 움켜잡고서는 한 발 물러서서 유능한 전문 관리인들이 회사에 기업적인 규모를 키우도록 놔둘 줄 모르는 공동 설립자들처럼 나쁜 건 없다." 마틴 에버하드도 놀라지 않았다. "제프도 결국은 꼭두각시에 불과했을 뿐이다. 내가 떠난 이후로 테슬라는 엘론의 회사가 되었다. 그가 전권을 쥐고 있다."

하지만 그해 가을에 엘론은 다른 이유들로 영국 언론에서 입방아의 대상이 되었다. 바로 이혼과 스물세 살의 영국 여배우 탈룰라

라일리와의 공인된 관계 때문이었는데, 엘론은 자신의 자동차 덕분에 탈룰라를 차지하게 되었다. "로스앤젤레스의 파티에서는 테슬라가 페라리보다 한 수 위였다"고 그는 〈가디언〉지에서 털어놓았다.

엘론이 2009년 1월에 디트로이트 자동차 박람회에서 미국 자동차분석가협회 앞에서 자신을 소개하는 모습을 본 사람이라면 모든 상황이 테슬라 모터스에 유리하게 돌아간다는 생각이 들었을 것이다. "우리 주문 노트는 2009년 11월까지 꽉 차 있습니다. 수요를 맞추자고 얼렁뚱땅 자동차를 만들어 낼 순 없죠. 차 한 대를 팔 때마다 구매 조언자 한 사람을 만들어 내는 셈이니까요. 우리는 올해 안에 수익자가 될 겁니다. 사실 우리가 안고 있는 심각한 문제는 자동차 제작 비용이 판매 가격보다 더 든다는 점입니다. 하지만 우리는 비용을 절감해서 생산을 증대시키고 있습니다."

이튿날, 엘론은 진열대에서 한참 동안 포즈를 취한 뒤 홍보와 고객 지원 팀의 마이클 반 데어 샌드(전 할리 데이비슨), 기술과 제작 팀의 마이크 도너휴(전 크라이슬러), 재무 팀의 디팍 아후자(전 포드) 등 유명한 이름이 가득 담긴 운영진을 언론에 자랑스럽게 소개했다. 특히 디자인 팀의 프란츠 폰 홀츠하우젠(전 마쓰다)이 눈에 띄었다. 프란츠는 업계에서 신동으로 명성이 자자했다. 폭스바겐의 뉴비틀New Beetle 제작에서 중대한 역할을 했기 때문이다. 그는 GM에 잠깐 몸을 담은 동안 폰티악 솔스티스Pontiac Solstice와 새턴 스카이Saturn Sky를 디자인했고, 이어서 콘셉트 스포츠카 마쓰다 카부라Mazda Kabura를 디자인했다.

마침내 엘론은 디트로이트에서 테슬라 모터스가 독일 거물 다임러와 제휴를 맺었다고 발표했다. "우리는 다임러의 전기 차 스마트Smart의 첫 1,000대에 배터리를 제공하기로 했습니다. 그리고 경과를 보아 대폭 늘려 갈 계획입니다. 다임러와 함께 일하게 되어 영광이고, 그들의 선택은 테슬라를 크게 인정한 행동입니다."

엘론은 그 기회에 자신이 다른 자동차 제조 업자들과 얼마든지 협력할 태세가 되어 있음을 설명했다. "이건 실리콘 밸리와 디트로이트의 싸움이 아닙니다. 바야흐로 전기 자동차의 시대가 도래했고, 우린 다 함께 전기 자동차를 정복할 수 있습니다. 우린 지속적인 협력을 추구합니다."

사실 엘론이 무엇보다도 추구하는 건 바로 돈이다. 그의 단호하고 긍정적인 연설 뒤에는 위태로운 재정 상황이 감추어져 있었다. 2008년 말에 그 회사가 지닌 돈은 1,000만 달러도 안 되었다. CEO 엘론은 디트로이트로 가기 직전에 기존의 주주들로부터 전환 사채 4,000만 달러를 가까스로 투입했다. 하지만 어떤 언론 뉴스도 그가 그 대신에 자동차의 전체 가격을 2만 달러 이상 인상하기로 했고, 그때부터 전기 충전 장비와 기타 액세서리는 따로 값을 받을 거라는 구체적인 소식은 전하지 않았다. 엘론은 1년 넘게 기다려 왔던 부유하고 충실한 고객들을 잃지 않기 위해 2009년 1월 말에 캘리포니아에서 고객들과의 만남을 두 차례 가졌다. 그 자리에 참석했던 이들 중 한 사람이 자신의 블로그에 올린 이야기를 들어 보자.

"여느 나쁜 소식을 들을 때와 마찬가지로, 우린 충격과 부정의 단계를 거치기 시작했고, 고통과 죄책감의 단계를 피했고, 분노와 타협을 시도했다. 이어서 우린 직접 희망을 잡으려고 달려들었다." 엘론은 용케 곤경을 면했다. 이번에는 정치적인 거짓말은 없었다. 그는 고객들에게 이렇게 설명했다. "제가 우선적으로 생각하는 건, 테슬라의 가시성을 확보하는 겁니다. 그게 없으면 어떤 차도 넘길 수 없을 테니까요. 이번 가격 수정은 저 개인적으로도 무척 힘든 일이었습니다. 저 좋으라고 한 일이 아님을 알아주십시오. 12월 말에 새로 자본 확보를 무사히 마치는 유일한 방법은 우리가 차 한 대를 팔 때마다 돈을 벌고 있다는 걸 입증하는 길뿐입니다. 제가 이번에 지지받지 못하면 우리는 끝장입니다." 엘론은 또 다른 인상은 없을 것이라고 약속했다. 그리고 위기가 심화된다 해도 주문받은 자동차들은 모두 인도되도록 보장할 방법이 있다고 주장했다.

불안정한 상황을 타개하기 위해 엘론은 여러 달 전부터 주요 투자자인 밴티지 포인트의 앨런 샐즈먼이 조언해 준 대로 따르기로 했다. 즉, 그 분야의 거물과 동맹을 맺는 것이었다. 그래서 2009년 5월 19일에 엘론은 슈투트가르트에서 다임러 그룹이 테슬라 모터스의 지분 10퍼센트를 매입했다고 발표한다. 그 투자는 작은 기업 테슬라의 신용도를 어마어마하게 높여 주며 갑자기 5억 5,000만 달러의 가치를 지니게 해주었다. 또한 120년이나 된 독일의 자동차 업체와 실리콘 밸리의 젊은 '파트너'의 관계를 돈독히 해주었다. 전기 차 스마트의 첫 1,000대는 2009년 가을부터 독일의 함바흐 공장에서 제작하기로 했다. 다임러는 테슬라의 노하우에 의지해 전기 자동차 분야로의 입성을 가속화하고 싶어 한다. 하지만 다임러도 자체적인 계획을 갖고 있다. 다임러는 자체적으로 리튬 이온 배터리 공장을 건설해 미래의 전기 메르세데스를 갖출 예정이다.

따라서 독일 자동차 업계의 거장과 미국의 정열적인 기업가 관계의 미래를 무어라 단정하기는 어렵다. 2009년 3월 26일, 엘론은 우아한 맵시를 갖춘 차세대 S 모델의 첫 시제품을 화려하게 공개했다. 그리고 여름에는 이미 500대의 선주문을 받았다. 반면에 캘리포니아 산에 새로 공장을 세울 부지조차 아직 결정하지 못한 상태였다. 에너지부의 대출과 다임러의 지원을 받아 어쨌든 테슬라는 앞으로 나아갈 수 있게 되었다. 2009년 8월에 그 회사는 팰러앨토로 본사를 옮길 예정이고, 그곳에서 전기 모터에 쓸 부품 공장도 세울 계획이라고 발표했다. 더 다행인 점은 7월에 첫 수익을 올렸다고 발표한 것이다.

성공이냐? 상환이냐? 실패냐? 최종 운명이 어떻게 되든 테슬라 모터스는 자동차 산업의 양상을 바꾸는 데 기여할 것이다. "2009년 말에 1,000대가량의 자동차가 인도되면 지금까지의 그 어떤 제조업체보다 더 많은 전기 차를 미국 도로 위에 달리게 할 것"이라고 마틴 에버하드는 상기시킨다. 그는 그사이 자신의 전기 전략으로 폭스바겐의 고문이 되었으면서도 평소에는 옛 회사에 대해 좀체 언급하지 않는 편이었다.

마틴은 자신이 주도했던 위대한 운동이 거둔 성공을 생각하면서 개인적으로 받았던 부당함을 달랜다. 2007년 8월 15일에 그는 테슬라의 블로그에서 혁명을 강하게 주장했었다. "우리는 세상이 전기 자동차에 대해 다시 생각해 보도록 했다. 절대 죽지도 않았고 절대 처벌도 받지 않는 전기 차는 이제 자동차의 흥분되는 미래로 여겨지고 있다. 운전자들이 자동차 업계에 요구하는 건 휘발유 이상의 전략을 제고하고, 수소에 대한 참여를 재검토하고, 친환경 자동차가 타협을 끌어낸다는 공리를 다시 평가하는 것이다." 실제로 자동차 산업은 전기 차에 대한 전략보다 더 많은 걸 생각해 내야 할 것이다.

제너럴 모터스의 혁명과 번민

2007년 1월, 디트로이트 자동차 박람회는 전기 충격을 받았다. GM의 회장 리처드 왜고너는 시보레 볼트의 시제품을 공개했다. 충전 가능한 리튬 이온 배터리로 가동되는 가족형 세단이었다. 시보레 볼트가 그저 진열실을 놀라게 할 만한 '콘셉트'일 것이라는 모두의 예상을 뛰어넘고, GM은 2010년 말에 상업화를 예고했다. 시보레 볼트는 한 번 충전으로 64킬로미터를 주행하는데 작은 휘발유 발전기가 장착되어 달리면서 배터리를 충전시켜 482킬로미터까지 주행할 수 있다고 한다. 믿을 수 없는 반전이었다. 2003년에만 해도 부회장 로버트 루츠는 GM의 미래는 바로 캐딜락 16이라고 강하게 주장했던 것이다. 그때까지만 해도 사륜구동 차와 허머 스타일의 다른 SUVSport Utility Vehicle들처럼 기름을 많이 먹는 대형 자동차들의 챔피언이었던 미국의 거인 GM이 이제 전기 차의 존재를 믿게 되었다니!

왜 갑자기 그렇게 되었을까? 그 기획을 주도한 인물로 널리 알려진 루츠는 2007년 11월에 〈US 뉴스 앤드 월드 리포트〉에서 사실을 인정한다. "쟁점은 기술적인 리더십을 재탈환하느냐입니다. 우리는 다시 내일의 해결책을 제시하는 그룹이 되고자 합니다. (……) 테슬라가 한데 연결된 수천 개의 컴퓨터 배터리를 사용해서 자동차를 제작한다고 알렸을 때가 결정적이었습니다. 서부 연안의 작은 중소기업이 그런 걸 할 수 있다면 우리도 손 놓고 있어선 안 되겠구나 하고 생각했죠." 테슬라뿐만이 아니었다. GM으로선 치욕스럽게도 도요타 프리우스 하이브리드 카도 성공을 거두었고, 환경에 대한 우려가 높아졌을 뿐만 아니라, 무엇보다 원유 가격이 급등하면서 모든 것이 한 방향으로만 나아갔다.

그런데 전기 차에 대해 GM은 과거에 크게 곤욕을 치를 뻔한 일이 있었다. 결국 손가락을 데고 나서 그 개념을 포기해야 했다. 1996년에 GM은 캘리포니아와 애리조나에서 리스 형식의 충전 가능한 전기 차 EV1을 출시했었다. 상업적으로 성공할 가능성이 있는지 여부를 알아보기 위한 일종의 테스트를 겸한 것이었다. 당시 캘리포니아는 초강압적인 환경 규제 법안을 준비하고 있었다. 그런데 2003년에 주 정부가 그 법안을 포기하자 GM은 적자를 내던

EV1을 느닷없이 단종시켰다. 크리스 페인 감독의 다큐멘터리 〈누가 전기 자동차를 죽였나?〉에서처럼 GM은 운행되던 차량 900여 대를 회수해 폐차시켰다. 하지만 그 일은 비난을 불러일으켰다. 환경 운동가들의 지지를 받은 EV1 운전자들이 항거에 나선 것이다. 그들은 자신의 차에 몸을 묶고 설교와 화환 그리고 왕관을 동원해 가짜 장례식까지 연출했다.

EV1 모험은 GM에 10억 달러를 고스란히 잃고 이미지까지 손상시키는 결과를 가져다주었다. 루츠는 2007년까지만 해도 기후 온난화가 '허풍'이라고 설명했지만 그 이후에는 수소 전지와, 특히 워싱턴이 자동차 분야에서 환경 규제를 강화하는 일을 막으려는 로비 활동에 투자하기 시작했다. 이제는 모름지기 SUV가 승승장구하는 시대이다.

CEO 리처드 왜고너는 이후 줄곧 '내 탓이오' 했다. "내 경력 최악의 결정은 하이브리드 차에 대한 적절한 대책 없이 무턱대고 EV1을 단종시킨 것이었다." 연구 개발 담당 부사장 래리 번스는 2007년 3월에 〈뉴스위크〉에서 이렇게 설명했다. "GM 그룹이 EV1을 죽이지만 않았더라면 체비 볼트를 10년 더 빨리 만들 수 있었을 것이다!" 어찌 되었든 GM이 볼트를 공개한 자동차 박람회보다 불과 열 달 앞선 2006년 3월에야 왜고너와 루츠는 일명 '아이카iCar'로 명명된 완전히 새로운 프로젝트에 청신호를 내린다.

그 제품을 총괄하는 정교한 작업을 맡은 사람은 24년간 회사에 몸담았던 엔지니어 출신 토니 포사와츠였다. 토니야말로 그 일에 이상적인 인물이었다. EV1 프로젝트에도 참여했을 뿐만 아니라 신형 추진력 부문의 전문가로서 여러 모델을 출시했고, MBA 출신답게 경제적 난관을 타개하는 능력도 갖추었다. 그는 몇 번째인지 모를 정도의 '콘셉트'가 문제가 아니라 '진짜 자동차'를 만들어 내는 프로젝트가 문제라는 확신을 갖고 나서야 비로소 불가능한 임무를 받아들였다. "중요한 건 단순히 새로운 모델을 만들어 내는 것이 아니라 자동차 혁명을 일으키는 것이었습니다." 그는 2008년 11월에 로스앤젤레스 자동차 박람회를 끝내고 그렇게 설명했다. "프리우스는 두 가지 시스템으로 가동됩니다. 하나는 전기이고, 다른 하나는 휘발유이죠. 하지만 볼트의 추진력은 오로지 전기입니다. 휘발유는 한 번 충전으로 주행한 거리를 연장하는 데에만 사용됩니다. 절대 휘발유가 직접 바퀴를 움직이진 않습니다." 게다가 GM은 그 자동차를 충전 가능한 하이브리드가 아닌 '장거리' 전기 차라고 이야기한다. 리튬 이온 배터리가 한 번 충전으로 충분한 거리를 주행할 수 있게 되는 날, 그 휘발유 모듈을 없앤다는 개념이다.

토니는 다양한 부서의 동료 10여 명과 함께 EV1 작전의 '장점'과 '단점' 목록을 만들기 시작했다. 좌석 두 개? 그건 고객을 제한한다. 220볼트로 재충전? 아니, 그러려면 차고에 필요한 설비를 고쳐야 한다. 미국에선 보통 콘센트가 110볼트니까. 트렁크? 그래, 그건 꼭 있어야 돼. 각각의 생각이 기술적인 진보에 따라 세심하게 논의되었다. 자동차의 주행 거리 문제는 결정적인 사항이다. 한 번 충전으로 보장되는 주행 킬로미터 수와 배터리 가격 사이의 원만한 타협점을 찾아야 한다. 그렇다면 왜 한 번 충전에 64킬로미터를 택했을까? "그건 미국인들의 78퍼센트가 하루 평균 64킬로미터 이하를 주행하기 때문"이라고 토니는 말한다. 하지만 잠재적인 구매자들의 주요 심리 장애 중 하나인 '주행 거리에 대한 불안'을 없애기 위해 그 팀은 작은 휘발유 결핍 방지 모터를 부착하는 걸 구상하고 있다.

볼트를 지체시킬 바에야 차라리 태워 없애겠다!

볼트 팀의 작업은 대단히 설득력이 있어서 2006년 11월에 GM은 제작에 앞서 수행되었던 엔지니어링 작업에 청신호를 내렸다. "볼트는 이제부터 시작입니다!"라고 리처드 왜고너는 2008년 5월 주주 총회에서 선언했다. 그러고 나서 유럽 GM의 프랭크 웨버가 그 프로젝트를 이어받았다. 그때부터 GM은 700명이 넘는 직원들을 동원하고 10억 달러가량의 자금을 쏟아 부으며 체비 볼트의 출시를 가속화했다. "우린 최고의 엔지니어들을 투입했습니다"라고 토니 포사와츠는 말한다.

GM에서 그토록 빨리 결정되고 구상되고 승인된 모델은 이제껏 단 하나도 없었다. "틀에 박힌 습관, 반드시 거쳐야 하는 다양한 관문, 쓸데없는 서류들을 모두 없애야 했습니다. 결정이 나는 즉시 곧바로 팀에서 적용할 수 있도록 말입니다"라고 로버트 루츠는

<US 뉴스 앤드 월드 리포트>에서 설명한다. GM은 설비 업체들을 선택했다. 배터리의 경우, GM의 배터리 공급 업체인 한국의 LG 화학은 미국의 A123보다 무게 181킬로그램의 T형 배터리를 선호한다. 배터리 공장은 미국에 세워질 예정이다. GM은 2010년에 1만 대의 자동차를 출시할 계획이고, 이어서 몇 년 안에 6만 대로 늘릴 야심을 품고 있다. 가격은? 4만 달러 정도로, 그 정도면 사실 꽤 높은 수준의 자동차다. 가장 쉽게 접할 수 있는 캐딜락이나 도요타 렉서스에 비할 만하다. 하지만 운전자들은 구입할 때 자동적으로 7,500달러의 세액 공제를 받게 되고, 미국의 여러 주 정부는 추가 혜택을 제시하려 하고 있다. 끝으로, 토니는 이렇게 강조한다. "차량 유지비도 적당할 겁니다. 특히 소유주가 밤에만 충전할 경우 전기 요금이 더 싸집니다."

2007년과 2008년에 GM은 볼트에 대해 과장될 정도로 요란스럽게 광고를 해서 많은 비평가들이 '그린워싱'이라고 비난했다. 디트로이트의 거물이 오염원으로서의 과거를 무마하기 위해 친환경 동참을 과장하는 건 아닐까? 그런데 발표가 거듭될수록 회의론자들조차 볼트가 단순한 교통수단 사업이 아닌 진짜 진지한 프로젝트임을 인정하게 되었다. 마틴 에버하드는 이렇게 설명한다. "GM은 획일적인 단체가 아닙니다. 서로 다른 목적을 가진 사람들이 많이 있습니다. 수소 영역, SUV 영역, 사회 영역의 전문가들이 루츠와 개별적으로 토론을 했습니다. 지금 그 그룹은 볼트에 막대한 돈과 최고의 두뇌들을 투자하고 있습니다. 그리고 그들은 볼트를 진짜

그룹의 미래로 여기고 있죠." 실제로 2008년 자동차 박람회에서 GM은 '볼텍Voltec' 기술로 다른 모델들도 가동시키게 될 거라고 장담했다.

문제는 2008년 한 해 동안 금융 위기와 경제 위기가 가속화되어 GM이라는 거인을 쓰러뜨렸다는 점이다. 자동차 시장은 매달 30~40퍼센트씩 하락했다. 중개상의 주차장에는 자동차들이 쌓여 가고, GM은 고용인들과 공급 업자들에게 지불할 돈도 충분하지 않았다. 2009년 6월 초, 몇 달 전에 이미 CEO 리처드 왜고너를 사임시켰던 오바마 행정부는 GM이 정부 주도의 파산 절차에 들어갔다고 발표했다. 구조 조정을 위해 500억 달러를 보조받은 GM은 임시로 정부에 자본 60퍼센트를 양도해야 했다. 때문에 GM은 가차 없는 조직 개편에 착수했다. 폰티악을 중단하고 사브, 새턴, 허머, 오펠을 매각하고, 시보레, 캐딜락, 뷰익, GMC만 남겨 두었다. 미국의 중개상들 절반과 갈라서고, 부채를 낮추기 위해 재협상하고, 전미자동차노동조합UAW과 퇴직자의 의료 보험에 관해 일본 경쟁 업체들 수준으로 동등하게 처리해 주도록 새로운 협상안을 체결했다. 한편, 크라이슬러도 파산해서 이탈리아의 피아트는 크라이슬러의 지분 20퍼센트를 돈 한 푼 들이지 않고 취득했다. 위기를 예견하고 가능할 때 미리 자본을 모아 두었던 포드는 다행히 워싱턴에 구걸하지 않고 체면을 지킬 수 있었다. 그러나 디트로이트는 역사적인 규모의 대변동을 겪고 있어서, 미국의 자동차 제조 업체들이 그들의 수많은 설비 업체들과 함께 어떤 상태가 될지는 아무도 예측하지 못하고 있다.

그렇게 온갖 위험이 도사리고 있는 시기를 겪으면서도 과연 GM은 별수 없이 돈을 잃기 시작한 시보레 볼트를 계속해서 개발할 방법이 있을까? "볼트는 그룹 내에서 가장 우선적입니다. 볼트를 지체시킬 바에야 차라리 태워 없애는 게 낫죠!"라고 GM의 글로벌 프로그램 경영 관리 부회장 존 로크너는 말한다. 2009년 5월에 그어느 때보다도 새로운 GM의 미래를 상징하는 프로젝트로서, 버락 오바마는 자동차 기업의 환경 규제 강화를 선언했다.

그 와중에 닛산 역시 전기 차 프로젝트인 리프Leaf 모델을 발표했다. 얼마나 많은 고객들이 그 새로운 세대의 전기 차에 매혹될 것인가를 알아내는 일만 남았다. 오바마 대통령은 그 콘셉트를 장려하기 위해 휘발유 자체에 보다 강도 높은 세금을 책정해 휘발유 가격을 천정부지로 올릴 것인가? 유럽에서는 보편적으로 적용되는 그런 세제 유형은 위기 때에는 생각하기 힘든 것 같다. 하지만 더이상 철학적으로 금기시되지도 않는다. 제아무리 디트로이트에서라 할지라도.

2009년 1월 중순에 엘론 머스크가 테슬라 모터스의 눈부신 미래를 떠벌리던 바로 그 박람회장에서 로버트 루츠는 여러 차례 인터뷰에 응했다. 짙은 회색 정장 차림에 백발 그리고 그을린 낯빛의 부회장 로버트 루츠는 볼트와 캐딜락 컨버제이Cadillac Converj를 스타로 만들었던 거대한 GM 진열대 위에 서서 텔레비전 카메라들을 향해 포즈를 취했다. "휘발유에 세금을 부과하는 것만이 휘발유 과

소비를 막을 수 있는 유일한 방법입니다. 대형 자동차 시장은 휘발유 가격이 갤런당 4달러를 넘으면서 붕괴했습니다"라고 그는 힘주어 말했다. 반대로 하이브리드 자동차 판매는 2008년 하반기에 원유 가격이 급락하면서 분명히 하락했다. "이건 담배와의 투쟁 같은 겁니다. 사람들은 담뱃값이 갑자기 오르면 금연을 하게 되죠"라고 루츠는 주장한다. '대형 자동차'의 세계 챔피언이 안티 SUV 정책을 주장한다는 건 전대미문의 일이다! 그로부터 몇 달 후 77세의 로버트 루츠는 GM을 떠난다고 발표한다. 한 세기가 막을 내린 셈이다.

Chapter 5

세계 최고의 자동차

2007년 1월 26일, 다보스에는 눈이 내렸다. 매년 그래 왔듯이 실업계와 정치계의 거물들이 세계 경제 포럼을 위해 스위스의 작은 스키 휴양지에 모였다. 호텔 스위트룸에서 이스라엘 대통령 시몬 페레스는 자그마한 체구에 미소를 띤 갈색 피부의 청년과 담소를 나누고 있었다. 서른여덟 살의 샤이 애거시는 독일 소프트웨어계의 거물 SAP의 스타급 경영인 중 한 명이다. 하지만 두 남자는 소프트웨어에 대해서는 한마디도 대화를 나누지 않았다. 두 사람은 르노닛산의 CEO 카를로스 곤을 기다리는 중이었다. 애거시와 페레스 대통령은 이스라엘에서 전기 차 채택을 추진하고 원유 수입을 강력히 감축시키는 방안을 구상하고 있었다. 실리콘 밸리에 자리 잡은 이스라엘계 미국인 샤이 애거시는 '교통수단의 미래'라는 제목의 야심 찬 제안서를 작성해 태양열 또는 풍력 같은 친환경 전기를 공급하는 100퍼센트 전기 차 보급을 계획했다. 더 이상 아랍 원유에 의존하고 싶지 않은 페레스 대통령은 그 시나리오를 부추길 세제를 만들 준비가 되어 있었다. 그래서 두 사람은 르노닛산이 자동차를 제작해 줄 수 있을지 알아보고 싶어 했다.

두 사람은 기다리고 또 기다렸다. 하지만 악천후 때문에 지체된 카를로스 곤은 오지 않았다. 그리고 그다음으로 약속되어 있던 일본 자동차 업체의 부회장이 벌써 대기실에서 기다리고 있었다. "페레스 대통령은 세계 5대 자동차 제조 업체들에 초대장을 보냈습니다. 그중 두 명이 초대에 응했죠"라고 애거시는 이야기한다. 페레스 대통령은 일본 기업인을 들어오게 해서 그에게 자신의 계획을 소개했다. "5분 후에 그 남자는 대통령의 말을 가로막았습니다. 그러고는 제 제안서를 읽어 보았다면서…… 저더러 미쳤다고 하더군요. 제가 말하는 자동차 같은 건 존재하지 않는다나요! 그리고 이후 25분에 걸쳐 대통령에게 다른 해결책을 팔려고 애썼습니다." 애거시가 굳이 확인해 주지 않아도 그건 분명 프리우스 하이브리드를 밀어 넣으려는 도요타였음이 분명하다.

샤이 애거시가 곤경에 처해 있을 때, 드디어 카를로스 곤이 들어왔다. "페레스 대통령은 그때까지만 해도 제 구상을 인정하는 자동차 업체의 대표는 하나도 보지 못했다고 했습니다. 저뿐이었죠. 휘발유 없는 자동차 시대야말로 미래를 대비하는 거라고 설명하는 소프트웨어 청년 말입니다. 누구 하나 도와주는 사람 없이 저 혼자 외롭게 옹호하고 있었죠. 하지만 페레스 대통령은 달랐어요. 오히려 대통령이 카를로스 회장을 설득시키려고 두 배는 더 열성이었습니다!" 괜한 수고였다. 르노닛산 회장 카를로스 곤은 5분 만에 페레스 대통령에게 이렇게 말했다. "애거시의 제안서를 읽었습니다. 그의 생각이 옳습니다. 그의 구상은 훌륭해요. 대통령께서는 이스라엘에 이 방침을 도입해야 할 겁니다. 저희가 자동차를 제공하겠습니다." 그리고 세 사람은 이후 25분 동안 그 주제를 심화시켰다.

"카를로스 회장이 떠나고 페레스 대통령과 전 서로를 쳐다보았죠. 우린 얼떨떨한 상태였습니다. 놀라운 돌파구를 찾았으니까요! 그날 하루 종일 우리는 다른 나라의 국가 수장들을 만났습니다. 굉장했죠." 그리고 1년 후, 2008년 6월의 어느 무더운 오후에 애거시는 실리콘 밸리 한가운데의 로스가토스 마을 언덕에 자리 잡은 아름다운 저택 테라스에 앉아 있었다. 그는 자신의 원대한 프로젝트를 실행하기 위해 베터 플레이스라는 작은 회사를 설립했다. 느긋하면서도 강렬한 젊은 기업인 샤이 애거시는 자신의 인생을 바꾸어 놓은, 그리고 그 기회를 통해 지구의 운명 또한 바뀌길 바라는 몇 분 동안의 회담에 대해 그때의 감동을 고스란히 되살리며 들려주었다. 애거시는 대단히 폭넓게 보고 있었다. 이스라엘은 시작에 불과했다. 이스라엘 시장은 전 세계에 자신의 모델이 지닌 효력을 입증하기 위한 일종의 진열장인 셈이었다. 애거시는 세계 경제의 두 기둥을 뒤흔들 엄청난 야심을 품고 있었다. 1조 5,000억 달러의 자동차 시장과 휘발유 시장을 말이다. 그는 계속 되풀이해서 말했다. "제가 옳다면 이 혁명은 자본주의 역사상 가장 획기적인 사건이 될 겁니다." 그는 인류를 석유 중독으로부터 치유하는 사람이 되고 싶어 했다.

'자동차 2.0', 1유로짜리 자동차?

샤이 애거시의 개념론적인 돌파구는 물론 몇십 년 전부터 자동차의 미래였던(그때까지는 공상적이었던) 전기 자동차가 아니라, 완전히 새로운 사업 모델을 통해 전기 자동차를 대량 생산하려는 계획이었다. 전기 자동차 채택을 가로막는 주요 장애물들은 모두 파악했다. 첫째, 리튬 이온 배터리의 비용이 자동차를 약 1만 달러는 더 비싸게 만든다는 점이 낙담스러웠다. 그 금액을 지불해 가며 한창 진보하고 있는 테크놀로지를 가장 먼저 겪어야 할 소비자들의 망설임도 충분히 이해할 만하다. 둘째, 한 번 충전으로 가능한 자동차의 주행 거리에 대한 불안이다. '전기 연료' 충전소가 없기 때문에 전자 고장을 일으킬 위험뿐만 아니라 정상적인 전압 상태에선 배터리를 충전하는 데 몇 시간씩 걸릴 우려도 있기 때문이다.

애거시는 그런 골치 아픈 문제들을 단순한 방법으로 해결하려 한다. 바로, 고객들이 배터리가 없는 전기 차를 사는 것이다. 다시 말해, 일반 자동차 가격 또는 그보다 저렴한 가격으로 사는 것이다. 그리고 나서 휴대 전화 업계의 이동 통신 업체와 같은 협력 업체에 가입하는 것이다. 그러면 평균 휘발유 소비 가격과 비슷한 한 달 치 비용(유럽의 경우 매달 400유로)으로 연료를 채울 수 있게 된다. 즉, 배터리와 배터리 충전을 뜻한다. "결국 그렇게 되면 현재 우리가 휴대 전화로 통신 시간을 사는 것처럼 자동차 주행 거리를 살 수 있게 됩니다"라고 애거시는 설명한다.

이스라엘이 그런 유형의 자동차에 혹하게 만드는 세제를 보장하고, 르노닛산이 자동차를 제공하고, 샤이 애거시는 부족한 연결 고리를 만들어 내도록 도울 계획이다. 즉, 자동차를 판매하는 것이 아니라 '전기 연료'를 구할 수 있는 형태로 '유동성 서비스'를 하는 운영자를 만드는 것이다. 첫 전기 자동차가 대중에 소개되기 전에 그 새로운 유형의 회사는 배터리를 구입해서 도시에 충전 지점을 밀도 있게 세워야 한다. 장거리 주행을 위해서는 운전자가 몇 분 안에 빈 배터리를 충전된 배터리로 바꿀 수 있게 충전소를 설치해야 하는 것이다.

컴퓨터 업계 출신인 애거시는 자신의 구상을 2세대 인터넷 서비스의 누벨바그인 '웹 2.0'에 비유해서 '자동차 2.0'이라고 말한다. 그는 우편물의 이미지도 활용한다. 에너지를 디지털화하는 것과 마찬가지라는 주장이다. 휘발유 자동차가 우편물이라면 하이브리드 차는 팩스이고 순수 전기 차는 전자 우편이라는 식이다. 이제는 원자를 유통시키지 않고 전자만 유통시킨다. "샌칼로스의 테슬라 모터스를 방문했다가 우연히 해답을 얻었죠"라고 애거시는 이야기한다. 그곳을 방문하는 동안 그는 수첩에 이렇게 끼적였다. "배터리를 자동차에서 분리하는 거다. 배터리는 소모품이다." 유레카!

당시로선 완전히 새로운 발상이었다. 그때까지 자동차 제조 업체들은 '자동차 안'만 생각했지 배터리가 충전 네트워크에 속한다는 건 생각도 못했다. 반면 애거시는 곧장 이동 전화 모델에 유추시켰다. 심지어 그 경제적인 논리를 한층 더 진척시키길 바랐다. "고객이 5년이나 6년으로 이동 통신 계약서를 쓰려고 할 때 그 고객의 충성도를 지키기 위해 1달러에 전화가 공급되는 것처럼, 우리도 자동차를 거의 무상으로 제시할 수 있을 겁니다. 그렇게 하면 자동차를 사고 싶어 하는 사람들뿐만 아니라 타고 있는 차가 얼마나 낡았든 상관없이 모든 운전자들을 위한 해결책이 될 겁니다!"

그 발상의 천재성은 어떤 기술적인 약진도, 어떤 발명도 필요로 하지 않는다는 점이다. 모든 요소가 갖추어져 있다. 마음을 끄는 서비스에 그 요소들을 통합시켜 팔기만 하면 되는 일이다. 서류상으로 보면 모두에게 유리하다. 국가는 원유 의존도를 줄이고, 온실 효과에 대한 기여를 크게 줄이며, 네트워크를 세우기 위한 고용을 창출하게 된다. 한편, 소비자의 경우는 비슷하거나 더 적은 비용으로 새 자동차를 갖고 지구도 구할 수 있다.

애거시는 불가능하리라 여겼던 문제를 풀어냈다고 생각한다. 그는 이렇게 큰소리친다. "우리 모델은 GM의 볼트보다 훨씬 더 매력적입니다. 고객이 4만 달러에 전기 차를 한 대 구입하고 변동 가격으로 전기를 사든, 아니면 다달이 휘발유로 낭비되는 금액을 지불하고 거의 무료로 전기 차를 구입해서 영원히 충전하든 둘 중 하나를 선택한다면 어떤 걸 선택할 것 같습니까?”

샤이 애거시의 메시아적인 연설을 듣노라면 마치 어떤 ‘계시’라도 받는 기분이다. 애거시의 프로젝트는 많은 회의론을 낳기도 했다. 일부 사람들은 운전자를 단 하나의 네트워크로 제한하는 건 현실적이지 못하다고 생각한다. 내 자동차가 단 한 군데의 주유소밖에 갈 수 없다고 생각해 보라! 게다가 애거시의 주행 킬로미터 수 관리 체제는 오로지 정해진 곳에서만 충전할 수 있다는 점을 전제로 한다. 베터 플레이스는 무엇보다도 개인 차고에 계량기를 설치해야 하므로 친구 집이나 부모님 댁에서 ‘고장’이라도 나면 충전할 수 없게 된다. 어떤 사람들은 애거시가 거만하고, 또 네트워크를 통제하려는 의지 때문에 잠재적인 동업자들이나 자동차 제조 업체들 또는 전기 회사들을 끌어들이지 못한다고 주장한다. 또 어떤 사람들은 배터리 교환소 자체가 엉터리 같은 생각이라고 주장한다. 그 많은 자본을 투자했는데 고작 몇백 센트로 충전한다고? 끝으로, 일부 사람들은 그 모델이 이스라엘처럼 작은 나라에서나 통하지 미국에선 통하지 않는다고 평가한다.

그러나 애거시를 지지하는 사람들도 있다. 그의 비전이 일찌감치 독일 은행의 긍정적인 평가를 통해 신용을 얻은 바 있기 때문이다. 2008년 3월에 독일 은행의 자동차 분석가들은 이렇게 썼다. “우리는 팰러앨토 본사에서 베터 플레이스 CEO를 만났다. 우리가 내린 결론은 이렇다. 그 회사의 콘셉트는 현재의 자동차 업계에서 상당히 획기적인 모델을 등장시킬 수 있다. 순수 전기 차는 휘발유

차나 디젤 차보다 더 비싸지도 않을 것이다. 베터 플레이스 같은 회사들이 출현해 배터리를 보유하고 고객들의 주행 킬로미터를 책임질 테니까." 더 나은 것은, 독일 은행이 "시보레 볼트나 도요타 프리우스의 구상보다 베터 플레이스의 구상이 우월함"을 인정했다는 사실이다. 이유는 "그 시스템이 미국을 포함해 휘발유 가격이 상대적으로 저렴한 곳에서 설득력 있게 보이기" 때문이다.

2009년 여름, 물론 샤이 애거시가 이겼다고 단정하기에는 너무 이른 감이 있었다. 어찌 되었든 그는 자신이 주장하는 비전의 흡인력을 폭넓게 입증했고 그것을 광범위하게 구체화하기 시작했다. 그의 회사 베터 플레이스는 이스라엘에서 전기 충전소와 배터리 교환소를 전시했고, 2008년 12월에는 이스라엘 정부와 르노 사이에 계약이 체결되었다. 몇 달 후에는 덴마크에서도 그와 유사한 동업 관계가 맺어졌다.

베터 플레이스가 두 국가에서 대규모 상업화를 추진하는 동안, 르노의 전기 차 메간Mégane이 2011년에 상용화될 예정이다. 게다가 베터 플레이스는 샌프란시스코의 베이 에어리어, 하와이, 오스트레일리아, 온타리오까지 공급을 확장하기 위한 동업 계약을 체결했다. 또한 비난을 잠재우기 위해 일본 요코하마에 건설된 충전소에서 닛산 전기 차의 시제품에 대한 배터리 교환소의 가능성을 입증했다. 그 결과, 80초면 충분했다. 여담 삼아 이야기하자면, 명령에 따라 그 거대한 덩어리를 잡았다 놓았다 하는 갈고리 기술은 비행기 아래에 폭탄을 고정시키는 것과 똑같은 기술이다. 그리고 세계의 여러 국가나 지역, 특히 일본에서 오늘날 베터 플레이스의 모델에 관심을 갖고 있다. 갓 출범한 신생 기업으로선 상당한 쾌거인 셈이다.

소프트웨어계의 신동

"샤이 애거시의 설득력은 그야말로 대단해서 에스키모인들에게도 얼음을 팔고 사막의 베두인들에게는 모래도 팔 수 있는 사람"이라고 테슬라 모터스의 창립자 마틴 에버하드는 말한다. 그 비범한 카리스마가 바로 소프트웨어 업계에서 보여 주는 그의 놀라운 경력의 비법이다. 그는 일이 새로운 국면을 맞을 때마다 번뜩이면서도 화려한 행보로 실수 한 번 하지 않고 달려왔다. 애거시는 1968년 이스라엘의 텔아비브에서 정보 장교 출신 아버지와 패션계에서 일하는 어머니 사이에서 태어났다. 그의 부모 둘 다 이민자들이었다. 아버지 루벤의 가족은 이라크에서 망명했고 어머니는 모로코 출신이다. 아버지는 아르헨티나에서 몇 년을 지내는 동안 이스라엘 유수의 컴퓨터 업체 대표를 지냈다. 그 후 어린 애거시가 아버지의 뒤를 이어 이스라엘의 MIT인 하이파 최고의 공대 테크니온에 열다섯의 나이로 입학한다. "소프트웨어는 이상적인 모래 상자입니다. 비트를 다루어 무에서 유를 창조해 내죠. 마술처럼요!"

열여덟 살이 되던 해에 애거시는 학업을 중단해야 했다. 자동차에 치이는 바람에 병원에서 1년 가까이 지내야 했던 때문이다. 그 뒤 학위를 따고는 아버지를 설득해 함께 소프트웨어 회사를 차려 일에 매진한다. 애거시는 MBA를 다니지 않았다. 그럴 필요도 없었다. 그는 농담조로 이렇게 말한다. "우린 집에서 아침과 점심 그리고 저녁 식사로 '비즈니스 모델'을 먹었죠. 어머니가 하시는 일은 늘 수익을 얻었지만, 우리가 하는 일은 꾸준히 돈이 필요했거든요. 우린 식탁에 둘러앉아 가족 간의 '중역 회의'를 하고 예산 승인을 얻었죠." 애거시는 가족과 함께 일하는 걸 좋아한다. 지금도 누이 다프나와 형제 탈은 이스라엘 베터 플레이스에서 그의 반휘발유 운동에 동참하고 있다.

그런데 1995년에 젊은 컴퓨터 공학도 애거시는 실리콘 밸리의 뿌리칠 수 없는 부름을 받고 가족의 품을 벗어난다. "우리 회사들 중 하나는 '고스트라이팅'을 하고 있었습니다. 기업들을 위해 품삯을 받고 소프트웨어를 구상했거든요. 출판계로 치면 '대필'을 하는 셈이었죠. 그러다가 애플이 우리에게 학교와 교사와 학생들을 연결시키는 교육용 소프트웨어 프로젝트가 있는데 같이해 보지 않겠느냐고 제안했습니다"라고 애거시는 이야기한다. 애플과 함께 일한다? 전혀 뜻하지 않던 기회였다. 스물일곱의 나이에 이스라엘 청년 애거시는 자신의 회사 '톱 티어 소프트웨어'의 작은 팀과 함께 캘리포니아의 신화적인 밸리에 발을 디디고, 아버지 루벤은 이스라엘에서 나머지 사무를 도맡아 운영한다.

하지만 그는 얼마 안 가 꿈꿔 왔던 행복 대신 구렁 앞에 놓인다.

"1996년 초에 애플에 있는 누군가가 프로젝트를 취소시켰습니다. 스티브 잡스가 돌아오기 전이었죠. 쿠퍼티노에 위치한 그룹 애플은 우리 상품을 개발하는 데 근거로 삼는 새로운 기술을 믿지 않았습니다. 우리 상품의 이름은 바로 인터넷 내비게이터였습니다!" 아버지 루벤이 걱정스러운 마음에 전화를 걸어 왔다. "그래, 그럼 이제 집에 돌아오는 거냐?" 하지만 애거시는 그럴 마음이 전혀 없었다. "애플이 그렇게 멍청한데도 성공했다면 우리처럼 똑똑한 사람들이 실리콘 밸리에서 성공하지 못할 이유가 없죠!" 그는 아버지에게 그렇게 대답했다.

안타깝게도 그가 다른 그룹들을 상대로 따낸 다섯 건의 계약마저 불과 하루 사이에 줄줄이 취소되고 말았다. "우린 40명의 직원들을 두고 있었고, 현금이라곤 그들에게 월급을 줄 5만 달러가 고작이었습니다. 전 낙담했죠. 하지만 돌이켜 보면 그게 제 인생의 기회가 되었던 것 같습니다." 애거시는 그때 일을 그렇게 회상한다. 아버지는 직원들에게 월급을 주고 회사 문을 닫으라고 했다. 하지만 애거시는 포기하기를 거부하며 아버지에게 말했다. "제 통장에 5만 달러가 있어요. 그 돈을 회사에 투자해서 2주일만 더 버텨 보겠어요." 첫아이의 탄생을 일주일 앞둔 젊은 기업가는 자신의 운명을 믿고 그동안 모은 돈 전부를 기꺼이 걸어 볼 셈이었다.

아들의 확고한 의지에 아버지는 뜻을 굽혔다. "네 돈은 잘 간수하고 할 일이나 해라. 앞으로 2주일 더 말미를 주마." 그리고 애거시는 보름 만에 10여 군데의 '비즈니스 에인절'에서 80만 달러를 끌어모았다. 그야말로 실리콘 밸리의 마술이라고 그는 감탄한다. "애플에 있는 사람에게 전화를 걸었습니다. 그에게는 최근 시스코에 자신의 회사를 매각한 친구가 있었죠. 그가 다른 두 친구에게도 연락했습니다. 그리고 며칠 만에 우린 유능한 새 CEO와 함께 새로운 발판에 서게 되었죠."

1년 후 서른 번째 생일을 맞은 다음 날, 샤이 애거시와 그의 팀은 톱 티어 소프트웨어를 1억 1,000만 달러에 네덜란드의 소프트웨어 패키지 그룹 반Baan에 매각했다. 반 형제는 애거시 팀에 내부적으로 일을 진행시켜 줄 것을 부탁했다. 그들이 원래 하던 대로. 1년 후인 2001년, 반은 애거시 팀이 계속 참여해 온 그 계열사를 독일 그룹 SAP에 4억 달러에 되팔았다. 이번에도 애거시는 SAP를 위해 일해 주기로 했다. 그는 6년 동안 세계적인 소프트웨어 패키지의 리더 격인 그 회사에 남아 그룹의 모든 단계를 밟아 올라 마침내 세계 개발 팀 사장까지 되었다. 그렇게 해서 1만 명의 엔지니어를 지휘하고, 15억 달러의 연구 예산을 관리하고, 매년 60개의 새로운 상품을 출시하고, 월도프 그룹의 중역 회의에 참석했다. 2005년, SAP의 최고 경영자 하소 플라트너는 애거시를 2007년에 지휘권을 넘겨받을 자신의 후계자로 삼았다.

그렇게 해서 서른세 살의 비범한 기업가는 완전히 180도 다른 운명을 맞게 되었다. 그러나 애거시는 돈이라는 건 무엇보다도 자유를 얻기 위해 가치가 있는 것이라고 말한다. "기업가로서 그건 품위 있게 실패할 능력을 주죠. SAP에서 모은 판돈은 훌륭한 방패였

습니다. 전 끊임없이 경영진에 말했죠. '아시다시피 전 자유로운 사
람입니다. 제 아내는 언제든 제가 떠나는 날을 축하하기 위해 샴페
인을 시원하게 보관해 두고 있죠!'" 독일인들은 물론 그의 말을 믿
지 않았다. 적어도 애거시가 그 말을 행동에 옮길 때까지는…….

더 나은 세상을 만들다?

샤이 애거시의 인생은 2005년 여름에 영 글로벌 리더 세미나가
열리는 스위스 체어마트에서 흔들리기 시작했다. 영 글로벌 리더
는 세계 경제 정상의 떠오르는 별들로 구성된 다보스 포럼의 산하
그룹이다. "클라우스 슈바프 총재가 우리에게 단순하면서도 매우
어려운 질문을 던지더군요. '지금부터 15년 후에 여러분은 더 나은
세상을 만들기 위해 무얼 하겠습니까?'라고요." 애거시는 그때 일
을 회상하며 이야기했다. 많은 참석자들이 며칠 동안 곰곰이 생각
하다가 자신의 일상으로 돌아갔다. 애거시는 마치 벼락에라도 맞
은 기분이었다. 집에 돌아온 그는 가족들에게 자신의 인생관이 바
뀌었다고 말했다. "딱히 뭐라고 설명해야 좋을지는 모르겠지만 사
흘 뒤에 제가 완전히 다른 사람이 되었다는 걸 알 수 있었습니다."
마치 지나치게 할 일이 많았던 경영자가 문득 핸들에서 눈을 떼었
다가 초점이 바뀐 것과도 같았다.
　그 세미나에서 애거시는 안드레이 자루르와 파트너가 되어 기후

변화에 대한 첨예한 문제를 궁리하기로 했다. 레바논계 멕시코인인 자루르는 MIT를 졸업한 환경 과학 박사로 암 치료제를 연구하는 신생 생물 공학 회사를 운영하고 있었다. 애거시는 에너지나 환경에 대해선 아는 바가 전혀 없었기 때문에 짬짬이 그 주제에 관해 공부를 하고 전문가들을 만나기도 했다.

애거시는 이렇게 털어놓는다. "당시에 전 어리석은 생각을 갖고 있었죠. 전 수소 전지와 에탄올 전지의 팬이었거든요……. 그러다가 이내 둘 다 희망이 없다는 걸 깨달았습니다. 하지만 제가 전기 차 문제에 심취하면서부터 모든 것이 방향성을 띠기 시작했죠." 2006년 말에 애거시는 영 글로벌 리더의 다음 세미나가 열린 아이슬란드의 한 호텔 바에서 자루르에게 이렇게 묻는다. "지구 상의 모든 자동차를 전기 차로 바꾼다면 그게 미친 생각일까요, 아니면 가능성이 있는 생각일까요?" 그러자 자루르는 대답한다. "미친 생각이죠. 하지만 해볼 만은 합니다!" 이어서 두 남자는 그날 밤을 새우다시피 하며 미래를 바꾸기 위한 작업에 착수했다. "시나리오―석유의 종말." 그건 이후 두 사람이 모든 실세 그룹에서 소개하게 될 구상이기도 했다.

2006년 12월, 워싱턴의 리츠 칼튼에서 열린 사반 중동 전략 센터 모임에서 샤이 애거시가 비전을 펼치는 것을 들은 페레스 이스라엘 대통령은 깜짝 놀랐다. 이스라엘에서 석유를 없앤다니, 그거야말로 자신이 오래전부터 꿈꿔 왔던 일이었다. 페레스 대통령은 석유가 역사상 가장 큰 문제라고 생각하고 있었다. 오염의 주원인이자 테러리즘의 가장 큰 후원자이기 때문이다. 애거시는 적재적소의 인물이었다. 페레스 대통령은 애거시를 절대 놓치지 않으리라 생각했다.

"슈바프 총재나 페레스 대통령, 앨 고어 전 부통령뿐만 아니라 빌 클린턴 전 대통령까지 이 세계 거물들의 질문에 대답하면서 제 생각을 점진적으로 키워 나갔습니다." 빌 클린턴은 그날 사반 센터에서 애거시의 연설이 끝난 후에 그를 찾아갔다. "자, 당장 돈이 없는 평범한 미국인이 당신의 전기 자동차를 타게 하려면 어떻게 해야 할까요? 프리우스를 살 만큼 여유 있는 사람은 생각하지 말고, 문제는 당신의 전기 차를 타게 될 사람이죠. 아시다시피 나머지 90퍼센트는 자동차 대리점에서 새 차를 살 만큼 넉넉하지 않은 사람들이란 말입니다." 애거시는 침착함을 잃고 클린턴에게 물었다. "당신이라면 어떻게 하시겠습니까?" 그러자 클린턴은 이렇게 대답하고 발길을 돌렸다. "나야 모르죠. 당신이 나보다 똑똑하지 않소!"

애거시는 그 질문이 머릿속을 떠나지 않아 끊임없이 프로젝트를 재검토하며 모델을 가다듬었다. 그러잖아도 바쁜 경영인을 자신의 소프트웨어 패키지와 거리도 먼 사회 운동에 앞장서게 만든 것은 대체 무엇이었을까? 애거시는 몇 년 전부터 도요타 RAV 전기 차 두 대를 몰고 있지만 어떤 생태학적인 감정 때문에 특별히 마음이 움직인 건 아니다. 하지만 그는 텍사스 주의 T. 분 피켄스(제7장 참조)를 본떠서 석유 수입에 맹렬히 반대한다.

그에게는 석유가 고약한 마약이라는 사실에는 의심의 여지가 없다. 할리우드가 영화 관객들에게서 징수하는 '세계적 세금'보다 중독성이 훨씬 더 강하다. "팝콘이 아무리 맛있다 한들 영화 티켓 값이 10달러에서 135달러로 오른다면 〈인디아나 존스〉를 보러 극장에 가겠습니까? 세계에서 값이 13배로 뛰면서 양이 그대로인 상품은 마약 말고는 없습니다." 애거시는 그렇게 주장한다. 그리고 우리가 스스로 놓는 주사는 바로 자동차다! 환경 운동가들과 달리, 애거시는 석유 대기업들을 비난하지는 않는다. "문제는 그들이 아니라 우리들입니다! 그 회사들이 석유가 지구를 파괴하니 내일 당장 석유 생산을 중단하겠다고 말한다면 우린 그들에게 국가 수장들을 보내서라도 제발 그만두지 말라고 애원할 테니까요!" 애거시는 그러면서도 "우리와 뜻을 같이하지 않는 산유 국가들로 어마어마한 부가 옮겨 가는 것을 막는 일"이 시급하다고 판단한다.

2006년 말에 그는 이스라엘에서 연말 휴가를 보내면서 다시 페레스 대통령과 국가 세무 정책을 좌우하는 에후드 올메르트 총리를 연이어 만났다. 올메르트 총리는 그에게 이렇게 말했다. "훌륭한 아이디어군요. 당신이 자동차 제조 업체를 설득하고 투자 자금을 유치해 온다면 세금 혜택을 받게 해드리죠." 몇 주 후, 페레스 대통령은 애거시가 세계 네 번째 자동차 제조 업체인 르노닛산의 후원을 받을 수 있도록 도와주었다. 그리고 올메르트 총리는 자신이 한 약속을 지켰다. 취득세가 휘발유 자동차에 대해서는 80퍼센트인 반면 전기 자동차에 대해서는 10퍼센트밖에 안 되도록……

굿바이 SAP, 헬로 베터 플레이스

2007년 다보스 이후에만 해도 샤이 애거시는 직업을 바꿀 생각이 없었다. "내가 하는 일이 대단히 재미있었고, 2007년에 헤닝 카거만 회장이 은퇴하면서부터 SAP를 공동 운영한다는 매력적인 전망도 있었으니까요." 그 단계에서 '그의' 전기 자동차 프로젝트는 이스라엘 정부 기관을 통해 진행될 예정이었다. 심지어 애거시는 책임자에 걸맞은 인물을 세 명이나 추천하기까지 했다. 그런데 페레스 대통령은 그의 말을 들으려 하지도 않았다. 진작 사반 센터 세미나 이후 1월 초에 이스라엘 대통령은 팰러앨토에 있는 애거시에게 전화를 걸어 이렇게 말한 적이 있었다. "이제 어쩔 셈입니까? 귀하의 발표는 훌륭하더군요. 그런데 그걸 좀 더 구체화시켜야 하지 않겠습니까? 안 그러면 그건 그냥 멋진 연설로 끝나게 될 테니까요." 다보스 이후에 페레스 대통령은 다시 말했다. "그래, 살면서 더 나은 일을 뭘 할 수 있겠습니까?" 그러고는 애국심을 고취시키며 이렇게 말했다. "귀하는 이스라엘에 빚이 있으니 그 빚을 갚아야 하지 않겠습니까. 귀하의 조국에 그 일을 해줘야 합니다!"

마음이 흔들린 애거시는 생각해 보겠노라고 약속했다. 기막힌 우연의 일치가 아닐 수 없었다. 며칠 후에 하소 플라트너가 행정위원회에서 카거만 SAP 회장의 임기를 2년 더 연장하기로 결정했다고 알려 준 것이다. "플라트너는 저를 위해 그런 결정을 한 겁니다. 그렇게 된다면 전 자유를 되찾겠다고 했거든요. 제가 사임하는 건

살면서 해야 할 보다 중요한 일이 있기 때문이라고 했죠."

애거시는 2007년 4월 1일에 사임했다. 그는 자신의 블로그에 이렇게 심경을 적었다. "지금 난 건물에서 뛰어내린 기분이다. 아주 오랫동안 등에 커다란 새를 매달고 있었던 것 같다. 과연 내 날개를 펼 수 있을까 하는 생각이 든다." 그가 그런 의문을 품는 건 오래 걸리지 않았다. 사임하고 스물네 시간 만에 애거시는 더 대단한 제안들에 시달렸다. 그가 받은 제안 중 하나인 영향력 있는 박애주의 단체의 책임자 자리는 꽤나 흥미로웠다. "하지만 NGO와 일할 경우 재정적인 원동력이 없다는 게 문제입니다. 운영자들은 자신들이 열정적으로 지지하는 주장에 집중하는 대신 자본을 마련하느라 시간과 에너지를 낭비하죠." 반대로 그의 프로젝트는 도덕적인 동시에 지구와 그의 고국을 구할 수 있을 만큼 '큰 주머니'를 갖고 있다. 이스라엘 운전자들은 1년에 1만 5,000억 달러를 펑펑 낭비하고 있기 때문이다.

애거시는 잠시 생각할 시간을 가졌다. "제 선택이 감정에 치우친 게 아니라는 확신이 필요했습니다. 오로지 소프트웨어 산업만을 위해 살면서 17년이라는 시간을 터널 속에서 지냈으니까요. 앞으로 17년을 다시 쌓기 전에 모든 선택의 여지를 검토해야 했습니다." 그래서 그는 그렇게 했다. 하지만 그는 오히려 시간을 빼앗기는 기분이 들었다. 애거시가 슈바프 총재의 질문에 경의를 표하는 의미로 '프로젝트 베터 플레이스'라고 이름 붙인 것에 비할 만한 것은 아무것도 없었다. 그건 바로 더 나은 세상을 만들기 위한 일이었다make the world a better place.

확실히 애거시는 재산을 불린다는 생각으로 움직이진 않았다. "베터 플레이스가 이윤을 낸다면 내 몫은 가족 재단에 기부해 사회사업에 쓰게 할 겁니다." 애거시와 그의 가족이 꽤 잘살고 있는 건 사실이다. 그들은 로스가토스의 언덕 위 전망 좋은 곳에 넓은 저택을 갖고 있다. 그 정도면 가족에게 충분하다. 그런 점에서 샤이 애거시는 약간은 안티 엘론 머스크이다. "전 비행기도, 요트도 필요 없습니다. 다른 집도, 더 큰 집도 필요 없습니다. 그런 백만장자들의 장난감에는 전혀 관심 없어요."

무엇보다 애거시를 흥분시키는 건 바로 '더 나은 세상'을 만들기 위한 구상이, 그 자신이 어느 누구보다 더 잘할 수 있는 일(난해한 문제를 분석하여 차근차근 해결해서 결국 의미 있는 경제 추세를 띠게 하는 일)과 열정적으로 추구하는 일 사이의 정확한 교차점에 있다는 사실이다. 나이 마흔이 가까워지면서 애거시에게는 갚아야 할 마음의 빚이 두 개 있기 때문이다. 하나는 미래의 빚, 즉 자식들과 미국에 대한 빚으로 "지구를 지금보다 더 나은 상태로 물려주는 일"이고, 또 하나는 과거의 빚, 즉 이스라엘이 "중동의 평화를 추진하도록" 하는 빚이었다.

베터 플레이스와 이스라엘-아랍 갈등 사이의 관계는? 애거시는 그 주제에 관해 대단히 개인적인 주장을 펼친다. "이스라엘과 평화를 유지하는 아랍 국가가 어디입니까? 그건 바로 아랍 에미리트입니다. 석유는 영원하지 않다는 걸 알기 때문에 그들은 언론, 관광,

교육, 금융 서비스로 경제를 다양화했죠. 그리고 그 새로운 사업들은 표현의 자유, 투명성, 신중산층, 외국에 대한 개방을 가져다주었죠. 다시 말해 현대화를 말입니다. 그리고 현대 국가들은 전쟁을 원하지 않습니다." 애거시는 전기 연료가 널리 보급되면 원유의 시세를 크게 낮추어 모든 '석유주의'가 그런 식으로 진보하리라는, 조금은 순진한 이상을 품고 있다.

2007년 봄에 애거시는 자신의 '비즈니스 모델'을 매듭짓고 주주 찾기에 나섰다. 이스라엘 프로젝트를 실행하기 위해서는 2억 달러가 필요했다. "200명에게 부탁했습니다. 그중 190명은 여전히 제가 미쳤다고 생각하는 것 같았고, 열 명은 제가 미쳤다고 생각하면서도 호의적이었습니다!" 그러다가 2007년 여름에 이스라엘에서 가진 한 만남에서 마침내 돌파구가 나타났다. 마이클 그래노프와의 만남이었다. 뉴저지 출신의 투자자 그래노프는 애거시와 마찬가지로 기후 온난화와 에너지 독립이라는 두 가지 문제를 생각하고 있었다. 그래노프는 이렇게 이야기한다. "에너지 문제를 연구하면서, 이 문제가 석유에서 나온 돈으로 테러리즘을 후원한다는 단순한 문제를 훨씬 넘어서는 것임을 깨달았습니다. 30년 전부터 경제적인 상황이나 우리의 생활 수준이 지속 가능하지 않은 방식으로 진전되었음을 깨달았습니다. 그리고 그것이 21세기 말의 중대한 문제라는 것을요."

그래노프는 자본을 동원해 미국과 이스라엘에서 클린 테크놀로지에 투자했다. 애거시와 마찬가지로 그 역시 전기 자동차를 해결책으로 여겼다. 그러다가 2007년 2월에 이스라엘 신문에서 다보스 포럼 기사를 읽는 순간, 그는 곧바로 베터 플레이스에서 그 방정식의 부족한 항을 찾아냈다. 그리고 애거시에게 연락해 금융 단체로부터 방법을 찾아보도록 제안했다.

6월 12일 아침에 애거시와 그래노프는 텔아비브에서 이스라엘 코퍼레이션의 최고 경영자 이단 오페르와 만났다. 이스라엘 코퍼레이션은 석유 시추와 정제 그리고 해상 운송으로 큰 이익을 얻고 있는 종합 그룹이다. 그래노프는 이렇게 이야기한다. "그다지 큰 기대는 없었습니다. 그저 클린 테크놀로지에 투자하는 친구들과 조만간 함께 식사라도 해야겠다고 생각했죠." 한편, 애거시는 이렇게 생각했다. '장벽 건너편에 있는 이 오일계의 거물이 투자한다면 기적 같은 일이 될 텐데.' 그리고 그 기적은 일어났다. 한 시간 남짓의 논의 끝에 오페르는 손님들과 함께 엘리베이터를 타고 내려갔다. "1층에서 그는 우리 눈을 똑바로 쳐다보면서 말했습니다. '좋아요, 1억 달러를 투자하겠소.' 우린 얼떨떨했죠!" 애거시는 그렇게 회상한다.

이단 오페르는 베터 플레이스의 이사장이 되었고, 나머지 총괄 계획은 모건 스탠리 은행, 앨런 샐즈먼의 벤처 캐피털 회사 밴티지 포인트 그리고 마이클 그래노프의 마니브Maniv 펀드가 나누어 맡았다. 그래노프는 18명의 투자자들을 모았는데, 그중에는 세계 은행 총재이자 이스라엘의 가자 지구 철수를 감독한 중동 평화 협상 쿼텟Quartet의 일원이었던 제임스 울펀슨도 있었다. 앨런 샐즈먼은 왜 베터 플레이스 모델을 믿느냐는 질문에 이렇게 반문했다. "전기 자동차가 미래일까요? 그래요, 불가피한 일입니다. 문제는 그게 언제냐 하는 겁니다. 밴티지 포인트의 철학은 단순합니다. '우리는 불가피한 일에 투자한다!' 우리는 혁신과 테크놀로지의 힘을 이용해 불가피한 것의 시간을 단축시키려 합니다. 서둘러 일정을 앞당기는 거죠. 그게 바로 샤이 애거시와 엘론 머스크가 하고 있는 일입니다."

2007년 10월에 애거시는 2억 달러라는 아찔한 자본을 투자 받아 공식적으로 프로젝트 베터 플레이스라는(곧 베터 플레이스가 되는) 회사를 설립했다. 신생 기업이 출범하면서 그만큼의 돈을 끌어모은 건 유례없는 일이었다. 애거시의 카리스마와 그의 정당한 주장에 매료된 그래노프는 그 회사에서 전임으로 일하기로 했다. 특히 그의 임무는 워싱턴에서 그 주장에 우호적인 정치인들을 설득하는 일이었다.

하이브리드 차는 세이렌과 같다

카를로스 곤이 베터 플레이스 모험에 손을 댄 건 지구를 구하기 위해서도, 페레스 대통령이나 애거시를 기쁘게 해주기 위해서도 아니었다. 그저 이스라엘의 제안이 때마침 떨어진 때문이었다. 도요타는 프리우스와 함께 하이브리드 차로 승승장구하고 있었다. 그리고 GM은 디트로이트에서 충전 가능한 전기 차 시보레 볼트 프로젝트를 막 공개한 참이었다. 반면에 르노닛산 얼라이언스는

갓 시작된 전기 차의 전선戰線에서 이제 한창 전략적인 구상에 들어
간 시점이었다.

카를로스는 하이브리드 차를 믿지 않는다. 다보스에서 페레스
대통령이 질문을 던졌을 때도, 그는 이렇게 대답했다고 한다. "하이
브리드 차는 세이렌과 같습니다. 여자인가 하면 물고기이고, 물고
기인가 하면 여자란 말입니다!" 도요타 프리우스 같은 하이브리드
차는 두 가지 방법으로 바퀴를 움직인다. 즉, 재래식 휘발유 모터
와 출발하고 나서 교대하게 되는 전기 모터 두 가지다. "그렇게 하
면 열 엔진보다 주행 거리에서 더 효율적인 건 사실입니다. 하지만
실제로 바퀴로 전달되는 에너지의 본질은 연료에서 나오는 겁니
다. 그래서 순수 전기보다 비싸고 이산화탄소 배출량 감소에서는
효율성도 훨씬 적습니다." 알스톰에서 재직하다 르노의 총괄 부사
장이 된 장루이 리코는 그렇게 요약해 말한다.

게다가 르노 그룹은 프리우스의 인기를 부당하다고 생각하며 조
금 짜증이 난 듯하다. "하이브리드 차의 신비를 벗겨 내야 합니다.
르노의 디젤 모터를 장착한 프리우스가 도요타에서 판매한 모델보
다 연료 소모가 적습니다!"라고 리코는 말한다. 도요타의 경쟁 업
체들이 한참 후에 깨닫게 된 건, 보다 환경을 존중하는 차를 몰고
싶다거나 절약하기 위해서가 아니라 단지 자신의 이미지를 바꾸고
싶어서 그 모델을 사려는 고객들이 있다는 사실이었다. "프리우스
를 산다는 건 본질적으로 생태학적 과시 행위입니다. 딱히 더 유용
해서라기보다는 에너지 절약형 전구를 집에 설치하는 것보다 그편

이 더 눈에 띈다는 거죠." 샤이 애거시는 재미있다는 듯 그렇게 이야기한다.

기업적인 관점에서 르노닛산 얼라이언스는 100퍼센트 전기 차의 미래를 믿는 편이다. 닛산은 1992년부터 전기 배터리 기술을 연구해 왔고, 2007년 4월에는 기업적인 규모로 리튬 이온 배터리를 제작하기 위해 NEC와 함께 합작 회사를 설립했다. 자동차가 전기로 전향하게 되면 실제로 배터리는 전략적인 부품이 될 것이다.

현재 미국에서 리튬 이온 배터리를 제조하는 유일한 업체는 MIT 산학 벤처로 2001년에 창설된 A123이라는 작은 회사이다. 하지만 존슨 컨트롤즈 같은 대기업들도 호시탐탐 그 분야를 노리고 있다. 오바마 정부는 재활성화 계획에서 미국의 전기 배터리 기업들에 20억 달러를, 전기 자동차 공장 제조를 위한 부지 재구성에 250억 달러를 보조하기로 했다. 배터리도 반도체처럼 '무어의 법칙'에 해당한다. 배터리의 성능이 1년에 약 8퍼센트씩 향상되고 있기 때문이다. "지금까지는 에너지 밀도 면에서 최대한의 안전을 보장할 만큼 크게 진보하지는 않았습니다. 그렇지만 배터리 충전 사이클은 700번에서 7,000번으로 늘어났습니다"라고 애거시는 말한다. 그리고 많은 신생 기업들이 리튬을 넘어서는 새로운 재료를 연구 중이다. 세계의 모든 벤처 캐피털은 그 유형의 프로젝트를 노리고 있다.

컨설턴트 회사인 매킨지에 따르면, 배터리 기술에 대한 투자가 2003년과 2007년 사이에 열 배로, 그러니까 1억 5,300만 달러에서 11억 5,000달러로 늘어났다고 한다. 그리고 소모 비용도 끊임없이 개선되고 있다. "배터리 팩의 현재 비용은 킬로와트시당 700달러에서 1,500달러 정도이지만 적극적인 비용 절감 시나리오는 2015년까지 킬로와트시당 420달러까지 개선하는 것"이라고 매킨지의 최근 연구 결과는 전한다.

전기 배터리의 대대적인 세계 전쟁은 이제 시작일 뿐이다. "편집광만이 살아남는다"는 모토를 갖고 있는 인텔의 공동 창립자 앤드루 그로브는 한 가지 확신을 갖고 있다. 그의 말에 의하면, BYD, NEC, 파나소닉 그리고 산요 등 아시아 기업들이 그 산업을 지배하지 못하게 하는 유일한 방법은 인텔이 예전에 컴퓨터 칩에 대해서 그랬듯 미개척 시장에 직접 뛰어드는 것뿐이다. "전기 자동차가 현실이 되도록 하려면 휴대용 컴퓨터 배터리보다 10배에서 100배 더 큰 산업 역량이 필요할 겁니다"라고 그로브는 설명한다.

어찌 되었든 2007년까지 카를로스 곤은 그 시장이 제작 비용을 포함해 어떻게 하면 거대한 대중 시장이 되는지 잘 알지 못했다. 그는 전기 추진력을 틈새시장으로 여겼다. 그 전해까지만 해도 르노닛산은 특히 도심 한가운데에서 하루에 50킬로미터 미만을 운행하는 전문 차량을 위한 일부 모델만 전기 차로 개조할 생각이었다. 그런데 별안간 애거시와 페레스 대통령이 그에게 훨씬 더 방대한 관점을 열어 주었다. "제조 업자들은 누군가가 아직 존재하지도 않는 차들을 위한 전기 충전망에 2억 달러나 낭비하는 미친 짓을 할 거라곤 생각도 하지 못했죠. 지나칠 정도로 급진적인 일이었습니다"라고 애거시는 평한다.

카를로스 곤은 전기 자동차 시장의 발전을 보장하는 세제가 갖추어지면 이스라엘 시장의 준독점권을 따낼 수 있다는 사실과 함께 애거시가 상상했던, 자동차와는 별도로 배터리를 빌린다는 '비즈니스 모델'이 조만간 다른 나라에서도 적용될 수 있으리라는 사실을 알아차렸다. 카를로스 곤은 다보스 모임을 떠나면서 자신의 오른팔인 패트릭 펠라타에게 전화를 걸어 베터 플레이스 사람들을 만나도록 지시했다. 그렇게 해서 팰러앨토의 신생 그룹과 업계의 거물 사이에 지구 곳곳에서 일련의 잠재적이고도 실질적인 모임이 시작되었다.

베터 플레이스와 르노닛산의 제휴는 잉어와 토끼의 결혼만큼이나 이루어지기 힘든 일이었다. 한쪽은 미래를 만들어 내고 있다고는 하지만 아직 상품도 고객도 없는 갓 출범한 신생 기업이다. 그리고 자동차가 어떤 것인지도 잘 모르는 것 같다. 다른 한쪽은 34만 9,000명의 직원을 거느리고 1년에 세계 각국에 자동차 600만 대를 판매하는 프랑스-일본 기업의 대형 정기선이다. 그러다 보니 양쪽 모두 문화적 충격을 다스리는 법을 배우고 있다. 애거시는 이렇게 이야기한다. "저도 SAP에 있을 때는 르노의 패트릭 펠라타 같은 인물이었죠. 그렇게 큰 그룹이 그런 결정을 내리고 그 일의 진행에 몇억 달러씩 투자하는 것이 쉽지 않은 일이라는 건 잘 압니다. SAP에서라면 절대 못할 일이죠! 우린 신뢰와 이해, 노하우를 쌓아 갔습니다. 그러다가 결국 진정한 제휴가 되었습니다."

불로뉴의 르노 본사에서도 문제의 양상은 같았다. 2008년 여름에 르노의 '전기 자동차의 전략적인 프로젝트' 책임자 세르주 요코즈는 이렇게 이야기한다. "때론 일의 실행 리듬에 대한 견해 차이도 있죠. 하지만 목적에 대해서는 일치를 보았습니다. 그리고 비록 대개는 타협으로 해결을 본다 해도 애거시가 자신의 비전을 끝까지 밀어붙이는 방식이 많은 도움이 됩니다. 어찌 되었든 잘 진행되고 있습니다." 르노에서 두 파트너 사이의 의사소통은 마티와 테넨바움이 책임지고 있다. 그는 실리콘 밸리 사람들과 문화적으로 잘 어울리는 젊고 의욕 넘치는 공학도이다. 주제별로 골고루 작업 그룹이 만들어졌다. 자동차의 구상, 네트워크와 소통할 수 있는 컴퓨터 시스템, 전기 충전소, 배터리 교환소, 상업화 그리고 사업 모델……. 요코즈는 이렇게 설명한다. "애거시는 네트워크가 차량만큼 중요하다고 거듭 강조했습니다. 충전 지점과 교환 지점이 차량을 상업화시키기 전에 정립되어야 한다는 확신은 우리도 애거시와 마찬가지입니다."

진정한 전기 단계

2007년 가을에 르노닛산에서는 전기 개발이 전략적인 특성을 띠었다. 카를로스 곤은 저가의 자동차 로간Logan과 더불어 '우선적인 안건'이 있음을 전 그룹 내에 알렸다. "베터 플레이스와의 제휴는 우리의 생각을 구체화시켜 주었습니다. 우린 투자의 규모나 필요성에 관한 쟁점들을 재검토했습니다"라고 세르주 요코즈는 분석한다. 그리고 몇 달 뒤 얼라이언스는 연구와 개발에만 1년에 500여 명의 인원과 투자비 2억 유로를 동원해 전기 자동차의 완전한 단계 개발이라는 야심 찬 프로그램에 들어갔다. 이제부터는 선진 그룹에 끼여 전기 자동차 경주를 할 작정이었다.

2011년에 출범하려면, 완전히 새로운 자동차를 개발하기에는 시간이 빠듯하다. 전기 프로젝트는 이스라엘과 유럽의 여러 시장에서 전기 차 메간과 함께 시작될 예정이고, 뒤를 이어 가족형 세단도 출시될 예정이다. 그리고 영업용 전기 차인 캉구Kangoo도 나올 예정이다. "탄소 가계부 작업을 시작했거나, 언젠가 환경을 오염시키는 자동차는 도심에 들어서지 못하게 되는 날이 올 것을 두려워하는 전문직 고객들의 수요에 부응한 겁니다"라고 요코즈는 설명한다. 끝으로, 르노는 2012년에 처음부터 생각했던 전력 구동을 위한 첫 차를 출시할 예정이다. 유럽 고객을 대상으로 한, 거주지와 직장 사이를 오가는 도시형 자동차이다. "크기는 클리오Clio나 모두스Modus 정도가 되겠지만 특별하고 독특한 디자인을 갖추게 될 겁니다"라고 요코즈는 구체적으로 밝힌다. 특히 르노가 베터 플레이스의 납품 업자 중 하나가 될 덴마크의 마음에 들 만한 모델이 될 듯하다.

한편 닛산의 경우, 카를로스 곤이 2008년 5월에 100퍼센트 전기 차를 2010년부터 미국 시장에 출시하고 2012년에는 모든 시장에 완전한 단계의 전기 차를 출시하겠다고 발표해 세간을 깜짝 놀라게 했다. "우리는 〈스타워즈〉식의 시제품에는 관심이 없고 누구나 살 수 있는 대중적인 자동차를 제작하고 싶습니다. 그건 정말로 이 산업에서 전혀 새로운 장이 될 겁니다"라고 카를로스 곤은 〈월 스트리트 저널〉에서 밝혔다. 2008년 7월에 얼라이언스 간부들이 이를 뒷받침했다. "르노가 이스라엘에서 하는 일을 캘리포니아에서는 닛산이 하게 될 것이다."

베터 플레이스와 함께하게 될까? 아마도 그렇진 않을 것 같다. 닛산은 본사가 있는 테네시 주에서 테네시 강 유역 개발 공사 Tennessee Valley Authority와 제휴를 맺었고 캘리포니아에서는 샌디에이고 가스 전기 회사와 제휴해 "탄소 배출 제로의 이동성을 진보시키기"로 했다. 하지만 당장으로선 베터 플레이스와 계약한 건이 아무것도 없다. 르노가 모든 점에서 샤이 애거시가 추진한 사업 모델을 채택한 것 같지만(배터리와 분리해 판매하는 자동차, 배터리 대여, 교환소 등등), 확실히 한 사업에 전 재산을 털어 넣을 생각은 없는 듯하다. "우리는 베터 플레이스와 특별하고 개방적인 관계를 맺었을 뿐이지, 독점적인 관계를 맺은 건 아닙니다. 우리는 국가마다 개별적으로 전략을 세우고 있습니다." 2009년 여름에 세르주 요코즈의 뒤를 이어 르노의 전기 자동차 사장 직을 맡은 티에리 코스카는 그렇게 밝혔다.

얼라이언스의 전기 자동차 프로그램 전체는 닛산의 와타나베 히데아키 본부장이 맡았다. 그리고 르노나 닛산이나 캘리포니아 신생 기업의 지시를 받아 전략을 세울 생각도, 그들의 잠재적인 잉여 가치의 일부를 도용당할 생각도 없긴 마찬가지다. 따라서 르노와 닛산은 나름대로 각각 우위를 차지한 시장에서 독자적으로, 또는 차라리 그들이 선택한 지역 파트너들과 함께 뛰어들 것 같다. 게다가 얼라이언스는 2008년 여름에 포르투갈 정부와 협정을 맺어 2011년부터 그곳에서 전기 자동차를 상업화하기로 했다고 발표했다. 베터 플레이스는 그 단계에서 포르투갈 프로젝트에는 참여하지 않는다.

그러면 프랑스는? "프랑스는 이상적인 나라입니다. 국제적인 도시들이 있는 데다 세계에서 휘발유가 가장 비싸고 탄소 배출량 제로의 원자력 전기와 전기 자동차에 세제 혜택을 주고 있으니까요"라고 카를로스 곤은 말한다. 그는 프랑스의 역설적인 에너지 정책을 비판한다. "프랑스는 친환경 전자를 벨기에로 수출하면서 정작 자국에는 더러운 석유를 수입해 나라를 망치고 있습니다. 어리석은 일이죠!"

그 말도 어느 정도는 사실이지만, 르노 그룹은 프랑스에 미국 파트너를 성급히 소개하지 않으려는 듯하다. 2008년 7월에 르노는 배터리 리스를 직접 관리할 생각을 고려 중이었다. 장루이 리코는 이렇게 강조했다. "자동차 신용 판매를 하는 우리 지사 RCI도 충분히 배터리를 대여할 수 있습니다. 1년에 5만 대의 자동차에 1만 달러로 말입니다. 연간 5억 달러를 투자하게 될 겁니다." 어찌 되었든 르노는 장기적으로 볼 때 일부 엔지니어들이 폄하한 배터리 교환에 대한 구상을 지지하는 듯하다. 가령 프랑스에서는 르노 직영

점이나 주유소에 교환소가 설치될 것이다. "우리는 베터 플레이스와 함께 그런 식의 충전소 구축에 주력했습니다. 그리고 우리 자동차들은 탈부착할 수 있는 배터리를 장착하도록 구상될 겁니다. 교환소는 충전 기능 외에 소형차와 대형차의 운전자들이 서로 배터리를 전환할 수 있다는 장점도 갖추게 될 겁니다"라고 티에리 코스카는 덧붙여 설명한다.

전기 차 충전소에 대해서, 르노는 2008년 10월에 프랑스 국영 전기 공사EDF와 협정을 체결해 "우선적으로 프랑스에서 대규모 탄소 배출량 제로의 개별적인 교통 시스템"을 갖출 계획이다. 또 르노는 정부의 후원을 받아 관련 전문가들을 모두 모은 또 다른 작업 그룹을 조직했다. 그리고 네트워크 소유권과 개발이 차별되는 모델을 고려하고 있다. "인프라는 도시나 지역 단체 또는 주차장 관리인들의 소유가 되지만, 개발은 이동성 운영자가 맡게 될 겁니다"라고 티에리는 설명한다.

그런 식의 접근 방법은 어떤 유형의 자동차든 사용하는 충전망을 만들 수 있다는 장점이 있다. 반면에 빠른 해결책 정립에는 도움이 되지 않을 것 같다. 패트릭 펠라타는 2009년 5월에 〈주르날 데 피낭스〉에서 이렇게 재차 주장한다. "갈수록 생태학 쪽으로 돌아서는 세상에서 르노는 2011년부터 착수하게 될 100퍼센트 전기 자동차 대량 상업화로 일대 혁신을 일으킬 겁니다."

물론 프랑스 미개척 시장에 르노만 있는 건 아니다. 푸조 역시 전기 차 프로젝트를 갖고 있고, 업계의 아웃사이더 뱅상 볼로레도

2010년에 도심형 전기 차 블루카BlueCar를 매달 330유로에 임대할 것이라고 밝혔다. 볼로레의 지사 배츠캡Batscap과 EDF가 공동 구상한 블루카의 배터리는 250킬로미터 주행이 가능하다. 파리 시장 베르트랑 들라노에가 벨리브(Vélib, 무인 자전거 대여 서비스—옮긴이)로 성공을 거둔 이후 새로운 해결책 카리브Carlib를 구상 중이라는 사실도 간과할 수 없다. 또 외국 제조 업자들도 자체 모델을 출시할 예정이다. 다임러는 특히 도시인들을 매료시킬 전기 차 스마트Smart에 기대를 걸고 있다.

한편, 샤이 애거시는 세계의 모든 제조 업자들을 끌어들이기 위해 동분서주하고 있다. 그들은 왜 관심을 보이는 걸까? 그건 자동차를 더욱더 매력적으로 만들기 때문이다. 애거시는 이렇게 설명한다. "마치 제 네트워크에 들어오는 자동차 제조 업자에게 수표라도 한 장씩 안겨 주는 셈이죠. 자동차가 운전자를 휘발유에 중독되게 만든다면서 프랑스의 석유 메이저 기업인 토탈 피나 엘프가 르노에 수표를 안겨 준다고 생각해 보세요!" 자연스럽게 애거시는 디트로이트의 옛 '빅 3'와 대화를 나누었다. 마이클 그래노프는 이렇게 인정한다. "우리와 함께할 제조 업체가 있어야만 미국에서 진정한 차이를 만들 수 있을 겁니다." 하지만 GM은 파산 절차와 시보레 볼트 출시에만 골몰한 것 같다. 베터 플레이스는 포드와 크라이슬러에도 꾸준히 구애를 보냈다. 2009년 6월에 베터 플레이스의 이단 오페르 회장은 피아트의 최대 주주이자 그때부터는 크라이슬러의 주주이기도 한 아넬리 가문의 후계자인 라포 엘칸을 만났다.

"이번 주 〈타임〉지 보셨습니까? 포드의 최고 경영자 앨런 멀랠리와 샤이 애거시가 악수하는 모습이 나왔더군요!" 밴티지 포인트의 최고 경영자 앨런 샐즈먼은 그렇게 묻는다. 전기 차 전략에서 조금 뒤처진 포드는 캐나다 하청 업체 마그나 Magna와 제휴했다. 그리고 샐즈먼은 베터 플레이스의 행보에 마음이 끌렸다는 속내를 넌지시 비쳤다. "오늘날 제조 업자들은 하드웨어를 판매해서 근소한 차액만을 남길 뿐이지만, 석유 회사들은 휘발유로 돈을 벌고 있습니다. 석유 회사들은 막대한 이익을 얻고 있는데, 제조 업자들은 파산하고 있습니다. 자동차 제작자들이 면도칼을 판다면 석유 회사들은 칼날을 팔고 있는 셈이죠. 그런 식으로는 성공할 가망이 없습니다."

갈수록 까다로워지는 소비자들을 상대하려면 자동차도 이젠 상품 구매형에서 서비스 제공형으로 바뀌어야 한다. 샐즈먼은 요약해서 이야기한다. "소비자는 보조 서비스에 이동성 서비스까지 구입하게 됩니다. 베터 플레이스는 제조 업자들이 그 새로운 유형의 에코시스템에 합류하도록 부추기죠. 우린 샤이와 함께 빌 포드에게 이렇게 말했습니다. '험난한 시대입니다. 포드 전기 차 한 대가 도로 위를 달릴 때마다 킬로미터당 1상팀씩 받으면 어떨까요? 그럼 자동차 300만 대를 팔면 3억 달러를 벌게 되죠.'" 이스라엘에서 르노는 베터 플레이스가 제안한 차후의 킬로미터 요금에 대해서는 돈을 받지 못한다. 단순히 차와 배터리만 팔게 될 것이다. 하지만 샤이 애거시는 미국 제조 업체와 '계약'하기 위해 기꺼이 예상 이윤을 나누려는 것 같다.

애거시는 중국인들, 특히 이스라엘 코퍼레이션이 주주로 참여한 소규모 자동차 제조 업체인 체리Cherry에도 손을 내밀었다. 전기 모터는 획기적인 기술인 만큼 떠오르는 제3국가들 역시 그것을 유리하게 이용하려고 하기 때문이다. 그래서 중국의 배터리 제조 업체 BYD는 전기 차량용 배터리 제작에 뛰어들었고, 이어 전기 차 제작에도 손을 댔다. 평판이 좋은 그 회사는 미국 백만장자 워런 버핏으로부터 투자 받은 2억 3,000만 달러와, 그에 이은 전기 하이브리드 개발을 위한 폭스바겐과의 합작으로 신뢰도를 얻었다.

실제로 전기 차는 배터리만 아니면 휘발유 차보다 훨씬 저렴하고 간단하게 제작할 수 있다. 2008년 12월에 BYD는 중국에서 충전 가능한 하이브리드 모델을 출시했다. 고작 2만 2,000달러로, 중국산 볼트에 해당하는 그 모델은 한 번 충전으로 96킬로미터를 주행할 수 있다. BYD의 창립자인 왕촨푸는 2009년 초의 디트로이트 자동차 박람회에서 서구 시장 공략에 나선 자신의 '자식'을 소개했다. "휘발유 모터로는 전통적인 제조 업체에 맞설 기회가 없었습니다. 하지만 전기 차라면 우리 모두 똑같은 출발선에 서 있죠"라고 그는 〈월 스트리트 저널〉에서 설명했다. 사실 중국은 2011년에 전기 차 50만 대 제작을 목표로 삼고 연구와 개발에 14억 달러를 투자할 계획이라고 발표했다.

세계적인 신생 기업

베터 플레이스는 팰러앨토의 아라스트라데로 도로 위 이름 없는 건물의 사무실 몇 개만을 차지하고 있다. 첫 시장을 중동과 유럽으로 삼은 그 중소기업은 왜 본사를 실리콘 밸리에 두기로 한 걸까? 그건 인력 자원의 문제 때문이다. 샤이 애거시는 이렇게 말한다. "우린 세계적인 문제를 해결하려고 합니다. 그래서 한 기업에서 다른 기업으로 자신을 투사하는 다원적인 접근 방법을 쓸 수 있는 정신 상태가 올바른 사람들을 찾고 싶었습니다." 게다가 실리콘 밸리는 기업의 메카인 동시에 리스크risk의 사원이다. "앨 고어가 캘리포니아에 왔을 때 버클리 친구들은 기후 변화에 관한 희곡을 썼고, 우리는 사업 계획안을 썼죠!"라고 애거시는 농담을 던진다.

특히 베터 플레이스는 소프트웨어 기업이기도 하다. 그래서 각각의 자동차에 차의 에너지 소비 수준을 조정하고, 전기가 필요할 경우 운전자에게 빠른 길을 알려 주는 소프트웨어 시스템 네트워크를 장착할 예정이다. 중앙 통제 서비스는 고객에게 실시간 정보를 제공한다. 애거시는 그렇게 해서 오랜 동지들로 구성된 소규모 협력자들과 함께 신생 기업을 출범시킬 수 있었다.

"베터 플레이스에는 옛 SAP 직원들이 10여 명 있습니다. 그리고 나머지 인력은 적당한 사람들을 물색했죠"라고 베터 플레이스의 입안과 운용을 맡은 부사장 앨리자 펠레그는 말한다. 수학자이자 컴퓨터 공학자인 앨리자는 톱 티어의 원년 멤버였다가 애거시를 따라 반으로, 이어 SAP로 옮겼다. 미소가 환하고 매사 적극적인 여성 앨리자는 이전에는 SAP의 연구소 전체를 이끌었다.

앨리자는 베터 플레이스에 합류할 때 확신도 있었을 뿐만 아니라 애거시를 따라 그 새로운 모험에 뛰어든다는 기쁨도 있었다고 말한다. 확실히 애거시가 팀원들에게나 투자자들과 이 세계의 거물들에게 발산하는 카리스마는 강력한 것 같다. 앨리자는 이렇게 평한다. "샤이는 보기 드문 자질들을 겸비하고 있습니다. 테크놀로지의 전문가인 동시에 신중한 사업가죠. 비전도 있고 그 비전을 실행할 만한 배짱도 있어요. 거기에 자상함과 성실함까지 갖추었으니 흠잡을 데가 없죠."

2008년 여름에 애거시와 앨리자는 40여 명의 동료들을 팰러앨토와 텔아비브에 골고루 배치했다. 애거시는 이렇게 설명한다. "다른 사람들의 일까지 하려고 하지 않으면 많은 사람들이 필요 없어요. 베터 플레이스는 시스템을 구상하고 판매와 서비스를 담당할 겁니다. 하지만 자동차는 제작하지 않습니다. 그건 르노가 하죠. 르노는 충전기나 배터리 교환 로봇은 만들지 않죠. 그건 하청 업체들이 할 겁니다. 우린 설명서를 쓰고 그들이 하는 작업을 안내하는 일만 합니다."

베터 플레이스는 직원을 뽑을 때 지원자들의 학력이나 기술적인 능력보다는 어느 정도 열의를 갖고 있는지를 보고 선별했다. 앨리자는 이렇게 말한다. "직원들이 임무를 맡게 되면 자존심 싸움이나 영역 싸움 같은 것이 없어야 합니다. 오로지 맡은 일에 대한 관심만

높아야 하죠. 아주 간단한 겁니다. 누구나 똑같은 파장을 갖고 있으니까요. 우리가 여기 있는 건 바로 세상을 바꾸기 위해서입니다."

베터 플레이스의 역설은 여느 신생 기업들과 달리 시장에서의 몫이나 이윤을 최대화하기 위해 애쓰는 것이 아니라 최대한 빨리 새로운 산업을 일으키려 애쓴다고 주장한다는 점이다. 미개척 시장에 뛰어들도록 경쟁을 부추기는 것도 마찬가지다. 이들을 주의 깊게 살펴보는 사람들은 애거시가 그 시장에 '빗장을 지르려' 한다고 비난하기도 하지만 어찌 되었든 공식적인 주장은 그렇다. 애거시는 그런 비난에 대해 농담조로 이렇게 말한다. "물론 돈도 벌어야죠. 그렇지 않으면 오래전부터 해왔던 일들을 포기해야 할 테니까요. 저에게 투자한 사람들에게 그들이 제게 맡긴 것보다 더 많은 자본을 되돌려주는 것 말입니다." 하지만 그는 독점권을 얻거나 자동차를 많이 팔거나 혹은 재산을 모으기 위해 일하는 것이 아니라 석유 연료를 없애기 위해 일하는 것이라고 끊임없이 주지시킨다. 마치 이윤을 남긴다고 비난받는 NGO처럼 말이다.

앨리자는 역할 분배에 대해 설명한다. "샤이는 비전을 명확하게 표현합니다. 그러면 우리는 그걸 실행하기 위해 작업하죠. 저는 샤이가 세계를 누비면서 정치인들과 기업가들을 설득하는 동안 회사를 관리합니다." 실제로 그 모험이 처음 시작되었을 때부터 샤이 애거시는 한곳에 발을 붙이고 있을 틈이 없었다. "사흘은 제각각 다른 나라에서 자고 나머지 나흘은 비행기 안에서 잠잘 때가 많았습니다." 베터 플레이스에 합류하는 건 하루 스물네 시간을 꼬박 매달려야 하는 일이다. 앨리자는 이렇게 말한다. "샤이에게는 사람들의 능력을 최대치로 끌어내는 재주가 있습니다. 그는 사람들이 결코 넘을 수 없을 만큼 장대를 높이 세워 놓았죠. 하지만 우린 이전에는 불가능하다고 생각했던 수준에 도달했습니다. 그가 제시한 한계에 이르렀다고 생각할 때 느끼는 만족감은 무척 크답니다."

구체적으로 볼 때, 베터 플레이스는 크게 둘로 조직되어 있다. '톱코 TopCo'는 전략적인 관계, 제휴, 관리, 상품 개발, 비즈니스 그리고 복음 전파를 담당한다. 핵심 기능의 대부분은 팰러앨토에서 이루어진다. 충전기와 교환소를 구상하고 시스템의 핵심 소프트웨어를 만드는 엔지니어링 실험실만 이스라엘에 세워졌다. 그리고 이스라엘에는 각국의 공급을 책임지는 운영체 '옵코 OpCo'가 있다.

확실히 이스라엘은 이상적인 진열장이다. 영토가 협소하고 주요 도시 간의 거리가 150킬로미터도 안 되기 때문이다. 자동차 소유주의 90퍼센트가 하루에 70킬로미터 이하를 주행한다. 또 유럽처럼 휘발유에 막중한 세금이 부과되고, 전기 자동차 구매를 장려하는 정책이 마련되어 있다. 게다가 2020년까지 석유 수입을 완전히 없애기를 바라는 정부는 태양열 전기에 의지해 네게브 사막을 '잠재적인 산유지'로 변모시키고 싶어 한다.

전기 차의 전자가 '더러운' 탄소 발전소에서 나온다면 전기 차를 운행해 봐야 아무 소용이 없을 것이다. 그래서 베터 플레이스는 청정 전기만 사용하기로 했다. 애거시는 이렇게 말한다. "도로를 주행하는 각각의 자동차에 청정 전기를 공급할 겁니다. 이스라엘에서는 태양열이 될 겁니다. 덴마크에서는 풍력이 될 거고요. 전기 배터리는 그렇게 해서 에너지 저장 단위가 될 겁니다." 베터 플레이스는 확실히 재생 에너지를 만들 생각은 하지 않고 있다. 또 지역 운영 업자들과 제휴하여 12년간의 대규모 구매를 보장할 계획이다. 애거시는 자신의 바람을 이렇게 표현한다. "그 막대한 규모는 태양열과 풍력 농장에 대한 새 프로젝트의 재정을 뒷받침할 밑그림이 될 겁니다."

어찌 되었든 베터 플레이스는 이미 이스라엘이라는 카드를 펼쳐 들었다. "모든 게 마치 거대한 전기 연장 코드를 만드는 것과 같습니다. 고객들의 자택은 물론이고 사무실, 도심부, 번화가 등 한 시간 이상 주차할 수 있는 주차 공간에도 적어도 다섯 곳에 하나꼴로는 전기를 연결해야 하니까요." 지역 전기 공사인 이스라엘 전기 회사는 뜻밖의 횡재를 한 셈이다. 그때까지만 해도 근처도 갈 수 없었던 에너지 시장의 50퍼센트를 뚫을 기회를 얻었으니 말이다.

베터 플레이스는 대규모 전기 자동차 유통을 시작하기 전에 이스라엘 전역에 50만 개의 전기 충전소와 150개의 배터리 교환소를 설치할 예정이다. "2억 달러를 투자하는데, 그중 절반은 기존 자산이고 나머지 절반은 차용금입니다. 투자금이 빨리 회수되었으면 좋겠습니다"라고 애거시는 말한다. 그가 예상하는 손익 분기점은 대략 2만 대 정도이다. 2010년에 본격적인 상용화를 추진하기 전까지는 메간EV 첫 시리즈의 테스트와 홍보에 매진할 예정이다. 2008년 12월 8일, 이스라엘 베터 플레이스의 CEO 모세 카플린스키 장군은 피글리로트의 시네마시티 주차장에서 최초로 자동차 전기 충전 모습을 보여 주었다. 그리고 최초의 교환소들이 뒤이어 선보일 예정이다. "휘발유 주유소에 대해서 말들이 많죠. 하지만 배터리 교환은 사탕을 파는 사람이라도 충분히 감독할 수 있습니다"라고 애거시는 말한다.

이스라엘에서 세계로

원래 샤이 애거시와 앨리자 펠레그는 자신들의 프로젝트를 이스라엘에서 실행에 옮겨 그 모델이 다른 나라에도 수출할 만한 것인지 지켜보기로 했었다. 그런데 2007년에 언론에 첫 기사가 보도되자마자 베터 플레이스는 좀 더 자세한 내용을 알고 싶어 하는 도시와 지역 그리고 국가들의 빗발치는 요구에 시달렸다. 그 신생 기업은 곧바로 최대한 빨리 자신들의 모델을 수출하기 위한 방법을 모색했다. 앨리자는 이렇게 설명한다. "그래서 '베터 인 더 박스Better in the Box'라는 걸 만들었죠. 진화성이라는 처방을 고안한 겁니다. 즉, 지역에 따라 꼭 필요한 것은 무엇인지, 현지 상황에 맞춰야 하는 것은 무엇인지를 결정하는 거죠. 과자를 만드는 것과 비슷합니다. 요리법과 재료가 갖추어지면 더 빨리 만들 수 있는 것처럼요!" 그렇게 도구 상자를 갖춘 베터 플레이스의 '사절단'은 신속하게 지역 조직을 만들고 나서 다음 단계로 넘어갔다. 2009년 2월에 베터 플레이스는 이스라엘과 덴마크, 오스트레일리아 그리고 북아메리카에 전문 경영진을 임명했다.

베터 플레이스는 각국에서 지역 파트너들과 제휴를 맺었다. 덴마크 파트너는 석유와 전기 그리고 재생 에너지에 참여하는 덴마크 석유 및 천연가스DONG이고, 오스트레일리아 파트너는 AGL에너지와 매쿼리 투자사다. "그 모델은 지구 곳곳에서 편차가 생길 수 있습니다. 각 국가의 영토마다 고유한 이점이 있으니까요. 문제는 그 이점들을 활용할 마음이 있는지를 알아보는 것입니다. 유럽에는 세무 정책이 자리 잡혀 있습니다. 당장에라도 채택할 수단이 충분히 갖추어진 셈이죠. 미국에서는 주행 거리가 확장된 두 번째 자동차를 선보일 겁니다. 게다가 미국의 대부분 지역은 도시를 중심으로 고속도로와 연결된, 직경 100~160킬로미터의 운송이 구상되었습니다. 그 정도는 커버하기 쉽죠"라고 애거시는 장담한다.

미국 전 영토에 충전 인프라를 구축하는 것이 어렵지 않겠느냐는 질문에 애거시는 다음과 같이 반박할 수 없는 대답을 한다. "10억 달러면 그것만으로도 어마어마한 액수입니다. 하지만 그래 봐야 두 달 치 석유 수입 가격밖엔 안 됩니다!"

문제는 미국에 이를 장려하는 세제가 아직 없다는 점이다. 오바마 행정부는 전기 자동차를 구매할 경우에 7,500달러를 감면해 주기로 했지만 경기 쇠퇴의 여파로 인해 휘발유 가격이 2007년에 갤런당 4달러에서 2009년 중반에 약 3달러로 다시 떨어지면서 대안 기술에 대한 운전자들의 열정에 제동을 걸었다. "휘발유 가격이 갤런당 1.50달러 이하로 떨어지지만 않으면 우리에게 경쟁력이 있습니다"라고 마이클 그래노프는 단언한다. 하지만 국가적인 목표는 여전히 신중하다. 오바마는 후보 시절에 연간 경차 1,200만 대가 판매되고 2억 5,000대가 이미 운행되고 있는 시장에 2015년까지 전기 차 100만 대를 보급하겠다고 약속한 바 있다.

전기 혁명이 베터 플레이스의 '개혁 운동가'들의 꿈으로 남을 것인가 아니면 자동차의 역사를 바꾸게 할 것인가? 비록 기술적인 돌파구는 필요하지 않다 해도 전기라는 양념이 곁들여지고 총량이 기하급수적으로 되려면 많은 요소들이 서로 조화롭게 어우러져야 한다. 애거시는 경쟁자들이 양산되어야 한다고 믿는다. "우리 생각보다 빨리 이루어질 겁니다. 이스라엘과 덴마크 진열장에서 유효성만 입증된다면 다른 기업가들이 네트워크 운영자 일에 뛰어들지 않을 이유가 없으니까요." 자금 압박으로 쓰러지고 '석유 이후'를 준비해야 하는 석유 회사들도 안 될 것은 없지 않을까? 브리티시 페트롤리엄BP도 진지하게 바이오 연료에 대한 투자를 시작했다. "2020년에 세계에서 전통 자동차보다 전기 자동차를 더 많이 팔게 하는 것이 우리의 목표입니다." 애거시는 '2.0 자동차'의 메시아답게 선언한다. 그리고 그는 2015년까지 구체화될 수 있다고 생각하는 세 가지 티핑 포인트를 밝힌다. "첫째는 한 국가에서 매달 전기 자동차 1,000대씩 전시하는 겁니다. 둘째는 중국 도시 한 군데에서 모델을 채택하는 겁니다. 셋째는 한 번 충전으로 640킬로미터까지 주행하고 몇 분 만에 배터리를 교환할 수 있게 될 가능성입니다."

　그의 자동차 업계 파트너와 대부분의 전문가들은 보다 신중하다. 카를로스 곤은 CNBC의 〈미래에 대한 질문〉이라는 방송에서 이렇게 선언했다. "꽤 한동안은 하나의 테크놀로지가 영향력을 독점하는 일은 없을 겁니다. 그래서 전기 자동차를 개발하면서도 우리는 하이브리드, 클린 디젤, 보다 작고 경제적인 휘발유 모터에 대해서도 연구할 겁니다." 그러나 카를로스 곤은 르노닛산 얼라이언스의 CEO로서 중기적으로 "지구 상에서 매년 생산되는 6,500만 대의 자동차 중 1,000만 대는 전기 차가 될 것"이라고 진단한다.

　앨리자는 애거시보다 더 강한 신념으로 들떠 있다. "베터 플레이스를 세울 시점의 어느 날 저녁에 우리 둘이 얘기를 나누던 중에 샤이가 이렇게 말하더군요. '이건 엄청난 일이에요, 위험한 일이기도 하고…….' 하지만 전 이렇게 대답했죠. '실패할 리 없어요. 우리가 해내지 못한다면 다른 누군가가 해낼 테니까요. 어찌 되었든 우린 개척자로서 이기게 될 거예요. 우린 이미 이긴 거라고요!'"

Chapter 6

;

밀짚 휘발유와
해조류 디젤

하와이의 카우아이 섬 동쪽에는 그로브 팜 컴퍼니의 9,000헥타르에 달하는 사탕수수 농장이 펼쳐져 있다. 이 회사는 인터넷 포털 사이트 아메리카 온라인AOL을 창립한 백만장자 스티브 케이스의 소유이다. 그 사탕수수는 과거의 유물일까? 그렇다. 하지만 한편으로는 미래의 전조 또는 케이스가 부르는 것처럼 '하와이 3.0', 즉 3세대이기도 하다. 역사적으로 샌프란시스코 남서쪽 359킬로미터에 위치한 하와이 주는 농업 활동과 관광을 목적으로 개발되었다. 여기에 청정 에너지 발전이라는 세 번째 활동이 더해지게 될 것이다. 케이스는 하와이에서 가장 넓은 땅을 소유하고 있는 다른 두 회사, 즉 사립 학교 네트워크인 카메하메하 스쿨Kamehameha Schools 과 부동산 기업인 마우이 랜드 앤드 파인애플 컴퍼니Maui Land and Pineapple Company 와 함께 하와이 바이오에너지Hawaii Bio-Energy 라는 새 회사를 설립했다. 그리고 케이스는 하와이에서 경작할 수 있는 땅의 10퍼센트, 다시 말하면 18만 2,000헥타르를 관리하고 있다.

경매 사이트 이베이를 설립했으며, 이후 하와이에 거주하고 있는 프랑스의 백만장자 피에르 오미디야르와 실리콘 밸리의 벤처 투자자 비노드 코슬라로부터 재정 후원을 받는 하와이 바이오에너지는 그 땅을 다시 일구어 브라질 사탕수수와 비슷한 가격으로 사탕수수 에탄올을 생산하겠다는 야심을 품고 있다. 이미 설탕을 제조하는 두 경쟁 업체인 카와이의 게이 앤드 로빈슨Gay & Robinson과 마우이의 하와이안 커머셜 앤드 슈거Hawaiian Commercial and Sugar는 에탄올 공장과 유사한 프로젝트를 갖고 있다. 하와이는 무엇보다 열대 기후와 태양 덕분에 풍부한 바이오매스를 생산할 수 있고, 바이오 연료의 경쟁성을 입증하기에 최적의 입지 조건을 갖고 있다.

하와이는 필요한 에너지의 90퍼센트를 수입한다. 그리고 주지사 린다 링글은 강력한 그린 정책을 펼치고 있다. 2006년 5월에 모든 상업 연료의 20퍼센트가 2020년까지 재생될 수 있도록 하는 법안을 표결에 부쳤을 뿐 아니라 2030년에는 태양열, 풍력, 파도 에너지, 바이오 연료, 전기 자동차 등과 같은 대안 에너지에서 에너지 수요의 70퍼센트를 끌어낼 수 있도록 하는 계획안을 세우기도 했다.

"어떤 면에서는 바이오 연료의 개발과 더불어 에너지를 찾아 땅으로 돌아가는 셈입니다." 팰러앨토를 근거지로 차세대 바이오 연료 개발에 주력하고 있는 덴마크 그룹 다니스코의 자회사 제넨코의 개발 업무 담당 부사장 필립 라비엘의 말이다. 프랑스 공립 경영 대학원HEC 출신의 라비엘은 거기서 농업 역사와의 연속성을 볼 수 있다고 강조한다. "옛날에는 농장에서 경작지의 30퍼센트를 짐 끄는 소와 말에게 먹일 건초와 기타 양식을 재배하는 데 할애했습니다. 하지만 오늘날에는 그 땅을 대부분 놀리고 있는데, 그곳에서, 그리고 생산에 부적합한 땅에서 다시 에너지를 생산하려고 합니다."

에탄올 광증

다시 찾아온 바이오 연료에 대한 폭발적 관심은 화석 에너지로는 막다른 골목에 도달했기 때문이다. 또 미국이나 유럽은 전략 지정학적인 이유로 산유국에 대한 의존도를 줄이길 바라고 있다. 다른 한편으로, 석유와 천연가스의 저장분이 고갈되면서 해가 갈수록 가격이 천정부지로 오르고 있다. 끝으로, 교통수단에 쓰이는 화석 연료는 지구의 온실가스 배출량의 3분의 1을 차지하여 기후 온난화를 일으키는 주범이 되고 있다.

샤이 애거시의 간절한 바람이 무색하게도(제5장 참조), 지금 당장 전기 자동차가 대중 시장을 점유할 가능성은 그리 많지 않아 보인다. 그리고 어찌 되었든 어떤 배터리도 디젤 기관차나 비행기 같은 육중한 무게의 모터를 돌리지 못하고 있다. 때문에 갈수록 더 많은 전문가들이 첫 번째 오일 쇼크에서 물려받은 개념, 즉 식물에서 나오는 연료에 다시 기대를 걸고 있다. 그 연료는 땅에서 생산하는 경작물에서 파생된다는 이점이 있고, 연소시켜도 그것이 파생되는 식물의 생애 동안 축적된 이산화탄소만을 배출하기 때문에 땅속에 오랫동안 갇혀 있던 이산화탄소를 배출하는 화석 에너지보다 유해성이 훨씬 적다. 게다가 바이오 연료는 그것이 파생되는 경작물과 마찬가지로 재생 가능하다는 이점을 갖고 있다. 뿐만 아니라 기존의 동력과도 호환할 수 있다(에탄올이나 부탄올의 경우는 혼합해서, 탄화수소를 토대로 하는 바이오 연료의 경우는 완전히 대체해서). 또한 1990년대와 2000년대의 많은 연구 결과에 의하면, 농경지의 상당 부분을 바이오에너지 생산에 할애할 경우 세계는 에너지 수요의 절반을 공급할 수 있고 인구도 먹여 살릴 수 있다고 밝혀졌다.

60년 전부터 그 정책에 매달려 온 브라질은 2008년에 사탕수수 에탄올 240억 리터를 생산했고, 유럽 연합은 사탕무와 곡물로 에탄올 27억 리터를 생산했다. 하지만 최근에 원유 가격의 급등과 우호적인 세무 정책으로 '에탄올 광증'에 휩싸인 곳은 다름 아닌 미국 중서부 지역이다. 정제소의 수는 2000년에 54개에서 2009년에 170여 개로 늘어났고, 지금도 30여 개의 정제소가 건설 중이다. 동시에 '옥수수 에탄올' 생산은 64억 리터에서 340억 리터로 크게 뛰었다. 미국 옥수수 생산의 25퍼센트가 이미 에탄올을 생산하는 데 쓰이고 있으며, 에탄올은 자동차 연료의 9~10퍼센트를 차지하고 있다. 하지만 이건 시작일 뿐이다. 2007년에 에너지부가 제정한

'에너지 독립 및 보안법'은 2015년까지 옥수수 에탄올 560억 리터를 연간 목표로 정했다.

그런데 과연 옥수수 에탄올이 그렇게 좋은 해결책일까? 2007년과 특히 2008년에 기본 식료품 가격이 급등하고 일반화되면서 '기아 폭동'이 일어났다. 멕시코에서 타이까지, 세네갈에서 파키스탄까지 사람들이 거리로 뛰쳐나와 토르티야, 카사바 또는 쌀의 가격 인상에 항의했다. 그때부터 옥수수 수요를 증대시킨 에탄올 생산은 곡물 시세 폭등의 주원인으로 손가락질을 당하고 있다. 확실히 모든 게 그리 간단하진 않은 모양이다. 에탄올 '나무'는 식료품 인플레이션의 다른 원인들이라는 '숲'을 가리고 있다. 원유 가격 상승, 중국과 인도에서 크게 늘어난 곡물 수요, 오스트레일리아의 역사적인 가뭄……. 에탄올을 장려하는 사람들 입장에서 볼 때 그러한 논쟁은 상당 부분이 그 구실을 붙잡아서 배급 가격을 인상시킬 수 있게 된 것에 크게 만족한 농식품 기업들의 로비가 만들어 낸 것들이었다.

에탄올은 졸지에 '구세주'에서 '국민들을 굶주리게 하는 원흉'이 되었다. 비단 언론에서만 그러는 것은 아니다. 열 개 남짓한 공식 단체들이 바이오 연료의 역할을 고발하면서 세계 식품 가격 상승의 2퍼센트에서 무려 30퍼센트의 책임을 바이오 연료 탓으로 돌렸다. "에너지 확보와 환경 그리고 경제적 관점에서 볼 때, 식료품 경작으로 바이오 연료를 생산했을 때의 이익은 좋게 보면 수수하고 나쁘게 보면 그나마도 부정적"이라고 국제식량농업기구FAO 보고

서는 경고한다. 지구 정책 연구소 소장 레스터 브라운 역시 다음과
같이 예견한 바 있다. 바이오 연료는 자동차 소유주 8억 명 사이에
경쟁 관계를 낳고, 영양 섭취에 관한 문제들을 알고 있는 사람들 8
억 명 사이에서도 경쟁 관계를 낳을 것이다.

식품 대 연료

'식품이냐 연료냐' 하는 논쟁은 쉽게 가라앉지 않을 듯하다.
"SUV 차량 한 대의 탱크에 옥수수 204킬로 이상에서 얻은 순수 에
탄올 95리터를 채우는 것은 한 사람이 1년 동안 섭취할 칼로리와
맞먹는다"고 미네소타 대학의 경제학자 포드 런지와 벤저민 시나
워 교수는 말한다. 2007년 5월에 발간된 〈포린 어페어〉지에서 '바
이오 연료는 어떻게 빈민층을 굶주리게 만드는가'라는 제목의 논문
을 통해 두 교수는 이렇게 경고했다. "바이오 연료는 휘발유 가격
또는 식품 가격과 관련되어 가까운 미래에 농민과 소비자 그리고
국가들 사이의 관계를 심하게 변질시킴으로써 잠재적으로 세계의
빈곤과 식품 확보에 비통한 결과를 초래할 수 있다."
그 논리 정연한 공격에 에탄올 기업은 이렇게 응수한다. 옥수수
에탄올은 49만 4,000명 이상을 고용하고, 국내 총생산에 656억 달
러나 기여하며, 미국 가정이 총 200억 달러를 절약하게 해준다고
신재생연료협회는 설명한다. 이는 2008년에 이동한 석유 3억

2,100만 배럴, 즉 베네수엘라의 열 달 치 수입분에 해당한다. 여론과 정치인들을 설득하기 위한 싸움에서 에탄올 로비는 예기치 못한 지원을 받았다. 바로 실리콘 밸리의 기업가들과 투자자들의 지원이었다. 이들은 2세대 바이오 연료인 '바이오에탄올'에 주목하는 신생 기업에 투자했다. 유명한 벤처 투자자 비노드 코슬라도 그중 하나다. 바이오 연료만이 우리의 탄소 배출량과 화석 연료에 대한 의존도를 크게 줄이는 데 필요한 경제적인 잠재력이라고 확신한 그는 다양한 방법으로 아홉 개 회사에 투자했다. 바로 마스코마Mascoma, 레인지 퓨얼스Range Fuels, 베레니움Verenium, LS9, 아미리스Amyris, 란자Lanza, 제보Gevo, 코스카타Coskata, 키오르Kior이다. 녹색 연료를 가장 열렬히 지지하는 운동가가 된 코슬라는 자신의 웹사이트에 런지와 시나워의 비판을 조목조목 반박하는 글을 올렸다.

코슬라를 비판하는 사람들은 옥수수 에탄올이 정부의 보조를 받는 경제라고 비난한다. 그들에 따르면, 미국 정부가 쏟아 붓는 갤런당 51센트의 보조금은 인위적으로 브라질을 제치고 미국을 세계 최고의 에탄올 생산국으로 만들 것이라고 한다. 브라질은 경쟁력이 더 뛰어나지만 국경에서 사탕수수 에탄올에 무거운 세금이 부과되기 때문이다. 특히 옥수수 로비와 아처 대니얼스 미들랜드Archer Daniels Midland 그룹 같은 대규모 생산 업체들에 유리한 투기 현상이다. 그것이야말로 제2차 세계 대전 이후 브라질이 에탄올 자동차 양산을 위해 다양한 지원을 했던 사실을 까마득히 잊는 행위일 것이다.

물론 코슬라도 정부가 승리자를 선택하는 건 잘못된 일임을 인정한다. 하지만 그는 미국 에탄올에 대한 80억 달러가량의 보조는 몇십 년 동안 미국의 석유 사업이 받아 온 수많은 혜택에 비하면 아무것도 아니라고 강조한다. 우호적인 규정과 잉여 가치에 대한 법 그리고 석유 개발 허가권에 대한 과소평가 사이에서 '빅 오일'은 갤런당 0.25센트가 넘는 직접 보조를 받는다. 보건, 환경 그리고 심지어 국가 안보 등에 관련되어 추론되는 비용인 간접 비용을 계산하면 갤런당 3달러에 달하는 수치다. 미국 정부의 의회회계감사원에 의하면, 석유 분야는 지난 30년 동안 약 1,300억 달러의 보조 혜택을 받았고, 앞으로도 매년 350억 달러 정도로 계속될 것이라고 한다. 게다가 미국에서 가장 연료 소비가 많은 곳은 바로 국방부로, 하루에 30만 배럴을 소비한다는 점을 주목하자.

에탄올에 대한 두 번째 불만은 옥수수 가격 상승이 대체 곡물 가격을 갑자기 인상시키고 변형 상품의 값까지 올린다는 점이다. 곡물, 쇠고기, 가금류와 돼지고기 등등. 에탄올 소송이 미국의 농업 로비를 분열시키는 것은 사실이다. 옥수수 재배자들과, 동물성 식품 가격이 오르는 것을 지켜보며 불안해하는 쇠고기와 우유 생산 업자들로 양분된 것이다. 더욱 염려되는 것은 미국이 주요 곡물 수출 국가인 탓에 곡물 가격이 오르면 개발 도상 국가들의 모든 기본 소비재에 영향을 미치게 된다는 점이다. 그런데 워싱턴의 국제 식품 정책 연구소에 의하면, "먹을 것을 구하지 못해 굶주리는 사람들의 수가 기본 소비재 가격이 실질적으로 상승할 때마다 1,600만 명씩 증가하고 있다"고 한다. 이는 2025년에는 12억 명이 만성적인 굶주림에 시달린다는 뜻이다. 지금까지 예상되었던 것보다 6억 명이나 더 많은 수치다.

그러나 식품 가격의 세계적인 상승에서 바이오 연료의 책임 부분은 정확히 규정하기 어렵다. 코슬라는 변형 상품 가격의 인플레이션을 옥수수 가격 상승 탓으로 돌리는 건 솔직하지 못한 일이라고 생각한다. "석유 가격의 상승이 옥수수 가격의 상승보다 적어도 두 배는 더 식품 가격에 영향을 미치기" 때문이다. 사실 2009년 4월에 미 의회 예산처가 제출한 보고서에는 2007년 4월과 2008년 4월 사이에 미국에서 식품 가격이 상승한 것에 대한 에탄올의 책임은 10~15퍼센트 정도 될 것으로 추산한다. 무시할 수 없는 영향이긴 하지만 석유 가격의 급등에 비하면 무척 미미한 수준이다.

게다가 코슬라는 미국 옥수수와 콩 생산의 70퍼센트는 가축들을 먹이기 위한 것이라고 강조한다. 가축, 특히 소 사육은 에탄올 사업보다 더 많은 곡물을 탕진한다. 그런데 미국인들은 유럽인들보다 적색 고기를 두 배가량 더 많이 먹는다. 7세에서 13세 사이의 미국 어린이들이 먹는 햄버거는 일주일에 평균 6.2개라고 한다! "식탁에 스테이크 450그램을 올리려면 대략 옥수수 11킬로그램이 필요합니다. 그렇다고 스테이크 먹는 걸 금지해야 합니까? 휘발유의 대체물로 옥수수를 사용하는 것이 바람직하지 않다면 건강에 해로운 스테이크를 먹는 것은 바람직할까요? 우리 사회에 더 중요한 건 무엇일까요? 에탄올 1갤런인가요 아니면 스테이크 450그램인가요?" 코슬라는 그 싸움을 오히려 식물성 생산과 동물성 생산의 싸움으로 보아야 한다고 생각한다. 일명 '지방 대 연료Fat vs. Fuel'로 불리는 새로운 논쟁이다. 일화를 곁들여 소개하자면, 베벌리힐스의 한 성형외과 의사 앨런 비트너는 2008년에 환자들에게서 지방 흡입술로 채취한 지방을 자신의 SUV와 여자 친구 차의 연료로 사용해서 논란을 일으켰다. 소위 '지방 디젤'이 탄생한 셈이다!

코슬라는 굶주린 남미 아이들을 옥수수 에탄올의 '부수적 피해자'로 소개한 것은 부정직하고 조잡한 짓이라고 비난한다. 그는 미국은 옥수수 생산의 17퍼센트만을 수출하는데, 그것도 주로 가축의 사료임을 상기시킨다. 그가 볼 때, 세계 기아의 진정한 책임은 차라리 유럽과 미국 농업의 보조 정책이다. 개발 국가의 수입과 인프라 그리고 보급망을 약화시켜 남미 국가들의 경쟁력을 무력화시키기 때문이다. "2009년의 일을 보십시오. 미국에서는 옥수수 에탄올을 그렇게 많이 생산한 적이 결코 없었습니다. 그래서 배럴 가격이 급락하고 경기가 쇠퇴하면서 기본 소비재 가격이 떨어졌습니다." 제넨코의 필립 라비엘도 그렇게 강조한다.

에탄올은 재생 에너지 비율이 낮은 것 때문에도 비난의 대상이 되고 있다. 에탄올이 제공하는 에너지와 에탄올을 생산하는 데 필요한 에너지의 관계 때문이다. 국립 재생 에너지 연구소에 의하면, 그 비율은 1.25~1.35밖에 되지 않는다. 그러나 전기의 경우는 네 배 더 심하다. 그리고 휘발유의 경우도 물론 부정적이다.

끝으로, 옥수수 에탄올은 완화된 에너지 대차 대조표 때문에 문제가 제기된다. 거기엔 직접적인 영향이 있다. 옥수수 경작에는 물이 많이 필요하고, 토양의 침식을 촉진시키며, 비료와 살충제 그리고 휘발유를 사용해야 하기 때문이다. 때문에 옥수수 에탄올은 휘발유에 비해 온실가스의 배출량을 12~26퍼센트밖에는 줄이지 못한다고, 포드 런지와 벤저민 시나워는 주장한다(재래형 디젤에 비해 바이오디젤의 경우 41~78퍼센트인 것에 반해). 그리고 혼합해서 사용하기 때문에 그 효과는 훨씬 더 미미하다. 현재 규범인 에탄올 10퍼센트 연료의 경우에 이산화탄소 2퍼센트가 고작이다.

코슬라는 이렇게 응수한다. 옥수수 에탄올이 지구에 해롭다면 왜 천연자원수호위원회NRDC와 시에라 클럽이라는 거대한 두 환경 NGO가 동시에 지지한단 말인가? NRDC에 의하면, "평균적으로 오늘날 미국에서 생산되는 에탄올은 휘발유 1갤런에 비해 기후 온난화에 책임이 있는 배출량을 18퍼센트 감소시킨다. 그러나 모든 갤런이 정도가 같은 것은 아니다. 가장 최근의 에탄올 공장은 보다 효율적인 시스템과 천연가스 난방을 사용하여 배출량 35퍼센트를 줄이고 있다."

마지막 불만이자 가중된 상황을 보면, 에탄올 광증은 심각한 간접적 환경 영향을 미칠 수 있다고 한다. 하지만 그것 역시 측정하기 어려운 주장이다. 피해는 일련의 연쇄적인 상호 작용에서 생겨나기 때문이다. 많은 미국 농민들이 콩 수확을 에탄올용 옥수수 재배로 바꾸자, 브라질의 콩 생산자들은 목초지를 확보해 세계적으로 늘어난 수요에 부응하고 있다. 그래서 브라질의 목축 업자들은 아마존 숲까지 영역을 확장하고 있다. 마찬가지로, 말레이시아와 인도네시아에서도 열대 숲이 점진적으로 바이오 연료 생산을 위한 기름야자나무 재배로 쏠쏠한 이득을 보고 있다. 그런데 세계적인 규모의 산림 벌채는 온실가스 배출량의 20퍼센트를 차지한다. 하지만 그 탄소는 농업 연료의 빚에 포함되지 않는다. 확실히 산림 벌채 문제는 에탄올 논쟁을 훌쩍 넘어서서 그 자체로 다루어질 만하다. 숲이 맡은 역할인 이산화탄소를 빨아들이는 소중한 기능 때문에 확실히 숲 보존에 보답하는 총괄적인 시스템을 만들어야 할 것이다. 특히 〈타임〉의 화려한 '커버'로 등장한 '나비 효과'는 측정하기 어렵지만 옥수수 에탄올의 이미지를 손상시키는 데 폭넓게 기여했다.

셀룰로오스 미래

'옥수수 에탄올'에는 과거의 지나친 찬사도, 오늘날의 극단적인 비난도 걸맞지 않은 것 같다. 어찌 되었든 '아기 바이오 연료'를 에탄올 목욕물과 함께 쏟아 버리는 건 비생산적인 일이다. 지금으로선 옥수수 에탄올이 다소 성공적이긴 해도 필요 불가결한 첫 단계로 여기기 때문이다. 소위 '2세대' 바이오 연료들은 대부분의 장애물을 피해 갈 것이다. 따라서 2007년의 미국 법안은 옥수수 에탄올 생산의 연간 상한점을 560억 리터로 예상하고, '셀룰로오스 에탄올'의 생산은 점진적으로 상승해 2022년까지 연간 790억 리터에 달할 것으로 예측한다. "옥수수 에탄올이 시장을 창출하고 처음의 커다란 위기에 직면하지 않았다면 우린 셀룰로오스 에탄올에 투자하지 않았을 겁니다. 옥수수 에탄올의 가장 큰 장점은 셀룰로오스 에탄올과 부탄올 그리고 보다 매력적인 셀룰로오스 연료에 가까이 가는 발판으로 사용된다는 점입니다"라고 투자자 코슬라는 옹호한다.

그렇다면 무엇이 문제인가? 식료품 재배와 경쟁이 되지 않는, 식물 원료로 생산되는 온갖 종류의 연료가 '셀룰로오스 바이오 연료'라는 이름으로 한데 묶인다. 목재 산업의 톱밥과 대팻밥, 지푸라기, 옥수수 고갱이, 사탕수수 대와 같은 식물 또는 산림의 잔여물이나 척박한 땅에서 큰 수익을 내며 자라는 많은 경작이 문제가 될 수 있다. 기장이나 억새와 같은 일부 수수 또는 다년생 포아풀의 경우가 그렇다.

일부 연구에 의하면, 미국에서는 3,000만 헥타르의 땅이 식료품 재배에 아무 영향이 없는 에너지 경작에 이용될 것이라고 한다. 그리고 미국 에너지부는 경작 관행의 미미한 변화만으로도 오늘날 미국 영토에서 식료품 시장을 교란시키지 않고 바이오매스 13억 톤을 수확할 수 있다고 추산했다. 코슬라는 단언한다. "760만 헥타르에서 2017년에 바이오 연료 1,470억 리터를 생산할 수 있습니다. 그리고 생산성이 향상되면 2027년에는 1,980만 헥타르에서 5,260억 리터를 생산할 겁니다."

옥수수나 사탕수수가 에탄올로 발효될 수 있는 설탕을 직접 제공하지만 그리 귀할 것 없는 식물들에서 활용할 수 있는 물질은 그 식물들에 섬유 구조를 제공하는 셀룰로오스이다. 가장 널리 퍼진 유기물인 셀룰로오스는 세계 바이오매스의 절반 이상을 만들어 낸다. 연간 500억~1,000억 톤의 바이오매스를 만들어 내는 것이다. 그런데 셀룰로오스는 무수한 포도당 분자의 연결 고리로 이루어져 알코올이나 탄화수소로 변형될 수 있는 당류로 '끊어질' 수 있다.

이유는 간단하다. 헤미셀룰로오스와 리그닌이 함께 결합된 셀룰로오스는 무척 단단한 일종의 '식물 콘크리트'를 구성하기 때문에 전 세계 수십 개의 연구소에서 그 복잡한 안전장치를 단순한 당으로 '해체'하는 작업을 하고 있다. 일부 연구소는 열처리 기술이나 화학 처리 기술에 기대를 걸고, 또 다른 연구소들은 식물들의 피해에 이미 자연스럽게 연루된 박테리아, 효소, 효모 등의 미생물들을 이용해 기화나 발효의 생물학적 처리 기술에 기대를 건다. 메탄에 대해 생각해 보자. 메탄은 적도 기후의 늪 표면에서 발산되거나, 흰개미의 위 속에서 일어나는 소화 작용으로 발생한다. 흰개미는 지구 상에서 유일하게 목재를 먹어 치울 수 있는데, 흰개미의 내장 속에 서식하는 미생물 떼가 셀룰로오스와 리그닌을 소화시킬 수 있기 때문이다.

연구자들은 현재 흰개미의 타고난 잠재력을 인위적으로 '향상시키는' 작업을 하고 있다. 그들의 연구는 손쉬운 한두 개의 유전자 조작에서부터 보다 진척된 새로운 미생물 공학까지 진행되며, 미생물의 DNA와 신진대사는 미세 공장으로 변형시키기 위해 다시 그려진다. 따라서 세포들은 연구자가 통제 시스템을 변형시킨 화학 반응기로 '지칭'된다. 그 새로운 생물 공학 산업화 형태는 '합성 생물학'이라 불린다.

오바마 행정부의 에너지 장관 스티븐 추는 그런 유형의 연구를 가장 열렬히 주동하는 사람이다. 중국계 미국인 이민 2세로서 1997년에 노벨 물리학상을 수상하고, 스탠퍼드와 버클리 대학에서 교수 생활을 했던 스티븐 추는 석유 경제를 점진적으로 대체할 수 있는 '포도당 경제'에 대한 비전을 펼쳤다. 2008년 12월에 60세의 스티븐 추는 로런스 버클리 국립 연구소 소장으로서의 마지막 인터뷰에 응해 주었다. "기후 온난화는 오늘날 과학과 테크놀로지가 풀어야 할 가장 중요한 문제입니다. 우리는 마음속에 절박함의 의미를 간직해야 합니다. 우리에게는 실패할 권리가 없습니다. 우리가 해내지 못하면 세계는 비극으로 치닫기 때문입니다."

2004년과 2008년 사이에 스티븐 추는 버클리 국립 연구소의 연간 예산 6억 5,000만 달러의 4분의 1 이상을 탄소 절감 기술과 재생 에너지에 배정했다. 그는 이렇게 설명한다. "헬리오스 프로젝트의 양산 아래에서 우리는 2세대 바이오 연료, 진보한 태양 전지판, 생태학적인 건축 재료, 탄소의 포집 및 저장에 대해 연구하고 있습니다." 특히 스티븐 추는 바이오 연료 연구에 할애한 두 차례 원대한 프로젝트를 주도하기도 했다. 첫 번째는 에너지 바이오사이언스 연구소Energy Biosceinces Institute이다. 10년간 5억 달러를 내주는

BP의 후원을 받아 공적·사적인 대규모 협동 연구를 진행한다. 그 협회는 BP, UC 버클리, 로런스 버클리 국립 연구소 그리고 일리노이 대학 어버너-샘페인 캠퍼스의 연구원들을 규합했다. 두 번째는 합동 바이오에너지 연구소JBEI, Joint BioEnergy Institute로, 로런스 버클리, 로런스 리버모어, 샌디아 등 세 곳의 국립 연구소와 UC 버클리와 UC 데이비스 대학 그리고 카네기 과학 연구소를 규합했다. 버클리 언덕 기슭 에머리빌의 근사한 건물에 자리 잡은 그 연구소의 연구원은 150명 정도이고 에너지부로부터 5년간 1억 3,500만 달러의 보조금을 받는다. "경제적으로 의미 있는 경작과 처리 기술을 개발하자는 생각입니다. 다시 말해 배럴당 80달러에서 100달러 사이의 석유와 경쟁할 수 있어야 합니다"라고 스티븐 추는 강조한다.

박테리아 공장과 디젤 버섯

JBEI의 부사장이 된 옛 샌디아 연구소 출신의 블레이크 시몬스는 에머리빌에서 직접 안내를 맡아 쌀, 담배 등 다양한 식물들로 작업하는 팀을 소개한다. 연구원들은 교배나 유전자 조작을 통해 에너지 생산에 더 적응을 잘하는, 다시 말하면 척박하거나 건조하거나 또는 훼손된 땅에서도 큰 수익을 내며 자라는(1년에 헥타르당 10톤에서 62톤) 식물 개발에 애쓰고 있다. "우리 연구소는 UC 데이비스에 헌정된 온실을 자유롭게 사용합니다"라고 시몬스는 말한다. 그가 개인적으로 이끌고 있는 '해체' 팀의 연구원들은 목질 섬유소인 리그노셀룰로오스를 더 쉽게 단량체로 분해할 수 있도록 사전 처리를 최적화시키는 시도를 하고 있다. "특히 지금까지 개척되지 않은 푸에르토리코 원시림 토양의 미생물 군집 속에 있는 효소를 식별하려 애쓰고 있습니다." 최종 목적은 그러한 개량 효소들을 '제조'해 똑같은 품질을 갖되 바람직하지 않은 부산물은 방출하지 않도록 하는 것이다.

미국의 다른 미생물학자들도 바이오 연료 제조원으로 변형되기에 가장 적합한 유기체를 발견하기 위해 세계를 누비고 있다. 몬태나 주립 대학의 미생물학 교수 게리 스트로벨은 파타고니아 원시림에서 발견한 것이 기적의 버섯이기를 바라고 있다. 일부 나뭇가지 안에 잔뜩 몰려 있는 '글리오클라디엄 로세움*Gliocladium roseum*'은 디젤과 똑같은 탄화수소의 연쇄 고리를 내포한 가스를 천연적으로 발산한다.

이어 시몬스는 JBEI의 로봇 공학 연구소로 안내한다. 그곳에 있는 고가의 장비들은 효소 하나의 무수한 유전자 변형 속에서 대사 경로를 자동으로 분석하는 능력을 갖추고 있다! 끝으로, 연료 종합 연구소이다. "이곳의 임무는 진보된 바이오 연료로, 셀룰로오스 또는 다른 흥미로운 화학 분자에서 복합 당류를 곧바로 발효시킬 수 있는, 기존의 유기체보다 뛰어난 새로운 효모를 제조하는 것입니다."

일부 회사들도 셀룰로오스 에탄올 생산을 꾀하고 있다. 그러나 JBEI는 보다 진보한 연료, 즉 부탄올, 바이오디젤 또는 바이오가솔린 등의 가공 작업을 한다. "에탄올은 식용입니다. 차량용이 아니라!" JBEI의 CEO 제이 키슬링은 그렇게 농담하길 좋아한다. 좀 더 살펴보면, 에탄올에는 세 가지 단점이 있다고, 그 연구소에서 가장 젊은 연구원인 에인드릴라 뮤코패디에이는 설명한다. "먼저 에탄올은 적은 수의 분자로 이루어져 있어 더 진보한 연료들보다는 연소할 때 에너지를 더 적게 방출합니다." 달리 설명하면, 같은 양의 디젤이나 휘발유로 더 많은 킬로미터를 주행할 수 있다는 얘기다. "두 번째는 화석 연료와 달리, 에탄올은 물에 잘 녹습니다. 그래서 한편으로는 연료로의 변형이 더 까다롭고 비용도 더 많이 듭니다. 또, 그렇기 때문에 고전적인 인프라로는 부식성이 높습니다." 셀룰로오스나 옥수수의 에탄올은 송유관과 저장 탱크 그리고 특별한 급수 시설을 갖추어야 한다. 요컨대, 수십억 달러의 기존 석유 인프라와 호환되지 않는다는 얘기다. 게다가 바이오디젤이나 바이오가솔린은 그대로 대체될 수 있는 반면, 에탄올은 15퍼센트 미만으로 혼합되어야만 재래식 동력을 통해 유지된다.

순식간에 정부의 투자와 벤처 캐피털계의 전문가들, 거기에 갈수록 많은 거물급 기업들까지 몰려들면서 미래의 식물 연료에 대한 세계적인 경쟁이 시작되었다. 미국에서는 그야말로 성배를 찾아 헤매는 식이었다. 이미 그 복잡한 생산의 모든 사슬고리에 총 300만 달러 정도가 투자되었고 유명 대학 연구소들과 제넨코 같은 대기업들의 전문화된 계열사들을 비롯해 우후죽순처럼 생긴 무수한 신생 기업들이 이를 중심으로 활기를 띠고 있다. 그런 기업들로는 세레스Ceres, 코덱시스Codexis, 아미리스, LS9, 솔라자임Solazyme, 라이브 퓨얼스Live Fuels, 사파이어 에너지Sapphire Energy 등이 있다. 캘리포니아에만 10여 개가 있는데, 이들은 대부분 벤처 캐피털의 후원을 받거나, 그 분야에 뛰어들기가 조심스러운 에너지 혹은 화학계의 거물 기업과 제휴를 맺기도 했다. 2009년 5월 초에 스티븐 추 장관은 미 에너지부가 경제 활성화 정책의 8억 달러 가까운 금액을 그 새로운 공정을 테스트하기 위해 진보된 바이오 연료와 바이오 정유 연구에 투자하기로 했다고 발표했다. "우리는 우리에게 필요한 식품뿐만 아니라 우리가 사용하는 에너지의 상당 부분도 발전시킬 놀라운 능력을 갖고 있습니다"라고 그는 선언했다.

"어떤 면에서 우리는 현대 바이오테크놀로지의 세 번째 거대한 진보의 물결을 지켜보고 있는 겁니다." 제넨코의 필립 라비엘은 그렇게 해석한다. 최초의 생명 변형 도구는 1970년대 중반에 제약업을 위주로 하는 암젠Amgen사와 다른 그린테크 기업들이 설립되면서 시작되었다. 제약 업계의 상품 30~50퍼센트가 오늘날에는 바이오테크에서 나온다. 1980년대에는 재배 식물의 수익성과 성능을 개선하기 위해 유전자 조작 식품GMO을 둘러싸고 몬산토Monsanto를 비롯한 두 번째 물결이 형성되었다. 필립 라비엘은 이렇게 말한다. "다음 경계는 클린테크가 될 것입니다. 클린테크 영역은 탄화수소뿐만 아니라 자재와 화학 등 화석 연료를 사용하는 모든 기업과 관계되기 때문에 아주 거대합니다. 이것은 한때의 유행이 아니라 상당한 적응이 필요한, 막중하면서도 근본적인 변형이 될 겁니다."

의약품과 녹색 연료

우선은 의약품, 그리고 그다음이 연료다. 그 궤도를 충실하게 따라가고 있는 테크놀로지계의 새싹이 있다면 그건 바로 제이 키슬링과 그의 세 제자가 함께 설립한 아미리스다. 마흔다섯 살의 키슬링은 미국의 '합성 생물학'을 대표하는 인물이다. 그에게는 여러 가지 직함이 있다. UC 버클리의 화학 엔지니어링 및 바이오 엔지니어링 부서와 로런스 버클리 국립 연구소의 합성 생물학 분야를 이끌고 있으며, 진보된 바이오 연료를 연구하는 JBEI의 신임 최고 경영자이다. 그리고 옛 상사인 스티븐 추가 워싱턴으로 버락 오바마의 부름을 받은 이후부터 버클리 연구소의 부소장으로 있다.

키슬링은 이렇게 말한다. "버클리 연구소의 제자들은 단세포 미생물 속에서 화학적 반응을 만들어 내는 작업을 하고 있습니다. 몇 년 전에 우리는 이소프레노이드의 생화학에 관한 연구를 시작했습니다." 이소프레노이드는 식물을 통해 천연적으로 만들어지는, 맛이나 향 또는 항암 물질인 택솔Taxol과 같은 의약품이 될 수 있는 거대한 생성물 계열이다. 키슬링은 이어서 설명한다. "우리는 미생물을 재정비해 그런 물질들을 고효율적으로 만들어 내려고 시도했습니다. 적당한 '타깃'을 찾던 중에 제자 하나가 아르테미시닌 합성을 책임지는 대사 과정에서 첫 번째 유전자가 복제되었다는 논문을 가져왔습니다." 아르테미시닌은 효과적인 항말라리아 물질이다. 또한 중국과 베트남 그리고 오늘날에는 케냐에서만 자라고 2,000년 넘게 중국의 전통 약재로 사용되어 온 쑥에서 천연적으로 생성되는 일종의 이소프레노이드이다. 1960년대에 중국의 군의관들은 참호의 고인 물에 들끓는 모기 떼 때문에 '말라리아'에 걸려 쓰러지는 북베트남 군대의 병사들을 치료하는 데에도 쑥을 사용했다.

쑥에서 채취되는 아르테미시닌은 가공 원가가 2달러 40센트 정도의 고가여서 가난한 국가의 환자들에게는 그림의 떡이다. 특히 아르테미시닌의 천연 추출은 기후의 요행과 투기에 좌우되므로 킬로그램당 가격이 200~1,000유로까지 변동이 심하다. 그런데 해마다 말라리아에 걸리는 사람은 3억~5억 명 정도이고, 그중 150만 명 이상이 목숨을 잃는다. 80퍼센트가 사하라 사막 이남의 아프리카에서 확인되는데, 그 지역에서도 다섯 살 미만의 유아들과 임산부들이 주로 걸린다. 따라서 그 연구는 거대한 인류적 목적을 띠는 것이었다. "2001~2002년에 그곳에서 작업을 시작했습니다"라고 키슬링은 이야기한다. 키슬링과 그의 제자들은 식물들과 효모의 유전자를 박테리아 속에 집어넣고 '살아 있는 화학 공장'으로 변형시켜 말라리아 치료제인 아르테미시닌산을 분비하는 방법을 찾고 있다. 처방 비용을 낮추면서도 무엇보다 보급을 원활하게 해서 가격을 안정시킬 수 있는 기술이다. 키슬링은 그 임무에 더 몰두하기 위해 2003년에 제자이자 박사 학위를 딴 연구원들인 닐 레닝거, 킨케드 릴링, 잭 뉴먼과 함께 아미리스 바이테크놀로지라는 기업을 설립했다.

그해에 그들의 연구 활동을 다룬 기사가 나면서, 소프트웨어 업계의 제왕과 그의 아내가 이끄는 박애주의 단체인 빌 앤드 멀린다 게이츠 재단의 관심을 끌었다. 키슬링 연구소인 아미리스와 제약 업계 NGO인 원 월드 헬스One World Health는 함께 재정 후원 요청문을 제출했다. 그로부터 1년 반 후에 게이츠 재단은 아르테미시닌 프로젝트에 4,260만 달러를 선뜻 내놓았다. 키슬링은 이렇게 이야기한다. "아미리스를 설립한 연구원들은 연구소를 나가 그곳에서 전임으로 일할 수 있는 직원들을 채용했습니다. 임무를 나누어 맡은 거죠. 제 연구소는 기초 과학을 발전시키고 유전자와 대사 처리 과정을 감정하는 한편, 미생물 제조를 위한 최초의 이정표를 세웠습니다. 2007년 12월에 작업이 끝났습니다. 아미리스는 그 미생물을 최적화하고 발효 과정과 의약품 제작에 필요한 화학을 발전시키는 데 주력하고 있습니다."

말라리아는 '빈곤의 질병'이기에 아미리스 설립자들은 아르테미시닌을 만들어 돈을 벌 수 없다는 사실을 잘 알고 있었다. 그래서 그들은 테크놀로지를 기부하기로 결심했다. "우리 연구소에서는 아르테미시닌 연구에 관한 특허권을 등록했지만 아미리스에 지적 소유권을 무상으로 넘겼습니다." 아미리스와 원 월드 헬스는 프랑스 제약 그룹 사노피 아벤티스와 제휴를 맺고 발효 테스트와 대규모 화학 제조와 의약품의 기업적인 제조를 도맡았다. "우리는 그 처리 과정에서 분자가 최대한 자연적인 공정을 거치도록 신경 쓰고 있습니다. 그리고 킬로그램당 원가 350유로를 달성해야 하는데 2011년 말이나 2012년 초에는 가능할 것 같습니다." 사노피 아벤티스에서 그 프로그램을 책임지고 있는 로베르 세바그는 이렇게 설명한다. 사노피 아벤티스는 합성 아르테미시닌 생산의 일부는 활용하고 나머지는 다른 변형 업체들에 원가로 판매할 예정인데, 아르테미시닌은 처방에 대한 기생충의 내성을 줄이기 위해 다른 활동적인 분자와 함께 '복합 처리제'로 처방되기 때문이다.

제이 키슬링과 그의 제자들이 아미리스를 설립한 목적은 아르테미시닌을 곧바로 제작하기 위해서였다. 하지만 애초에 그들의 생각은 그러한 생명 공학을 토대로 수입을 창출하는 다른 물질들을 만들어 내는 것이었다. 2006년 1월에 다보스 포럼에서 했던 키슬링의 연설은 벤처 캐피털 업계의 두 스타인 코슬라 벤처스의 비노드 코슬라와 클라이너 퍼킨스의 존 도어의 눈길을 끌었다. 그때부터 두 투자자는 기업가들과 함께 다음 타깃 상품을 생각하다가 바이오 연료를 목표로 삼기로 합의했다. "처음에 게이츠 재단 이상으로 돈을 거두기 위해 금융계를 보았는데, 그들은 우리와 뭘 해야 좋을지 잘 모르더군요. 하지만 코슬라와 도어가 우리 회사의 잠재력에 큰 관심을 보였습니다"라고 키슬링은 말한다. 그 실리콘 밸리의 '친구이자 적'들은 좀처럼 하기 힘든 공동 투자까지 하게 되었다. 텍사스 퍼시픽 그룹이라는 세 번째 투자자를 찾은 아미리스는 2,000만 달러를 추가로 거두어들였다.

현재 아미리스는 비행기용 바이오디젤이나 등유와 같은 진보된 연료를 내뿜을 수 있는 작은 생명체를 '대량 생산'하기 위해 대사 공학에서의 노하우를 십분 활용하고 있다. 그리고 세계에서 가장

저렴한 당류를 확보하고 기업 경쟁력을 단련시키기 위해 브라질의
두 번째 사탕수수 제조 업체인 산텔리자 발레Santelisa Vale 그룹의
계열사 크리스탈세브Crystalsev와 제휴를 맺었다. "당류를 바이오디
젤 또는 '항공유'로 직접 발효시킬 수 있는 미생물을 구상하는 것이
목적"이라고 키슬링은 말한다. 현재 아미리스의 경영을 맡고 있는
이는 BP 미국 지사장을 지낸 존 멜로이고, 키슬링은 아미리스의
과학 고문을 맡고 있다. 또한 아미리스는 앨라배마 주를 포함해 미
국의 여러 주와 함께 사탕수수 밭을 재개발할 가능성을 타진하고
있다.

2009년 4월 말에 아미리스는 일명 '타협 없는 재생 디젤'이라 명
명된 바이오디젤이 미국 환경보호국의 허가를 받았다고 발표했다.
혼합해서 사용되는 그 바이오디젤은 자동차의 이산화탄소 배출량
도 감축시킨다. 단언컨대, 미래에는 아미리스가 셀룰로오스의 '해
체'에 관한 JBEI의 발견물을 활용하는 최초의 회사 중 하나가 될
것이다. 그 신생 기업은 에머리빌 연구소 빌딩의 1층 사무실을 쓰
고 있다.

작은 유리병에서 큰 통까지

일부 변형 공정이 연구소의 작은 유리병에서 큰 통으로 바뀔 정
도로 진전되면서 셀룰로오스 연료의 공장 시험 프로젝트가 늘어나

기 시작했다. 2009년 재생연료협회는 미국 20여 개 주의 산업 단지 목록을 26개 이상 만들었는데, 그중 세 개가 캘리포니아에 있었다. 비노드 코슬라에 의하면, 셀룰로오스 에탄올은 경쟁력을 갖추려면 아직 멀었다. "오늘날의 테크놀로지를 활용하면 갤런당 2달러에 생산할 수 있습니다. 레인지 퓨얼스는 조지아 주에서 연간 7,500만 리터의 용적을 갖춘 상업용 공장을 건설할 수 있도록 허가를 받았습니다. 그리고 2011년에는 대여섯 군데의 제조 단지에서 갤런당 1.25달러 정도의 원가를 예측하고 있죠." 그는 에탄올이 레인지 퓨얼스의 공정인 제지 산업 목재 잔여물의 열화학적 풍화를 이용하기 때문에 휘발유에 비해 이산화탄소 배출량을 75퍼센트나 감축시킬 뿐 아니라 옥수수 에탄올보다 물을 75퍼센트나 적게 쓰며 10여 년 후에는 흙도 75퍼센트 적게 쓸 것이라고 강조한다. 게다가 거의 흠잡을 데 없는 에너지 대차 대조표를 제시한다. "온전히 셀룰로오스만으로 만든 에탄올의 에너지 포함 비율은 5~6퍼센트 정도인데, 재래형 휘발유보다 82~85퍼센트 더 적은 온실가스를 배출한다." 옥수수 에탄올을 가장 격렬히 반대하는 포드 런지와 벤저민 시나워조차 그렇게 기술한다.

　그런데 그 새로운 세대의 바이오 연료는 단기적으로 미국 주유소의 휘발유와 디젤을 대량으로 대체할 준비가 되어 있을까? 많은 전문가들이 그 테크놀로지의 전개 일정에 대해서는 코슬라보다 신중한 태도를 취한다. 특히 에탄올을 넘어 진보된 바이오 연료를 말할 때는 더더욱 그렇다. "대규모 상업화는 5년에서 10년 정도 잡아야 할 겁니다." 스티븐 추는 에너지부 장관으로 취임하기 직전인 2008년 12월에 에머리빌의 JBEI 연구소 개막식 행사에서 그렇게 평가했다.

제넨코 역시 조심스러운 평가를 내린다. 다니스코의 자회사인 제넨코는 2008년 말에 리그노셀룰로오스 계열의 바이오매스를 가수 분해하여 만든 최초의 전문 상업용 효소 복합체 '악셀레라제 1000'으로 특허권을 얻었다. 또한 미국의 화학계 거물 기업과 뒤퐁-다니스코 제휴를 맺기도 했다. "우리는 이 기법을 믿습니다. 미국과 유럽에서 여러 개의 셀룰로오스 에탄올 생산 부지 계획을 개발 중이기 때문입니다." 필립 라비엘은 그렇게 밝힌다. 하지만 그에게는 실리콘 밸리의 '기술 낙관론자'들 중에서 가장 유명한 세 가지 신화를 반박하는 것이 더 중요해 보인다. "하나는 셀룰로오스 바이오 연료가 화석 연료보다 저렴하지 않을 거라는 겁니다. 둘째는 조만간 옥수수 에탄올이나 휘발유를 대체하지 못할 거라는 겁니다. 세 번째는 테크놀로지가 전부가 아니라는 겁니다. 한마디로 모든 제작과 배급의 사슬이 자리를 잡는 것이 산업적으로나 경제적으로 막중한 활동이라는 얘기죠!"

실제로 몇몇 연구원들이 실험실에서 어떤 혁명적인 결과를 산출하는 것만으로는 충분치 않다. 그들이 다루는 작은 생명들이 대형 통에서도 시험관에서와 마찬가지로 효력이 있다는 걸 입증해야 한다. 그리고 무엇보다 바이오매스를 위한 경작과 수확, 변형, 배급 등이 체계화되어야 한다. "거의 비슷한 세계적 휘발유 산업을 새로 만들어 내는 것과 같습니다"라고 필립 라비엘은 말한다. 2009년 2월 샌디아 연구소의 보고서에 의하면, 2세대 바이오 연료의 생산과 출시는 미국 규모로 볼 때 지금부터 2030년까지 생산 라인 전체에 총 4,000억 달러를 투자해야 휘발유 소비 30퍼센트의 방향을 돌려 놓을 수 있을 것으로 추정된다.

따라서 결국은 석유계의 메이저 회사들과 대량 소비 상품과 화학 제품의 다국적 기업 등 대형 그룹이 새로운 녹색 연료 산업의 승자가 되리라는 예측도 충분히 가능하다. 이미 옥수수 에탄올 산업에서 집중화가 시작되는 것을 보고 있지 않은가? 2009년에 파산한 에탄올 생산 업체 베라선의 공장 일부가 석유 메이저 그룹인 발레로 에너지에 인수된 것이 좋은 예다.

게다가 위기는 머지않아 그 분야의 10여 개 미국 신생 기업들을 일소시킬 듯하다. "우리는 벤처 캐피털의 자본이 만들어 낸 거품을 지켜보았습니다"라고 코덱시스의 CEO 앨런 쇼는 2009년 봄에 〈비즈니스 위크〉지에서 선언했다. 코덱시스는 의약품과 화학 제품 그리고 바이오 연료의 생산을 돕는 효소들을 제작하는 레드우드시티의 중소기업이다. 그리고 살아남은 기업들은 매각되거나, 거물급 기업들에 테크놀로지를 양도하게 될 것이다. 거물급 기업들만이 대규모 바이오매스 생산을 체계화하고 5억 달러씩 하는 공장에 투자하고 제품을 배급할 만한 수완이 있기 때문이다. 마찬가지로, LS9도 2009년 5월에 프록터 앤드 갬블과 수년에 걸친 제휴를 맺었다.

따라서 성공적인 테크놀로지가 출현할 때까지 석유 회사들은 신중하게 분산 투자하고 있다. 다섯 개의 메이저 업체들이 지난 몇 년 동안 재생 에너지에 총 50억 달러를 들였다고 미국재생에너지협회는 밝혔다. 이는 민간 단체와 벤처 캐피털 투자자들이 투자한 총액의 10퍼센트에 해당한다. 가령 영국과 네덜란드의 합작 그룹인 셸은 2008년에 태양열과 풍력에 대한 투자를 늦추고 신세대 바이오 연료에 집중했다. 아이오젠, 코덱시스, 비런트 등 셀룰로오스 연료 중소기업들과 해조류 회사인 HR 바이오페트롤리엄에 투자했다. 메이저 기업인 BP는 이미 '석유를 넘어' 브라질에서 사탕수수 에탄올을 만들고 있다. 또한 셀룰로오스 연료에 대한 버클리 연구소와의 공동 연구 외에도, 영국의 헐에서는 바이오부탄올 공장을, 미국의 플로리다에서는 셀룰로오스 에탄올 공장을, 그리고 인도에서는 바이오디젤 생산용 작물인 자트로파로 바이오디젤 공장을 계획하고 있다. 지금까지는 대체 에너지에 소극적이던 미국 기업 엑슨 모빌도 해조류 연료 생산에 6억 달러를 투자했다고 발표했다.

하지만 우리는 석유 메이저 회사들을 '녹색 거인'들로 소개하는 텔레비전 광고를 지나치게 신뢰하고 있다! 2009년에 대체 연료에 이루어진 투자 금액의 누적된 총액이라고 해봤자 화석 에너지에 대한 투자에 비하면 1~2퍼센트에 불과한 쥐꼬리 수준이다. 그 화석 에너지에는 캐나다 앨버타 주의 역청질 편암처럼 환경에 가장 피해를 많이 주는 에너지도 포함된다.

그래도 새로운 에너지 경작이 계속 늘어날 경우 북반구뿐만 아니라 남반구의 농촌 풍경도 크게 바꿀 만한 능력이 있는 건 사실이다. 생산에 필요한 엄청난 양의 바이오매스(바이오 연료 359리터를 생산하려면 식물 1톤이 필요하다)와, 열대 지역에서 광합성이 가장 강하다는 사실로 미루어 볼 때, 상당 부분의 에너지 관련 경작과 그 에너지의 변형이 아시아와 라틴 아메리카 그리고 아프리카에서 이루어져야 하는 것이 논리적이다. "에너지 관련 경작은 전통 농업의 수익을 증대시키고 개발 도상 국가의 비료와 살충제 사용을 절감할 수 있습니다. 또 적절한 윤작으로 훼손된 땅의 생산성을 회복시키고 농가들의 수익을 늘리는 데도 도움이 될 수 있습니다"라고 비노드 코슬라는 강조한다. 빈곤의 '허리띠'가 동시에 바이오매스의 '허리띠'가 될 수도 있다는 사실은 개발 도상 국가들에 일종의 기회가 될 수 있다. "셀룰로오스 바이오 연료의 도래는 북반구와 남반구 사이의 상업적인 흐름의 균형을 다시 맞추는 역사적인 기회가 될 겁니다"라고 제넨코의 필립 라비엘은 판단한다.

해조류 가득이오?

샌프란시스코 남쪽 한 빌딩의 이름 없는 창고에는 푸른색의 커다란 플라스틱 통이 열다섯 개 남짓 쌓여 있다. "그건 마이크로 해조류로 생산되는, 세계에서 가장 큰 바이오디젤 창고입니다." 조너선 울프슨과 함께 공동으로 솔라자임을 설립한 해리슨 딜론은 자랑스레 말문을 연다. "이미 수천 갤런을 생산했고, 재래식 디젤에 비해 이산화탄소 배출량을 85퍼센트에서 93퍼센트 정도 감축시키는 이 연료는 사용 가능성도 완벽하고 보증도 받았습니다. 1년여 전부터 SUV 디젤을 가동시켰으니까요!"

그렇다, 2세대 바이오 연료의 대성공에, 바이오테크놀로지계의 젊은 기업들은 육상 식물뿐만 아니라 마이크로 해조류와 다른 식물성 플랑크톤에도 투자를 늘리고 있다. 실제로 그 유기체들은 광합성을 통해 막대한 바이오매스를 아주 빠르게 만들어 내고, 그 에너지를 지질 형태로 천연적으로 저장할 수 있다는 장점이 있다. 그 다음에 '기름'은 추출되어 기존의 인프라와 모터들과도 호환 가능한 진보된 녹색 연료로 변형될 수 있다.

그 개념은 새로운 것이 아니다. 무엇보다도 휘발유 자체가 이미 수백만 년 동안 광물질 속에 묻힌 식물성 유기 물질, 즉 해조류의 침전 작용과, 서서히 탄화수소로 숙성되는 과정을 통해 제조되었으니까. 미국 정부는 1970년대 말에 해조류 휘발유를 생산할 가능성을 탐색하기 위해 '해양 생물 종 프로그램'에 착수했는데, 그 노력은 1996년에 원유 시세가 폭락한 후에 포기했다. 그러나 최근 몇 년 동안 재생 에너지 붐이 일면서 소수의 기업가들이 그 개념을 되살리려는 시도를 벌였다. 그렇게 해서 여러 기업이 생겨났다. 오로라 퓨얼, 그린 퓨얼, 라이브 퓨얼, 솔릭스 바이오퓨얼스, 사파이어 에너지, 솔라자임……

"1995년에 제가 유전학으로 박사 학위를 취득했을 때 제약업은 충분히 무르익은 분야였던 반면 재생 에너지에 적용된 생물 공학은 석기 시대여서 훨씬 더 흥분되는 영역이었습니다"라고 해리슨 딜론은 말한다. 그는 그 당시부터 해조류의 에너지 잠재력에 열정을 품었다. 2003년에 법학 학위를 받고 생물 공학계의 지적 소유권 전문가로 돌아온 딜론은 '자신의 차고'에서 애틀랜타의 에모리 대학 초년생 시절부터 친구로 지내 온 조너선 울프슨과 함께 솔라자임을 창립했다.

"그린테크가 유행하기 한참 전이었고, 앨 고어가 그 주제를 대중화시키기도 전이었죠. 당시에는 휘발유 가격이 배럴당 18달러였고요! 다른 분야에서 훨씬 앞서 있었던 만큼 햇빛으로 해조류를 키우는 것이 썩 좋은 기술이 아니라는 걸 일찌감치 알아챘습니다. 그렇게 하면 훨씬 더 비싸거든요." 그는 그렇게 말한다. 대부분의 경쟁자들이 개방된 수조나 투명한 광바이오 반응기에서 광합성을 활용해 해조류를 키우는 반면, 두 사람은 '암실 발효' 방법을 택했다. 해조류를 강철 무균 통에 가두고 사탕수수를 '먹여' 키우는 방법이다.

딜론이 자리에서 일어나 도표를 그려 보였다. 시대에 따른 리터당 그램 해조류 생산 도표였다. "마이크로 해조류를 개방 수조나 투명한 광바이오 반응기에 넣으면 세포들이 기하급수적으로 성장합니다. 그런데 일정한 밀도에 도달하면 서로 그늘을 드리웁니다. 그러고 나면 한계에 부딪쳐 두 달이 되어도 리터당 5그램에 기름 함유량은 10퍼센트밖에 안 되죠. 하지만 우리 방법대로 하면 해조류 세포들이 당류의 에너지 소스에서 헤엄을 치죠. 그러다가 사흘에서 닷새 정도면 리터당 수백 그램에 기름 함유량이 75퍼센트에 육박합니다."

그런데 솔라자임의 해조류가 사탕수수를 '먹어야' 한다면 다시 '식품이냐 연료냐'의 논쟁에 빠지지 않을까? "바이오 연료가 좋은 지 나쁜지를 묻는 것은 마치 어떤 금속 물체가 위험한지 아닌지를 묻는 것과 같습니다. 모든 것이 쓰기 나름이니까요! 기름야자나무를 심어 바이오에탄올을 생산하겠다고 원시림을 잘라 내는 건 좋은 일이 아니죠. 하지만 200년도 전부터 존재해 왔던 사탕수수 재배를 재건하여 탄소 중립 순환 내에서 저렴한 비용으로 바이오디젤을 만드는 건 환경에 좋은 일이죠!" 딜론은 그렇게 말한다. 그에 의하면, 미국에서 식료품 재배에 혼란을 주지 않으면서 옛 사탕수수 밭에 다시 생산성을 부여하기 위한 대대적인 작업이 단기적으로나마 이루어졌었다. 하와이, 앨라배마, 루이지애나와 캘리포니아의 임피리얼 밸리에서도. 중장기적으로 셀룰로오스의 풍화 기법이 경쟁력을 갖추면 솔라자임은 셀룰로오스 식물에서 파생되는 당류를 활용할 계획이다.

그러나 셀룰로오스 에탄올에 대해 대단히 낙관적인 비노드 코슬라는 해조류 연료의 경제는 그다지 믿지 않는다. "우리는 스물대여섯 가지 계획을 연구해 보았지만 설득력 있는 계획안은 찾지 못했습니다. 하지만 아직 혁신을 위한 여지는 크다고 여겨 고려할 계획입니다." 그는 2008년 말에 한 전문가 정상 회담에서 그렇게 선언했다.

솔라자임의 노하우는 해조류 세포의 유전 공학에 있다고 딜론은 설명한다. "우리는 '투입input'과 '산출output'을 바꾸기 위해 DNA를 변형시킵니다. 그래서 해조류가 먹을 수 있는 것(예를 들면 옥수수 대신 사탕수수)은 물론이고 물리적 외관도 변형시키죠. 그런 유전자 조작은 이미 30년 전부터 통 발효를 이용해 이루어지고 있습니다. 그런 작업을 개방 수조에서 하려면 훨씬 힘들겠죠!"

개방 수조의 또 다른 문제점은 시간이 흐르면서 기생 해조류에 오염된다는 점이다. 어쨌든 솔라자임의 독창적인 테크놀로지는 미국의 메이저 기업인 셰브런의 관심을 끌어 비밀리에 제휴를 맺기도 했다. 2009년 6월에 솔라자임은 직원 60여 명을 두고 밴티지 포인트 벤처 파트너스를 포함한 네 군데 벤처 캐피털 기업으로부터 총 7,600만 달러를 확보했다. 특히 솔라자임의 창립자는 다량의 해조류 바이오디젤을 머지않은 장래에 상업화시킬 만한 가격으로 생산하는 데 성공했다고 단언한다. "우리는 앞으로 2년에서 3년 안에 갤런당 2달러에서 3달러 정도의 범위에 도달할 겁니다. 그때는 화석 연료와 충분히 경쟁이 될 겁니다."

녹색 석유 화학

남쪽으로 몇백 미터 떨어진 샌디에이고에선 또 다른 해조류 바이오 연료 중소기업이 눈부신 성장을 보여 주고 있다. 2009년 4월 중반에 사파이어 에너지는 "2011년에 항공 연료와 디젤유 378만 리터를 생산할 것"이라고 밝혔다. 그리고 지극히 야심 찬 계획을 발표했다. 2018년에 연간 3억 7,800만 리터를, 2025년에는 37억 8,000리터를 생산하겠다고 한다. 이는 "사파이어 에너지가 그 시기까지 예정된 재생 연료 1,360억 리터의 3퍼센트에 해당하는 연료를 단독으로 공급할 것"이라는 의미다. 상당수 경쟁자들과 대규모 전문 연구소의 연구원들이 코웃음을 칠 만한 주장이다.

샌디에이고의 이 중소기업은 생산 비법을 밝히지 않는다. 단순히 "햇빛, 이산화탄소, 해조류의 광합성 미생물, 비음용수 그리고 경작할 수 없는 땅을 기반으로 한 혁명적인 플랫폼"으로 특허를 얻었고, 그러고 나서 디젤이나 비행기 연료, 휘발유 또는 다양한 석유 화학 제품으로 정제될 수 있는 '친환경 원료Green Crude'를 기업적인 규모로 생산할 수 있다고 단언할 뿐이다. 특히 캐스케이드 인베스트먼트를 통한 빌 게이츠 그리고 벤록 캐피털을 통한 록펠러 가문과 같은 유명한 투자자들의 후원을 받은 사파이어 에너지는 이미 항공 회사 콘티넨털 항공·재팬 에어라인과 함께 항공 연료의 테스트를 성공적으로 마쳤다.

해조류를 기반으로 한 산업 공정에는 몇 가지 이점이 있다. 폐수를 활용하고 경작이 어려운 땅을 사용할 수 있다는 점과 다른 식물들과 마찬가지로 이산화탄소를 영양물로 흡수할 수 있다는 점이다. 더 뛰어난 점은, 에탄올과 달리 해조류는 오늘날의 인프라와 호환할 수 있는 분자들을 직접 생산할 수 있다는 점이다. "우리 기름은 이미 가동되는 발효 공장에서 취급될 수 있고, 그러고 나면 정제되어 디젤유나 항공유, 플라스틱, 비누, 화장품 또는 식용유를 생산할 수 있습니다. 우리 연료는 기존의 파이프라인 네트워크를 통해 재래식 주유소로 배급될 수 있습니다. 그리고 에탄올은 휘발유와 에탄올을 겸용할 수 있는 '플렉스퓨얼flex-fuel' 모터가 필요한 반면 이 연료는 고전적인 디젤 모터로도 사용할 수 있습니다." 솔라자임의 해리슨 딜론은 그렇게 강조한다.

솔라자임은 뉴멕시코에 공장 계획을 갖고 있는 사파이어 에너지와 마찬가지로 무엇보다도 디젤과 항공유 시장을 목표로 하고 있다. 딜론은 이렇게 말한다. "저는 엑슨 모빌과 셰브런, BP 그리고 쉘과 모임을 가졌습니다. 그 메이저 기업들은 전부 디젤을 원하고 있죠. 미국에선 운행되는 디젤 자동차가 별로 없기 때문에 트럭이나 선박, 기관차 용도로 말입니다."

2008년과 2009년에 생물 공학을 둘러싼 언론의 소란은 바이오 연료에 집중되었다. 그러나 작업 대상이 셀룰로오스 식물이든 해조류든, 많은 신생 기업들이 다양한 판로를 노리고 있다. 딜론은 이렇게 말한다. "회사를 설립할 때 우리의 목표는 바이오 연료였습니다. 그러다가 어느 정도 진행되면서 그 테크놀로지가 화장품이나 식용유에도 적용된다는 걸 깨달았죠. 당연히 그런 시장들을 위해서는 유전자 조작을 하지 않은 천연 해조류를 사용하고 있습니다." 딜론이 작은 기름병에 든 액체를 단숨에 마시고는 방문객에게도 작은 잔을 내밀면서 말한다. "맛을 보세요. 우리 식용유는 올리브유와 비슷합니다. 연료로 리터당 11달러를 버는 것보다 식용유로 리터당 68달러를 버는 것이 돈 벌기는 더 쉽죠." 솔라자임은 여러 농식품 회사 및 화학 회사와 이야기를 나누고 화장품과 식용유 그리고 '뉴트라슈티컬'(식품과 약이 합쳐 만들어진 기능성 제품—옮긴이)을 곧 상업화할 예정이다.

보다 일반적으로는 석유 화학 시장 전체가 조만간 '녹색 바이오테크노'로 변형될 예정이다. 카펫 섬유 세제, 플라스틱 물감, 자동차 타이어 접착제 등등. 그 모험은 제넨코와 파트너가 된 뒤퐁이나 굿이어 같은 회사들이 준비하고 있다.

그런데 그 새로운 바이오테크놀로지 물결의 제품들이 시장에 이르기도 전에 일부 '공상가'들은 벌써부터 다음 혁명을 준비하고 있다. 즉, 완전히 종합적인 세포 공장의 제작이다. 유전학자 크레이그 벤터는 신세틱 제노믹스Synthetic Genomics라는 중소기업을 창립해 원하는 분자를 분비하는 '마이크로 로봇' 유전 물질을 인위적으로 만들어 내는 연구를 하고 있다. "우리는 석유 화학 산업에서 파생되는 모든 제품을 대체하려는 '소박한' 야심을 갖고 있습니다." 크레이그 벤터는 2008년 2월에 열린 혁신에 관한 TED 회의에서 그렇게 설명했다. 그가 2000년대 초반에 이미 기록적인 시간 안에 다른 사람들은 그때까지 불가능하다고 생각하던 걸, 즉 최초로 완전한 인간 게놈 해독을 완수했다고 해도 아마 사람들은 그를 미쳤다고 할지 모른다. 하지만 석유 회사 엑슨 모빌은 그에게 투자하기로 했다.

Chapter 7

;

바람이
가져다주는 것들

T. 분 피켄스가 팜스프링스의 르네상스 에스메랄다 호텔 잔디밭에 설치된 연단에 섰다. 그는 여든의 나이에도 청년처럼 장난기 어린 눈빛에 장터의 약장수만큼이나 언변이 뛰어났다. 짙은 색 정장에 오렌지 빛깔 넥타이를 차려입은 백발의 피켄스는 2009년 1월 20일 부터 22일까지 열린 클린테크 정상 회의에 참석한 500여 명 앞에 서 연설을 했다. 클린테크 정상 회의는 친환경 신생 기업, 벤처 캐 피털리스트들, 대체 에너지 분야를 전문으로 하는 변호사들과 고 문들의 모임이다.

기이한 광경이었다. 말투도 구수한 텍사스 출신인 피켄스는 미 국 실업계의 유명 인사로서 석유 업계의 옛 제왕이자 억만장자이 고 1980년대 증권 거래소 전성기의 개척자였으며, 공화당의 가장 든든한 후원자이기도 하다. 하지만 클린테크 나라의 피켄스는 금

욕을 결심한 호색한 군주나 마찬가지였다.

그 석유 재벌이 왜 친환경을 호소하는 걸까? 환경의 간섭주의 정책을 부르짖는 투사들 중에서도 자유 시장의 전도자였던 그가 대체 어떻게 된 걸까? 그는 늘 즐겨 꺼내던 이야기인 미국의 에너지 독립을 수호했다. 피켄스는 이렇게 말을 꺼냈다. "믿을 수 없는 일입니다. 우리는 40년 전부터 마치 우리에게 석유가 있기라도 한 듯이 행동하고 있습니다. 우리의 석유 생산이 절정에 달했던 건 1970년인데 말입니다! 미국은 현재 원유 소비의 64퍼센트를 수입하고 있습니다. 그리고 절반 이상이 우리에게 적대적인 나라, 심지어 우리를 증오하는 나라로부터 오고 있습니다."

그리고 '도대체가!what the hell!'와 '설마!my ass!'가 수시로 튀어나오는 남부 특유의 늘어지는 말투로 연설을 시작한 백만장자는 "이대로는 안 됩니다. 우리에게 다른 방법이 있는 한은 더더욱 말이죠. 우리에겐 자원이 있습니다." 그 어떤 미국 대통령도 그 이름에 걸맞은 에너지 계획안을 구상하지 못했던 만큼, "난데없이 나타난 이 늙은이"가 자신의 프로젝트를 내세운 것이다. 이름하여, 풍력과 천연가스를 기반으로 한 '피켄스 계획안Pickens Plan'이었다.

피켄스는 자신의 애국 사상을 옹호하면서 자기 이름을 본떠 만든 일명 '부니즘boonism'을 부르짖었다. 이런 식이었다. "계획이 있어 떠나는 바보가 아무 계획 없는 천재보다 낫습니다. 그런데 우린 솔직히 아무 계획도 없는 바보들 같지 않습니까. 전 세계가 우리를 비웃고 있단 말입니다!" 또는 "이제 아시겠습니까. 프랑스인들도 알고 있는 겁니다. 우리는 한때 원자핵의 챔피언이었지만 이제 프랑스의 전기는 80퍼센트가 원자력이고 우린 고작 20퍼센트에 불과합니다. 어쩌다 우리가 이처럼 뒤지게 되었단 말입니까?" 사람들의 환호성과 박수갈채가 이어졌다.

대부분의 참석자들이 버락 오바마를 믿고 따르는 팜스프링스 회담에서 늙은 텍사스 공화주의자는 큰 인기를 끌었다. 그러나 피켄스는 환경 운동가는 아니었다. 그날 그는 기후 온난화에 대해서는 한마디도 꺼내지 않았다. 그는 질문을 받았을 때에도 그저 이렇게 대답했을 뿐이었다. "아, 도대체가, 우리의 탄소 발자국을 줄인다는 게 그렇게 나쁜 일은 아니잖소······." (Skip Hollandsworth, "There Will Be Boone", 《텍사스 먼슬리》 2009년 9월 호에서 인용) 심지어 그는 그런 시도조차 하지 않고 있다. 경제 위기 전에 40억 달러 정도로 추산된 재산을 지닌 피켄스 부부는 곳곳에 대궐 같은 저택을 소유하고 있다. 텍사스 주 서부의 팬핸들 지역에 1,000제곱미터의 목장, 댈러스의 거대한 소유지. 그의 네 번째 아내인 매들린 역시 샌디에이고에서 멀지 않은 캘리포니아 해안에 3,500만 달러 상당의 영지를 소유하고 있다. 부부는 에너지 절약에 크게 신경 쓰지 않는 것 같아 보였다. 피켄스는 전용 제트기 G550을 타고 전 세계를 누볐으니까. 그리고 2008년 5월에 매들린은 남편의 80번째 생일을 축하하기 위해 댈러스 컨트리클럽을 통째로 빌려 이탈리아의 테너 가수 안드레아 보첼리와 영국의 소프라노 가수 세라 브라이트먼 그리고 벨기에 가수 라라 파비안을 초빙하기까지 했다.

피켄스는 최근에 텍사스 팬핸들 지역에 16만 1,000헥타르 지대의 물에 대한 권리를 사들였지만 그것은 생태학적 제스처라기보다는 재무가의 도박에 가까운 것이었다. 피켄스는 거기서 수천만 달러의 이윤을 얻고 댈러스와 포트워스 밀집 지대의 연안 지역에 되팔았다. 그리고 피켄스가 콜라 캔이 미지근해지기도 전에 다 먹어 치우거나, 방을 나서기 전에 늘 불을 끄는 습관이 있다거나, 단골 고급 레스토랑에서 남은 스테이크를 유유히 포장해 가는 것은 지구에 대한 염려라기보다는 힘들었던 초창기의 기억 때문일 것이다.

피켄스에게 유일하게 친환경적인 측면이 있다면 아내 매들린 때문에 하게 된 후원이다. 작가 톰 울프의 표현 "결코 너무 마르지도 않고, 결코 너무 화려하지도 않은never too thin, never too rich"에 기가 막히게 어울리는 금발의 우아한 여성 매들린은 미국 서부에 40만 헥타르의 땅을 매입해서 지나치게 많은 야생마들을 정부가 안락사 시키는 일이 없도록 보호소를 만들었다.

대체 에너지에 대한 피켄스의 사회 운동은 무엇보다도 국가 안보와 관련된 문제이다. 그는 이렇게 염려한다. "이건 무기 없는 전쟁입니다. 1970년에 미국은 석유의 34퍼센트를 수입했고, 1990년에는 42퍼센트에 육박했습니다. 오늘날은 거의 70퍼센트나 되고, 이것도 시시각각 오르고 있습니다!" 2008년에 4,750억 달러까지 오른 석유 가격은 앞으로 10여 년 후에 중국과 인도의 수요의 여파로 1조 달러에 이를 수도 있다. "그렇게 되면 인류 역사의 가장 커다란 부의 이동이 시작될 겁니다. 난 그 돈이 베네수엘라나 사우디아라비아로 가기보다 우리 경제로 흘러 들어오는 걸 무척 보고 싶습니다!" 피켄스는 그렇게 주장한다.

또 그렇게 의존도가 높아지다 보면 미국인들의 미래마저 위협받을 수 있다고 주장한다. 그는 팜스프링스의 청중을 향해 농담조로 이렇게 말했다. "석유 가격이 계속 오르면, 장담컨대 우리 문제가 아주 많이 해결될 겁니다. 보건이나 교육 문제로 걱정하지 않아도 될 테니까요. 어차피 그런 데 신경 쓸 돈도 없을 거 아닙니까!"

석유 수입을 반대하는 석유 재벌

"석유 재벌로서 나는 땅에 구멍을 더 뚫어 봐야 이 난관을 해결하진 못할 거라고 말씀드릴 수 있습니다"라고 T. 분 피켄스는 단언한다. 또한 공화당원들, 특히 세라 페일린과 존 매케인의 평소 신조인 "드릴, 베이비, 드릴!Drill, baby, drill!"에도 반대했다. 피켄스는 물론 석유로 큰 재산을 모았지만 석유왕들 중에서도 늘 제멋대로 행동했다. 젊은 시절에 필립스 페트롤리엄에서 지질학자로 일했던 그는 이내 관료주의에 염증을 느꼈다. 그래서 3년 만인 1954년에 회사를 그만두고 자립했다. 스물여섯 살의 지질학자는 부모와 친구에게 2,500달러를 빌려 첫 회사를 차렸는데, 바로 메사 페트롤리엄이다. 린 고등학교 시절 여자 친구였던 첫 아내와 세 자녀와 함께 텍사스의 애머릴로에 정착해 푸른색과 흰색이 섞인 포드 밴을 타고 유정油井을 전전하다가 이따금 가족에게 먹을거리를 가져다주기 위해 소총으로 다람쥐 사냥을 하기도 했다.

하지만 그 젊은 기업가는 포부가 크고 꾀바른 청년이었다. 1980년대 초반에 그는 이사회에서 "월 스트리트에서 시추를 하는 것"이 더 저렴할 거라고 설명한다. 1979년 제2차 오일 쇼크로 유가가 연달아 오르자 호사를 누리던 석유 회사들은 시세가 떨어지면서 주머니가 말라 버렸다. 운영도 엉망이고 직원은 너무 많았던 그 회사들은 뉴욕에서 실제 자산 가치의 40퍼센트 또는 30퍼센트 정도의 시세가 매겨졌다. 기껏해야 스페인에서 자신들끼리 벌이는 사냥놀음이나 전용 제트기 안에 욕실과 피아노를 설치하는 일 따위에만 관심을 갖는 석유 거물 집단을 피켄스는 늘 경멸했다. 그는 이렇게 되풀이해서 말하곤 했다. "자신들의 회사에서 주식을 거의 갖지 못한 그 CEO들은 아프리카 원숭이들만큼이나 주주들을 존중할 줄 모른다."

피켄스는 지미 골드스미스나 칼 아이칸보다 먼저 빅 오일을 노린 기업 사냥 활동을 시작했다. 가차 없는 인수 합병 경쟁이 유정 탑 영역에 불붙었다. 월 스트리트에서 과소평가된 기업의 주식 10퍼센트를 모아 차용금과 '정크 본드'로 출자해서 적대적인 주식 투매를 하는 것이다. 정크 본드란 고위험 고수익 채권이기 때문에 일명 '쓰레기 채권'으로도 불린다. 걸프 오일, 필립스 페트롤리엄, 시티스 서비스, 유노칼…… 대담한 기업 사냥꾼 피켄스는 때로 자신의 회사보다 몸집이 열 배 혹은 스무 배 더 큰 대상도 공략했다. 그는 거만한 경영자들에게 "주식을 어떻게 쓰는 건지" 보여 주고 싶어 했다.

그러나 피켄스도 원래부터 그렇게 대담하진 않았다. 어린 시절에는 무척 소심해서 학급 친구가 그의 과제물을 대신 큰 소리로 읽어 주어야 할 정도였다. 하지만 소년은 머지않아 재치 있는 면모를 드러냈다. 열두 살에 부지런히 신문 배달을 하며 활동 반경을 점점 넓혀 간 끝에 꿈도 꾸어 보지 못했을 용돈을 벌었던 것이다. 그는 훗날 그때의 일을 "획득을 통한 빠른 성장"에 조숙하게 입문했던 것이라고 말한다.

피켄스는 유정 지역인 오클라호마의 홀든빌에서 태어났다. "벽돌로 지은 교회 몇 채, 사무실 두 블록, 약국 세 곳, 자재 상점 하나." 그는 자서전 《분*Boone*》에서 그렇게 묘사한다. 그의 아버지 토머스 분은 한때 변호사였다가 석유와 광석 연구원으로 전향했는데, 채굴권을 사들여 재산을 모았다. 어머니는 부동산 등기소의 직원이었다. "아버지에게 물려받은 도박사로서의 본능에 어머니의 분석 능력이 보완되었다"고 그는 설명한다. 사춘기 시절에는 부모와 함께 텍사스 팬핸들 지역의 비공식 수도인 애머릴로로 이주한다. 그곳은 곧 그의 고향이 된다.

기업 사냥꾼 피켄스는 한번 노린 대상은 단 한 번도 놓친 적이 없었지만 그 대상들을 '백기사'(적대적 M&A 위협을 받는 기업이 M&A를 방어하기 위해 끌어들이는 제3의 우호 세력—옮긴이)의 품에 밀어 넣거나 적당한 가격에 자신의 주식을 되사도록 만들었다. 19세기에 제이 굴드가 철도 노선들을 강제로 합병시켰던 것과 같은 방법으로, 1980년대에 피켄스도 석유 경영자들의 기업 연합을 개시했다. 그러면서 자신의 회사를 차려 주주들을 부자로 만들었다. 1982년에서 1985년 사이에 그의 증권 전쟁은 메사 페트롤리엄에 족히 8억 달러를 끌어다 댔다. 석유 업계의 재앙이 된 피켄스는 그 당시 〈타임〉과 〈포천〉의 1면을 장식했다.

바람의 사우디아라비아?

'피켄스 계획안'은 2008년 7월 8일에 유례없는 언론의 대대적인 캠페인으로 소개되었다. 불과 하루 만에 피켄스는 기자 회견과 온갖 텔레비전 방송국은 물론이고 미 공영 라디오NPR, AP 연합, 〈월스트리트 저널〉과의 인터뷰에 연달아 응했다. 기자 회견에서도 흉내 내기 힘든 텍사스 말투로 이렇게 말문을 열었다. "이것 보십시오, 우린 지금 막다른 골목에 있습니다. (……) 저에겐 우리의 에너지 문제를 해결할 방안이 있습니다. 어쩌면 완벽한 방안이 아닐지 모르지만, 제가 해냈던 최고의 생각들 중에서 어떤 것도 원래부터 완벽했던 건 없었단 말입니다."

그의 방안이란? "어린아이도 알아들을 만한 것"이라고 피켄스는 단언했다. 그는 몇 분에 걸쳐 소신을 밝혔고, 그 장면은 그의 사이트인 피켄스플랜닷컴PickensPlan.com을 통해 유포되었다. 실제로 미국 전기의 22퍼센트가 천연가스 발전소에서 생산된다(50퍼센트는 석탄에서, 20퍼센트는 원자력에서, 8퍼센트는 나머지에서). 피켄스의 생각은 그 고급 치즈에서 '가스' 단면을 풍력으로 대체한다는 것이었다. 실제로 2,500킬로미터나 펼쳐지며 텍사스 서쪽에서 캐나다 국경까지, 오클라호마와 캔자스, 네브래스카, 다코타, 미네소타를 거치는 미국 중부의 거대한 회랑 지대는 세계에서 바람이 가장 많이 부는 지역이다. 피켄스의 표현에 의하면, '바람의 사우디아라비아'가 될 수 있었다. 이론적으로도 그 '풍력 밀집 지대Wind Belt'에는 미국 전체의 총 전기 수요를 감당할 정도의 잠재적인 풍력이 있다고 한다! 하지만 바람이 지속적이지 않아서 터빈은 시간 평균 60~80퍼센트 정도 가동되었다. 그리고 경제적이면서도 믿을 만한 방식으로 전기를 저장하지 못해 기존의 전력망으로 풍력을 20퍼센트 이상 통합하는 것은 신중하지 못한 일이었다.

하지만 그 규모를 대체하면 트럭과 자동차를 운행시킬 만큼 충분한 천연가스를 방출할 수 있다. "압축가스나 액화 가스는 휘발유보다 두 배 더 저렴하고 풍부하며, 디젤보다 60퍼센트 더 깨끗하고, 무엇보다 우리 것입니다! 그걸 갖고 있는 모든 나라가 착수했습니다. 심지어 이란 사람들까지도. 그런데 우리는 아니란 겁니다. 세계에서 천연가스로 운행하는 차량이 980만 대가 넘는데 미국에는 고작 15만 대란 말이죠. 이건 말도 안 되는 일입니다!" 피켄스는 팜스프링스에서 그렇게 주장했다.

피켄스는 자신의 계획안을 까다로운 에너지 평형에 결정적인 해결책으로 제시하진 않았지만 차세대 청정 에너지를 향한 교량쯤으로 소개했다. "현대의 원자력 발전소, 셀룰로오스 바이오 연료, 전기 자동차 또는 수소 자동차……. 저는 모든 미국적인 것을 지지하는 사람입니다!" 자신을 '론 레인저'(미국 서부에서 법의 테두리 밖에서 보안관과 같은 역할을 하는 사람—옮긴이)처럼 묘사하는 그는 그 대대적인 멀티미디어 캠페인을 벌이기 위해 순 자산 5,800만 달러를 들였다. 자신이 직접 텔레비전 광고를 구상해서 촬영하고 양쪽 정치 진영의 홍보 팀에 주문했다. 그는 블로그 '더 데일리 피켄스', 업로드용 애니메이티드 그래픽 프로그램들과 심지어 '분캠Boone-Cam' 코너까지 갖춘 최신식 웹사이트를 만들었다. '계획이 있는 남자'가 풍력 발전소의 바람에 머리카락을 흩날리거나 정치 모임에서 잔뜩 멋을 부린 모습으로 등장한다. 이 웹사이트는 처음 여섯 달 동안 방문자 1,700만 명을 과시했고, 그 계획안은 트위터나 유튜브를 비롯해 페이스북부터 마이스페이스까지, 모든 네트워크 웹사이트에 게시되었다.

또한 2009년 1월 말에 피켄스플랜닷컴은 140만 명 이상의 후원자를 모집했다. 80세의 구루가 위협적인 전자 생략 부호까지 동원하여 지구별로 모여 지역 로비를 하도록 권하는 '신에너지 군대'인 셈이다. "군대여!" 하고 말이다. 그러나 그의 캠페인은 2세대 웹 커뮤니케이션 수단을 활용했지만 대단한 상호 작용은 없었다. 'T. 분 피켄스 사무실'은 자신의 보병들에게 꾸준히 출발 명령을 내린다. 2009년 1월 27일에 내려진 이 메시지처럼 말이다. "군대: 미 의회는 경제 활성화 계획을 표결할 태세를 갖추었다. 이는 우리가 요구했던 내용의 상당 부분을 포함시킨 것이다. 특히 풍력과 재생 에너지와 관련해서. 우리는 천연가스 쪽으로 더 많은 작업을 해야 하지만, 이 정도면 괜찮은 출발이니 후원해야 할 것이다. (……) 여러분이 오늘 여러분의 의원에게 전화를 걸어 이 프로그램이 비록 완벽하진 않아도 외국 석유에 대한 우리의 의존도를 줄이기 위해 참여하는 이들에게는 중요한 대책이 담겨 있다고 말해 주길 바란다."

정치인들은 아무것도 몰라!

2008년 여름부터 피켄스는 자신의 계획안을 추진하기 위해 일주일에 닷새를 할애한다. 지칠 줄 모르는 그 부지런한 일꾼은 사람들을 설득하기 위해 전국을 누비고 다닌다. 오늘날 그는 기업 사냥꾼 시절보다 더 열심히 일하고 있다. 매일 새벽 6시 30분부터 댈러스 북쪽 프레스턴 할로에 있는 그의 저택으로 불려 오는 개인 트레이너와 45분씩 운동을 하고, 8시면 사무실에 도착한다. 목장에서 보내는 주말을 제외하고는 휴가도 없다. 아프리카에 사파리를 만들자고 설득하는 아내 매들린에게 하루는 그가 이렇게 대답했다. "여보, 차라리 동물원에 가서 동물들을 보구려. 그럼 한 시간이면 집에 돌아올 수 있잖소."

"재미있습니다!" 그는 풍력계의 구루로서의 새로운 모험에 대해 그렇게 말한다. 물론 그 개인적인 캠페인은 빅 오일 경영자들의 태만을 고발하고, 잘못된 경영에 맞서 소주주들이 반란을 꾀할 필요성을 일깨우기 위해 미국 전역을 누비던 지난 시절을 떠올리게 만든다. "흑인들은 투표권을 행사하는 방법을 배웠습니다. 오늘날은 소주주들의 차례입니다!" 당시 그는 주식계의 하층민들을 흥분시키기 위해 그렇게 말했었다.

수입 석유의 폐해에 대한 그의 장황한 연설도 같은 맥락에 있다. "리처드 닉슨 이후 모든 대통령이 이렇게 말했습니다. '저에게 한 표를 던져 주시면 우린 에너지 독립을 확립하게 될 겁니다.' 하지만 행동에 옮긴 대통령은 한 사람도 없었습니다! 그러니 이제 바꿔야 합니다. 절 믿으십시오! 다 함께 시작하면 해낼 수 있습니다!" 클린테크 정상 회의에서 그는 그렇게 외쳤다. 피켄스는 한순간 정치를 해보라는 부추김을 받기도 했다. 그러나 결국 공화당의 충실한 운동원이자 후원자에 만족하기로 했다. 그는 특히 텍사스에서 조지 W. 부시 캠페인과 전국적인 계획안을 지원했다. 2005년에 피켄스는 53개 단체에 속해 있었는데, 조지 W. 부시의 재임식을 위해 최대 금액인 25만 달러를 내놓은 특정 단체에 속해 있었다. 또 2004년 대선에서는 500만 달러 이상을 보수주의 단체들에 내주면서 민주당 후보인 존 케리의 베트남 참전 시절의 과거를 들추어 흠집 내는 광고를 배포하게 했다. 2007년에는 존 케리와 관련된 당시의 '스위프트 보트' 캠페인의 주장이 거짓이었음을 입증하는 사람에게 100만 달러를 주겠노라고 제안하기까지 했다. 그 일은 민주당 진영에 그에 대한 노골적인 반감을 끌어냈다.

그러나 오늘날 피켄스는 석유 문제의 전략적 특성을 납득시키는 데 성공한 정치인 친구가 한 사람도 없었기 때문에 당파 정책을 포기했다고 말한다. "이 계획안을 내가 직접 만든 것은 미국 정치인들이 에너지에 대해 아무것도 이해하지 못하기 때문입니다!" 그는 그렇게 울분을 토했다. 피켄스는 1996년에 자신이 텍사스에서 빌 클린턴에 맞선 밥 돌의 대선 캠페인을 주관할 당시, 에너지 독립에 대한 생각을 그에게 팔려고 얼마나 애썼는지에 대해 즐겨 이야기한다. "돌은 내게 에너지는 잠자고 있는 큰 개와 같아서 정책적으로 잠자는 개를 깨우면 안 된다고 설명하더군요!" 자칫 잘못해서 개를 밟기라도 했다간 어떡하느냐면서 자신에게 도움을 청할 것 아니냐고 돌은 말했다고 한다.

2008년 예비 선거에서, 피켄스는 다시 공화당 후보 루돌프 줄리아니의 집행 위원에 참여했다. "그 주제에 관해서 그에게 내가 말할 시간은 딱 5분이었습니다……"라고 피켄스는 불쾌하다는 듯 기억을 떠올렸다. 어쨌든 그건 잘못된 선택이었다. 문제는 공화당 예비 선거의 승자인 존 매케인의 관심사가 오로지 원자력이었다는 점이다. 피켄스는 이렇게 설명한다. "그는 30년 안에 원자로 45개를 건설하고 싶어 하더군요. 그래서 난 이렇게 말했죠. '존, 30년이라니, 맙소사……. 그럼 당신이나 나나 시작도 하기 전에 죽고 없을 거요!'"

실망한 피켄스는 2008년 봄에 조지 W. 부시를 찾아가 백악관을 떠나기 전에 가문을 다시 빛낼 꿈의 기회가 있다고 설명했다. "나는 그에게 석유에 대한 세계적인 수요가 8,700만 배럴에 육박하는데도 석유 총 생산이 매일 8,500만 배럴을 넘지 못하니 대체 에너지 시대가 당장 시작되어야 한다고 말했습니다. 그런데도 그는 아무 행동도 하지 않았어요." 피켄스는 계속 이야기한다. 그리고 6주 후에 "난 새벽 2시에 벌떡 일어나서 아내에게 말했습니다. '맙소사, 누군가 이 계획안을 추진해야만 해. 정치인들 중에 그걸 할 사람이 없다면 나라도 해야겠어!' 그러자 아내는 이렇게 대꾸하더군요. '그래요, 여보……. 하지만 그러려면 일단 아침까지 기다려야 한다고요.'"

그렇게 해서 피켄스는 공화주의자들을 팽개치고 자신의 새로운 주장에 헌신하기로 했다. 피켄스는 팜스프링스에서 이렇게 이야기했다. "지난주에는 워싱턴의 한 모임에 참석했습니다. 그곳에는 낸시 펠로시뿐만 아니라, 조지 밀러, 찰스 랭글, 크리스 반 홀렌, 헨리 왁스먼도 있었습니다. 정말이지, 민주당 트럭이 그렇게 많이 있는 건 처음 봤습니다. 아시다시피 평소에는 그 사람들을 텔레비전에서나 보았으니까요! 그 사람들의 직함도, 하는 일도 몰라서 한꺼번에 뭉뚱그려 '체어맨'이라고 불렀죠. 그랬더니 다 통하더군요."

시에라 클럽 회장 칼 포프는 피켄스와 친구가 되었다. "오랫동안 날 적으로 여겼던 상원 다수당 대변인인 해리 레이드도 이제는 시간을 내서 날 후원하고 있습니다." 피켄스는 즐거워하며 그렇게 말한다. 한때 공화주의자였던 피켄스가 이제는 새 대통령 버락 오바마만을 믿는다고 해야 할 것이다. "그 친구는 카리스마가 있어요, 연설을 아주 잘하죠. 말할 때 에너지가 넘치고 비정치적인 방법으로 접근하죠. 그러면 해낼 수 있을 것 같습니다!" 심지어 피켄스는 오바마의 방침에 따른 문구를 자신의 사이트에 싣기도 했다. "우리의 경제와 우리의 안보와 우리의 지구를 위하여 나는 대통령으로서 분명한 목적을 정할 것이다. 10년 안에 우리는 중동의 석유에 대한 의존을 종식시킬 것이다."

피켄스는 비디오 광고와 연설에서도 오바마 캠페인의 신화적인 슬로건 '예스 위 캔!'을 차용한다. 그러면서도 민주당 진영은 현실주의가 부족하다고 서슴없이 비난한다. "앨 고어는 당장 내일 아침에라도 누구나 전기 차를 타고 다닐 수 있다고 생각합니다. 하지만 전문가들이 그렇게 많아도 정치인들 중 어느 누구도 전기 배터리로는 18륜 트럭을 절대 움직일 수 없다는 걸 이해하고 있는 것 같지 않습니다! 게다가 혹시 그게 우리를 중국산 배터리에 길들이려는 거라면 전 차라리 사우디 원유에 남아 있겠습니다!" 피켄스가 클린 테크 정상 회의에서 그렇게 농담을 던지자 좌중에 웃음이 터졌다.

바람이 있을지어다

실제로 T. 분 피켄스는 대단한 걸 만들어 내진 않았다. 그의 계획 안의 풍력 부분은 사실 2008년 5월에 미국 에너지부에서 '2030년에 풍력 에너지의 20퍼센트'라는 제목으로 발행한, 대단히 공식적인 보고서에서 상당 부분 영감을 받은 것이다. 지구의 바람이 얼마나 풍요로운지를 알면 놀라울 정도다. 이론상 3,600테라와트니까, 현재 인류가 소비하는 양의 두 배가 조금 넘는 정도다. 미국은 제법 풍부한 바람 자원과 그 목표에 도달하기에 좋은 시장을 갖고 있다고 그 연구는 결론짓는다. 어떤 중요한 기술적 돌파구도 필요 없고 천문학적인 액수의 비용도 들지 않을 것이다. 경제가 회복되고 몇 년 후 다시 타격을 받았을 당시의 원유 가격 배럴당 140달러일 때 에너지부는 현상에 비해 초과 비용은 고작 430억 달러뿐이라고 추산한다.

반면 혜택은 막대할 것이다. 미국풍력협회의 개론에 의하면, '풍력 밀집 지대'를 만들어 내면 미국의 온실가스 배출량을 상당히 감축할 수 있고, 소비자들은 1,280달러를 절약할 수 있으며, 장기적으로는 전기 요금을 저렴하게 안정시킬 수 있다. 끝으로, "우리의 에너지 확보를 장려하고, 수십만 명의 고용을 창출할 수 있다". 에너지부의 예측대로라면, 15만 명의 직접 고용을 포함해 총 50만 명이 가능하다.

어쨌든 중서부 지역의 농장주들과 지역 의원들은 풍력을 하늘의 선물처럼 받아들인다. 그건 카우보이 지방의 새로운 모험이다. 영화 〈자이언트〉나 〈데어 윌 비 블러드There Will Be Blood〉 속 유정 탑 농장주들의 서부 정복 '하이테크 리메이크'인 셈이다. 난기류를 피할 만큼 충분히 널찍한 풍력 발동기는 각각 10헥타르씩 차지한다.

경작이나 사육에도 방해가 되지 않을뿐더러 농가에 상당한 추가 수익을 만들어 준다. "대개 소유주들은 대지 임대료 형태로 사용료와, 최소한의 보증으로 생산된 에너지의 소소한 퍼센트를 챙깁니다." 샌디에이고에 위치한, 프랑스 전력 공사의 자회사(EDF EN)의 미국 계열사인 엔엑스코enXco의 CEO 트리스탕 그랭베르는 그렇게 설명한다. 지역과 운영자에 따라 매년 터빈당 3,000달러에서 1만 달러의 행운이 될 수 있다. 수지를 맞추지 못하던 소유자에게는 뜻밖의 횡재인 셈이다.

피켄스는 텍사스 서부의 스위트워터 지역을 종종 예로 든다. 그의 사이트에 올린 한 비디오에는 그 지역 주민들이 등장해 미국의 전형적인 소도시가 몇 년 전부터 주 정부에 귀속되었다는 사실을 알려 준다. 일자리가 없어 젊은이들이 도시를 버리고 떠났기 때문이다. 도시 인구는 1만 2,000명에서 1만 명 이하로 떨어졌다. 하지만 2년 전 대대적인 풍력 활동을 벌이면서 경제가 살아나기 시작했다. "우리는 진보를 이루기로 결심했습니다"라고 그곳 농장주는 말한다. 그의 딸은 거대한 가톨릭 십자가가 장식된 티셔츠를 보란 듯이 걸치고 다닌다. 사람들이 마을로 돌아오고, 농가들은 더 이상 땅을 버리지 않게 되었으며, 식당과 호텔들도 다시 운영되기 시작했다. "근사한 새 학교도 지었답니다!" 젊은 여교사는 그렇게 말하며 자랑스러워한다. 바람은 이제 그 지역 일자리의 20퍼센트를 제공하고 있다. 마치 도시가 '스위트 윈드Sweet Wind'라는 이름으로 다시 지어진 것만 같다.

그 소도시의 이미지는 바람의 회랑 지대 농촌 지구의 여러 책임자들에게 영감을 불어넣을 것이다. 2009년 초에 풍력은 미국 전기 생산의 1.5퍼센트 이하에 불과하지만 성장 잠재력은 대단하다. "2006년부터 우리는 진정한 '질풍'을 보고 있습니다"라고 트리스탕 그랭베르는 단언한다. EDF EN은 1980년대 초반부터 그 활동에 뛰어들어 지역 회사 두 개를 사들였다. 그리고 그 회사들의 주요 주주가 되었다. 미국의 풍력 발전은 2007년에 45퍼센트나 급등했다. 그리고 2008년에 미국은 8,358메가와트가 추가되어, 설치된 발전 능력의 두 배에 도달하는 절대적인 기록을 세우면서 독일로부터 세계 리더의 횃불을 되찾아왔다. 2009년 4월에 미국은 2만 8,200메가와트 이상의 풍력 인프라를 확충해 텍사스와 아이오와 그리고 캘리포니아를 선두로 하는 35개 주에 분배했고, 2010년 말까지 3,400메가와트를 추가할 예정이다. 이는 미국의 800만 가구가 이용할 수 있는 전력량이다.

에너지 독립에 대한 근심, 유가 상승 그리고 기후 온난화로 인해 미국은 1992년에 연방 세액 공제를 신설했는데, 이따금 산발적으로 경신해 오늘날에는 풍력 전기 단가를 킬로와트시당 2.1센트로 고정했다. 덕분에 미국의 대규모 풍력 농가들은 이미 경쟁력을 갖추었다. "세액 공제 덕분에 천연가스 발전소에 비할 만한 도매가격이 되었습니다. 킬로와트시당 8센트 근처에서 바람 자원과 지역별 건설 비용에 따라 몇 센트씩 차이가 있죠"라고 트리스탕 그랭베르는 설명한다. 실제로 주마다 차이가 있다. "계획을 세우기는 캘리포니아보다 미드웨스트가 더 쉽죠. 캘리포니아의 경우는 적당한 지형이 더 적고, 규제는 더 엄격한 데다가, 관심을 갖는 소유주도 더 적거든요."

그런 유리한 환경은 스페인의 이베르드롤라Iberdrola나 독일의 E.ON 또는 영국의 BP와 같은 유럽의 풍력계 대주주들의 관심을 끌었다. 자본이 풍부한 그 거물 기업들은 최신형 풍력 발전기 한 대에 200만 달러씩 하는 자본주의의 잠재성이 큰 부문에도 막대한 투자를 할 준비가 되어 있다. 그건 처음부터 많이 투자해야 하는 일이다. 그러고 나면 고정적으로 수입이 들어온다는 확신이 생긴다. 퍼시픽 가스 전기와 같은 공익사업체들이 그 전기를 3년 동안 고정된 가격에 사들이기 때문이다. 텍사스 같은 주에서는 프로젝트가 좀 더 투기적인 성향을 띤다. 생산 업자들이 그날그날 메가와트시를 즉각 시장에 유통시켜야 하기 때문이다.

2009년에 위기를 맞아 대규모 프로젝트의 재정적 뒷받침이 약화되거나 지연되긴 했지만 미국의 풍력 발전은 전망이 밝다. 대부분의 주에서 지역 회사들이 일정 비율의 전기를 재생 에너지로 생산하도록 하는 규칙을 제정했기 때문이다. 일부는 비현실적이라고 판단하지만 가령 캘리포니아에서는 그 할당량이 자발적으로 2010년에는 20퍼센트, 2020년에는 30퍼센트로 정해졌다. 게다가 버락 오바마의 에너지 정책이 풍력 발전의 경쟁성을 더욱 향상시킬 것이다. 이산화탄소 배출권 교환소 제도는 석탄 발전소 활용(현재 킬로와트시당 5센트)을 상당히 비싸게 만들 테고, 앞으로는 오염에 대해 돈을 지불하게 하거나 이산화탄소의 포집 및 격리 제도에 투자하게 만들 것이다.

게다가 산업 자체가 생산성에 있어서도 메가터빈이 예전의 풍차를 대체함으로써 상당한 진보를 하고 있다. "보십시오. 여기 오래된 부지 실로 1에는 1989년에 제작된, 자그마하고 빛바랜 금속 풍력 발전기들이 몇 개 있습니다. 발전 능력은 0.71메가와트가 채 안 되지요. 이 발전기를 가동시키려면 바람이 많이 필요하고 효율성도 별로입니다. 그래서 1.5메가와트의 GE 터빈으로 조금씩 대체하고 있습니다. 그리고 저기, 새로운 부지 실로 2에는 2메가와트 터빈을 설치했죠." 2009년 3월에 엔엑스스코의 200메가와트 풍력 발전기를 설치한 새로운 농가 관리인 커크 갈릭의 설명이다.

샌프란시스코 북동쪽으로 차로 두 시간 거리에 위치해 있는 2만 3,000헥타르의 농업용 야산에 설치된 75대의 리파워RePower 풍력 터빈은 20년 동안 퍼시픽 가스 전기의 지역 전기 회사 네트워크에 풍력을 공급할 예정이다. 터빈들은 길이 약 80미터에 탄소 섬유로 만든 거대한 날개 세 개를 펼치면 직경 40미터나 된다. 하지만 이미 미래형 괴물인 3.5메가와트나 5메가와트 터빈 이야기가 나돌고 있다.

세계적인 측면에서 미국의 GE와 덴마크의 베스타스Vestas 그리고 스페인의 가메사Gamesa는 대규모 터빈 시장에서 제일 큰 몫을 나누어 가지고 있다. 그리고 인도의 수즐론Suzlon, 독일의 지멘스와 리파워, 몇몇 다른 작은 업체들이 나머지를 나누었다. 2006년부터 주문이 급격히 쇄도하면서 각 업체들은 기업의 능력을 단련시키고 있는데 과열 양상을 보일 정도이다. 2007년 초반부터 2008년 말 사이에 미국 풍력에너지협회는 미국에서 풍력 설비 공장의 설립, 출범 또는 확장 발표가 족히 50건 이상은 된다고 조사했는데, 이는 투자액 10억 달러에 9,000건의 고용에 해당한다.

고압 고속도로?

미국 에너지부의 보고서에서 강조하듯 풍력으로의 쇄도가 거둔 성공은 그 이름에 걸맞은 전국적인 전력망 건설에 영향을 미쳤다. 경기가 쇠퇴하던 시기에 이루어진 진정한 도전인 셈이었다. "새로운 풍력 발전 용량을 293기가와트로 개발하려면 송전망 확장은 단순히 바람이 가장 많이 부는 지방의 지역들을 연결하는 것뿐만 아니라 새로운 라인을 통해 기존의 정체 역시 경감하는 방식으로도 이루어져야 한다"고 나머지 업체들은 결론짓는다.

중앙의 '풍력 밀집 지대'는 사실 주요 도심에서 멀리 떨어진 대서양이나 태평양 연안에 있다. 게다가 미국의 전력망은 노후하고 단편적이며 지능성이 없다. 좀 더 자세히 설명하자면, 전국적인 네트워크가 없고 지역 네트워크와 복잡하게 연결되어 있다. 그 초라한 상태는 2001년 캘리포니아에 영향을 미친 대규모 '정전 사태'나, 2003년에 클리블랜드의 라인 하나가 못 쓰게 되면서 미 북서부 지역 일대가 암흑에 잠겼던 사태를 통해 충분히 입증되었다.

"우리는 재생 전기가 생산되는 농촌 지대부터 시작해 주로 사용되는 도시까지 재생 전기 송전을 위한 단일화된 지능형 전력망을 구축해야 합니다." 앨 고어는 2008년 11월에 〈뉴욕 타임스〉에서 그렇게 밝혔다. 고어는 고압에 누전율이 적고 소비자들이 절전을 하고 낭비를 없애 요금을 줄이도록 도와줄 수 있는 정보와 도구를 제공하는 최신형 소프트웨어로 속을 꽉 채운 매립 전선을 꿈꾸고 있다.

앨 고어는 그러한 인프라 구축 비용을 10년간 4,000억 달러로 어림잡고는 "기존의 낡은 네트워크에서 전선이 손실되거나 잘렸을 때의 비용인 연간 1,200억 달러에 비하면 그리 대단한 액수가 아니다"고 단언한다. 피켄스도 고압 전기 고속도로 프로젝트에 대해 낙천적인 입장을 취한다. "우리에게 필요한 건 단순히 우리의 주(州)를 이어 주는 고속도로 시스템을 구축하기 위해 아이젠하워 행정부와 비슷한 우리 정치인들의 정책 참여뿐이다."

어쩌면 그럴지도 모르겠다. 하지만 좀 더 자세히 들여다보면, 그런 네트워크를 구축하는 어려움은 오늘날에도 많다. 그리고 그런 도전은 단순히 재정적인 것만이 아니다. 지금도 고압 전기는 지하보다 40미터 높이의 철탑으로 더 많이 이루어진다. 그리고 전기 회사가 네트워크를 구축하거나 확장하려면 토지 소유주 수백 명과 공립 단체 수십 개를 상대로 여러 해 동안 협상을 벌여야 한다.

미국의 두 번째 전기 회사인 아메리칸 일렉트릭 파워의 회장 마이클 모리스는 그에 대해 나름 할 말이 있다. 그는 1991년에 미드웨스트에서 동부 연안까지 송전소를 연결하기 위해 76만 5,000볼트로 라인 네트워크를 구축하려는 시도를 했다. 하지만 회사는 버지니아 주의 블루리지 산맥을 통과하는 허가를 받기 위해 산림청과 무려 12년 넘게 협상을 해야 했다. 그리고 2006년에 지그재그로 네트워크를 건설하느라 960만 달러를 쏟아 부은 뒤에야 간신히 목표에 도달했다. 현재 아메리칸 일렉트릭 파워는 본래의 영역 밖에서 비슷한 프로젝트에 투자하려는 출발선에 서 있다. "언젠가는 상원에서 마침내 어른스러운 에너지 법안을 통과시키기를 바라고 있습니다"라고 마이클 모리스는 〈포브스〉지에서 밝혔다.

역설적으로, 재생 에너지 개발 프로젝트에 대한 새로운 유형의 논쟁이 대두되면서 자연 수호자들과 '녹색' 기업가들이 대립하고 있다. 가령 버몬트 숲의 다람쥐 보호자들 대 신설 고압 전선, 캘리포니아 독수리 보호자들 대 풍력 발전소, 사막의 도롱뇽과 거북이 애호자들 대 태양광 채광 시스템…….

오바마 정부와 에너지부 장관 스티븐 추는 단호히 친환경 인프라의 편을 들어줄 것인가? 2월의 경제 재활성화 계획이 그 사실을 뒷받침하고 있다. "특히 재생 에너지에 혜택을 주고 보다 효율적이고 지능적인 네트워크 구축을 원활히 하기 위해 에너지 생산과 보급 그리고 전달 시스템을 변형하는 데 들어갈 총예산 320억 달러가 포함된다"고 2009년 1월에 피킨스는 밝히며 즐거워했다. 게다가 그는 재생 에너지 생산에 대한 세액 공제를 2년 더 추가 연장했다.

대단히 개인적인 도박

피켄스는 오로지 공적 안보와 국가적 복지에 대한 우려만으로 행동한 건 아니었다. 집념 어린 도박꾼인 그는 새로운 모험에 막대한 자산 일부를 투자하기도 했다. 풍력과 도로 교통의 천연가스 활용에 상당한 비중을 들이는 투자를 한 것이다. 그의 야심 찬 캠페인이 본질적으로 부를 늘리기 위한 것은 아니었을까? 피켄스의 그런 기벽에 대해서는 예전에 이미 오하이오 주의 민주당 상원 의원 하워드 메첸바움이 그의 주식 시장 투매 옹호에 대해 비난한 바 있다. "난 내가 지키는 것에 투자한 것이다." 그러자 피켄스는 자신을 비난하는 이들에게 이처럼 응수했다.

피켄스는 돈을 벌고 싶은 속내를 굳이 부인하지 않는다. 사람은 원래 타고난 성격을 고치지 못하는 법이니까……. 하지만 그는 이윤이 자신의 원동력이라는 생각에는 단호하게 반박하고 나선다. "봅시다, 내 나이 지금 팔순이고 돈이라면 필요한 것보다 더 많이 갖고 있습니다. 내가 피켄스 계획안을 추진하는 건 애국심 때문이란 말입니다." 피켄스는 팜스프링스에서 열린 클린테크 정상 회의에서 그렇게 말했다. 그는 과감히 뛰어들지 못하는 잠재적인 투자자들에게 본보기가 되고 싶었다고 한다. "사람들이 이렇게 생각하길 바랍니다. 저 늙은이가 저 나이에 풍력 발전소를 세운다면 나도 할 수 있겠군, 하고 말입니다!" 이어 피켄스는 이렇게 결론짓는다. "제 생각을 폄하하는 어떤 이익을 거기서 얻기 때문이 아니란 말입니다!"

어느 누구도 그 억만장자 석유 재벌이 새로운 '잭팟'을 건드리게 될 줄은 알지 못했다. 하지만 어찌 되었든 그는 크게 걸었다. 피켄스는 텍사스 팬핸들, 소도시 팸파 주변 다섯 개 구역의 16만 1,000헥타르 땅에 풍력 발전소 2,000곳을 세울 계획을 갖고 있었다. 그의 풍력 농장은 총 4,000메가와트의 용량을 갖추게 될 것이다. 그 정도면 100만 가구에 해당하는 전기를 공급하기에 충분하다. 그가 발표했을 무렵에는 세계 최대 규모의 프로젝트였다. "총 80억에서 100억 달러의 비용이 드는 시장입니다. 제가 했던 사업 중에서 가장 규모가 크죠." 2011년에 인도할 수 있는 첫 터빈 667개에 대한 비용으로 GE에 이미 20억 달러를 선불로 지불했던 피켄스는 그렇게 강조한다.

팸파 주민과의 첫 만남에서 피켄스는 솔직하게 말했다. "제 농장 근처에는 풍력 발전소가 하나도 설치되지 않을 겁니다. 제가 볼 땐 흉측하거든요. 하지만 자기 땅에 풍력 발전소를 설치하겠다는 사람들은 1년에 1만 달러에서 2만 달러의 로열티를 받게 될 겁니다. 팸파는 바람의 세계적인 수도가 될 겁니다!" 거기서도 그는 큰 인기를 누렸다.

그러나 경제 위기가 억만장자 피켄스의 열정을 어느 정도 식혔다. 원래 2011년에 생산을 시작하려고 했으나 피켄스는 출범이 조금 지연될 수 있다고 설명했다. 여전히 팸파 프로젝트에는 낙관적이지만, 어쨌든 팜스프링스에서 그 문제를 두고 농담을 던졌다. "지금 전 마치 1929년에 월 스트리트의 자기 건물에서 뛰어내린 사람 같습니다. 전 매일 이렇게 중얼거리죠. 지금까진 다 잘되고 있어!"

한때 자유 시장의 전파자였던 피켄스는 역설적이게도 2009년 1월 이후로 끊임없이 '바람 은행Wind Bank'의 창설을 주장하고 있다. 풍력 시설을 활용하는 사람들에게 돈을 빌려 주기 위해 공립 '바람 은행'을 창설해 쇠약해진 시설과 금융 시장을 대체하자는 주장이다. 정부의 개입을 호소하는 이 같은 주장은 텍사스 기업 사냥꾼으로서는 너무 갑작스럽게 이데올로기를 급선회한 것이 아닐까? 그런 질문에 피켄스는 오히려 놀라는 듯싶다. 그는 처음엔 이해하지 못하겠다는 듯하더니 이내 이렇게 대꾸한다. "자유 시장은 좋은 거죠. 하지만 모든 사람이 똑같은 규칙을 따라야 하는 겁니다. 그리고 오펙OPEC은 석유 시세를 조작하지 말아야 합니다."

피켄스가 가스 분야에 걸고 있는 도박은 아직까지 불확실한 상태다. 몇 년 전부터 그는 혼다 시빅GX 가스 차량을 타고 다니며, 버스와 공항 셔틀버스 그리고 택시에 압축가스를 주로 공급하는 캘리포니아 클린에너지연료협회CEFC의 공동 창립자이자 최대 주주이고 행정 위원이다. 그의 회사는 최근 가스 충전소 30~40곳 건설에 뛰어들었다. 피켄스는 토론토의 한 기업도 사들여 가정에서도 직접 가스를 충전할 수 있게 하려고 한다. 하지만 그 설비는 개당 5,500달러나 든다. 게다가 압축가스나 액화 가스는 여전히 화석 에너지여서 이산화탄소를 배출한다. 그리고 대중화되려면 정부의 진지한 후원, 즉 적절한 인프라 구축과 호환 가능한 차량에 대한 보조가 필요하다. CEFC는 2008년 11월에 캘리포니아에서 '법안 10'을 표결에 부치려 했다. 그 대책은 주 정부가 50억 달러의 채권을 발행해 청정 연료의 다른 테크놀로지는 거의 제외하고 자신의 회사에서 공급하는 상품과 서비스를 확실히 보조하도록 강요하는 내용이었다.

'법안 10'은 통과되지 않았다. 피켄스라고 늘 이기는 건 아니었다. 그는 자신의 직위를 되팔아 돈을 벌긴 했지만 대부분의 적대적인 공개 매입은 실패했다. 그렇다고 절대 좌절하지는 않는다. 거기서 다른 것들을 보았으니까! 1996년에 피켄스는 1990년대 초반에 천연가스 시세가 급등하면서 막대한 손실을 입어 자신의 회사 메사 페트롤리엄을 약화시킨 데 대한 책임을 지고 회사 경영에서 물러났다. 그러고는 1996년 9월에 에너지 분야 전문 투자 법인을 설립해 자신의 이름 '분 피켄스'의 머리글자를 딴 BP 캐피털로 명명했다.

하지만 초반에는 어려웠다. 투자자 공동체로부터 퇴물 취급당한 피켄스는 실제로 부유한 친구들이 맡긴 자본 수천만 달러를 잃기 시작했다. 또 그 무렵에 오클라호마 대학 시절부터 친구였으며 24년을 함께 살아온 두 번째 아내 비어트리스가 이혼을 요구하기도 했다. 비어트리스는 치열한 법정 소송을 제기해 7,800만 달러에 달하는 재산의 절반을 빼앗고 함께 키우던 개 윈스턴의 양육권까지 도맡았다. 그러자 피켄스의 재산에 구멍이 생겼다. 그는 정신과 치료를 받아 항우울제까지 처방받을 지경이었다. 텍사스 사나이에게 일어나기 힘든 일이었다.

하지만 그가 즐겨 말하듯 '내버려 두라'는 표현은 정작 그의 개인 사전에 없는 듯싶다. 2000년 초반에 피켄스는 가스와 석유 가격 동향을 두고 다시 무모한 도박을 연달아 했고, 이번엔 딱 맞아떨어졌다. 2005년 말에 BP 캐피털은 13억 달러의 잉여 가치를 이루었다. 오늘날 댈러스 북쪽 변두리의 한 빌딩 2층 전체를 차지하고 있는 그의 회사 직원은 전부 35명이다.

피켄스는 절대 느슨해지는 법이 없다. 그는 지금도 오바마 팀을 설득해 총 650만 달러에 해당하는 35만 대의 중량물 운송 수단을 가스로 전향시키려 애쓰고 있다. "충전소 2,000군데 신설을 포함해 280억 달러가량의 비용이 들 겁니다. 하지만 그렇게 하면 우리의 석유 소비를 4퍼센트 절감할 수 있습니다." 그는 그렇게 주장한다. 운송 수단에 활용되는 석유 총량의 38퍼센트가 화물선과 시립 버스 그리고 트럭으로 소비되고 있다. "어떤 면에서 육로 수송은 해운업처럼 반응하고 있습니다. 하지만 그들은 애국심이 대단해서 잘 될 겁니다. 그다음엔 자동차를 공략해야죠." 피켄스는 그렇게 단언한다.

피켄스는 자신의 친환경 가스 계획에 대한 온갖 기술적 또는 경제적 반발에 이론의 여지 없이 반박할 만한 논증을 갖고 있다. 요컨대 현 상태보다 더 나빠질 건 아무것도 없다는 것이다. 자신의 원대한 계획의 합당성을 굳게 믿는 그는 빨리 진척시키고 싶어 한다. "그는 죽음을 두려워하지 않습니다. 아니, 죽음조차도 하나의 도전으로 생각하고 있습니다. 그 도전에 실패하기 전에 최대한 많은 일들을 이루어 내고 싶어 하죠." 그의 변호사이자 친구인 보비 스틸웰은 〈텍사스 먼슬리〉에서 털어놓았다.

마이크로 터빈과 연

바람이 꿈을 꾸게 만드는 사람은 비단 피켄스만은 아니다. 그날 팜스프링스에 참석했던 사람들 중에 각별한 관심을 갖고 경청하던 사람이 있었다. 마빈 윈클러 역시 풍력 에너지를 지지하는 운동가였다. 다만 개인 사업적인 차원에서였지만 그는 100킬로와트시 미만의 수억 개의 마이크로 터빈을 채택한 지방 분권화된 해결책을 설파했다. 강연장에서는 그가 설립했고 경영하고 있는 위파워 WePower의 미니 풍력 발전기 표본이 비상한 관심을 끌었다. 1미터 남짓한 크기의 구멍이 뚫린 실린더로 프로펠러가 수직 축으로 돌아가는 터빈이었다. "우리 터빈은 약한 바람에도 성능을 최대화할 수 있도록 구상되었습니다. 진동도 소음도 없고, 새들에게도 전혀 위험하지 않습니다." 캘리포니아 토런스에 위치한 그 중소기업의 판매 책임자인 트레버 배럿은 1년에 50만 대를 제작할 수 있다면서 그렇게 설명했다. 주택이나 상가 지붕에 하나만 올려놓든 시리즈로 올려놓든 또는 심지어 조명 광고판 근처에 있다 해도 그 터빈은 바람으로 만들어 내는 전기를 배터리 팩 안에 저장할 수 있다.

위파워의 기발한 발전기 가격은 한 대에 약 5,000달러다. 하지만 미국의 여러 주에서 연방 보조(30퍼센트 공제 세액)에 추가 지원을 하면서 약 1,500달러로 낮출 수 있게 되었다. 그렇게 해서 시카고의 지붕 위에서, 브루클린의 선창에서, 로스앤젤레스의 공항에서, 또는 샌프란시스코 연안의 주택들 위에서 어느 정도 디자인이 가미된, 일부는 현대 조각품을 닮기도 한 '도시의 풍력 발전기'들을 볼 수 있게 되었다.

현재 미국에는 미니 터빈 건설 업체가 70여 곳 있고, 그 '작은 바람'에 설치된 발전 용량 80메가와트는 거주지(10킬로와트시 이하)와 상가와 산업 단지에 골고루 분포되었다고, 미국풍력에너지협회 AWEA는 밝힌다. 시장 구분은 2008년에는 경제 위기에도 불구하고 78퍼센트 진보되었고, 2013년까지 5배는 더 늘어날(1,700메가와트까지) 전망이다. "소비자들은 에너지 안보를 향상시키고 개인적인 탄소 발자국을 줄일 수 있는 모든 재정적 수단을 찾고 있습니다. 그리고 이 기술은 그것에 공헌할 수 있습니다." AWEA에서 마이크로 터빈 분야를 총괄하는 론 스티멜은 그렇게 강조한다.

여전히 국소적으로 집중되어 있긴 하지만 앞으로 10년에서 12년이면 투자가 본격화될 조짐이다. "그런 유형의 도구는 수명이 다할 때까지 절약할 수 있는 에너지보다 더 많은 에너지를 필요로 할 우려가 있습니다. 이 단계에서 보다 근본적인 해결책을 상상해야 합니다"라고 사울 그리피스는 평가한다. 그는 미래의 풍력 발전기가 고도의 바람을 찾는 일종의 '연'이라고 생각한다. 해발 400미터와

1,200미터 사이에서 바람은 지구 표면에서보다 두 배 더 빠를 수 있기 때문이다. 그리고 그 속도의 세 곱절에 해당하는 변화무쌍한 동력이 진정한 차이를 만들어 낼 수 있다. 고도의 바람은 강할 뿐만 아니라 지상의 산들바람보다 훨씬 지속적이다. 일부 연구에 의하면, 지표면에 부는 바람의 33퍼센트에 비해 75퍼센트의 활용도가 있다고 한다. 그 높은 산들바람은 지표면의 지형보다 열 배는 더 유용하다.

사울은 그런 자료를 모두 모아 2006년에 '부드러운 미풍'을 뜻하는 하와이어 '마카니mah kah' nee'에서 이름을 차용한 마카니 파워를 설립했다. 그의 동료인 프로 윈드서퍼 출신의 돈 몬태규는 '카이트 서프kite surfs'와 '카이트 보트kite boats' 디자인의 세계적인 전문가가 되었다. 샌프란시스코 북쪽 산업 지역 앨러미다에 본사를 둔 마카니 파워는 20여 명의 엔지니어들을 고용하고 구글닷오아르지에서 투자한 1,500만 달러를 포함해 총 2,000만 달러의 자본을 모았다. 이 회사의 웹사이트에는 이런 문구가 있다. "모든 재생 에너지 중에서 고도의 바람이야말로 세제곱미터당 가장 많은 에너지를 만들어 낼 수 있는 자원이다. 지구의 흐름 일부분만 포착해도 현재 지구에서 필요한 에너지를 충당할 수 있다." 이 회사의 목적은 그렇게 해서 아무 보조 없이도 석탄 화력 발전소보다 훨씬 저렴한 전기를 만들어 내는 것이다.

마카니 파워에서는 그 보편적인 임무를 필두로 한 거의 모든 내용이 극비이다. 사울 그리피스와 돈 몬태규의 시제품이 어떻게 생겼는지 제대로 아는 사람은 아무도 없고, 실제로 그것이 활공하는 모습을 봤다는 사람도 극소수이다. 붉그스름한 턱수염을 가진 서른다섯의 활기찬 사나이 사울은 이렇게 설명한다. "물리학이 작용합니다. 이미 오래전에 확인차 활공시켜 보았습니다. 하지만 시제품과 상업화될 수 있는 기계 사이에는 아직 갈 길이 멉니다. 적잖은 돈도 필요하죠. 이건 5년, 10년, 아니 어쩌면 20년이 걸릴 수도 있는 프로젝트입니다."

사울은 타고난 발명가이다. 오스트레일리아 출신인 그는 고향 시드니를 떠나 보스턴의 MIT에서 수학했다. 재료 과학과 기계 공학에서 학위 여러 개를 취득했고, 거기에 '프로그래밍과 자동 복제가 가능한 조립식 기계'로 박사 학위까지 받았다. 그러고 나서는 캘리포니아로 건너가 동료와 함께 에머리빌의 스퀴드 연구소를 창립했다. 그 연구소에서는 특히 대단히 저렴한 콘택트렌즈와 안경을 처방하고 제작하는 공정인 옵티오피아Optiopia와 개발 도상 국가를 위한 휴대용 전력 발전기인 포텐코Potenco, 순록 뿔이 달린 졸업 모자부터 수영장에서 시원한 음료수를 휴대할 수 있는 소형 튜브까지 온갖 기발한 물건을 직접 만들 수 있는 매뉴얼인 인스트럭터블스닷컴Instructables.com, 과학 프로젝트를 다루는 만화 사이트 하우툰스HowToons 등등이 탄생했다. 그 연구소는 2007년에 '천재 발명가'들에게 한정되는 특별 대우인 '맥아더 펠로' 호칭을 받았다.

사울은 주말마다 연으로 물 위에서 50킬로미터시 이상을 끌 수 있는 쪽배를 손질했다. 그러다가 풍력 에너지로 뭔가 더 유용한 걸

끌 수도 있겠다는 생각을 했다. 1,000년 전에 발명되어 중국인들이 군사적 용도로 활용했던 연은 대부분 아이들 장난감으로 여긴다. 1970년대에 마일스 로이드가 로런스 리버모어 국립 연구소의 〈저널 오브 에너지〉에 '측풍測風 연의 위력'이라는 제목의 논문을 발표할 때까지만 해도 그랬다. 그 논문은 당시엔 눈에 띄지 않았지만 비행기에 끈을 달아 어떻게 많은 양의 전기를 만들어 낼 수 있는지를 입증했다. 드넓은 하늘 공간을 차지하고 움직이는 날개가 고정된 프로펠러보다 더 많은 에너지를 만들어 내기 때문이다.

마카니는 현대적인 풍력 연을 구상하기 위해 테크놀로지와 최신 재료들을 활용하기로 했다. 2009년의 혁신을 위한 TED 강연 때 상영된 간략한 비디오에서 그리피스는 마우이 섬의 하늘에 나선을 그리며 비행하는 흰 천으로 만든 시제품 물체를 보여 주었다. "이 연은 피아노 정도의 크기지만 10킬로와트의 생산 능력을 갖추고 있습니다. 이는 다섯 가구에 공급할 수 있는 양입니다." 마카니는 더 많은 전력을 만들어 내기 위해 초효율적인 날개를 갖춘 비행기와 흡사한 모양의 보다 큰 시제품을 지향하고 있다. 이론적으로 볼 때 10미터 세스나 비행기 한 대는 230킬로와트를 만들어 낼 수 있고, 29미터 걸프스트림 한 대로는 1.3메가와트를, 65미터 보잉 747기로는 6메가와트를 만들 수 있는 규모의 비행 터빈이라고 그는 말한다. 이는 현재 가장 큰 풍력 발전기보다 더 대단한 용량이다.

사울은 계속 설명한다. "현실적으로 이건 로봇 공학의 문제입니다. 우리는 이것으로 더 오래 지속적으로 자유롭게 비행할 수 있는 제어 시스템을 개발하려 하고 있습니다." 그의 프로젝트를 무모하다고 여기는 사람들에게 그는 그런 과감한 도전이 과거에도 기적을 일으켰다고 강조한다. "제2차 세계 대전 때 냉장고를 만드는 기업이 비행기 공장으로 변모해 처음에는 연간 9,000대, 그다음에는 10만 대를 만들어 냈습니다. 그 공장과 그 많은 비행기면 우린 향후 10년간 미국이 쓸 전기를 모두 만들어 낼 수 있습니다."

마카니는 스탠퍼드, 버클리, MIT 그리고 네덜란드의 델프트 대학과 함께 작업하고 있다. 그리고 그 테크놀로지는 카이트젠KiteZen, 스카이 윈드파워Sky Windpower 그리고 마겐Magenn과 같은 미국의 신생 기업들에서 실험 중이다. 안타깝게도 경제와 금융 위기를 맞아 사울의 꿈의 날개는 어느 정도 줄어든 듯하다. 어쨌든 기업가적인 모험의 실질적인 장애만큼은 그 어느 때보다도 분명하게 의식하고 있다. "벤처 캐피털은 3년에서 5년 안에 자금 상환을 원하고 있습니다. 우리 프로젝트와 같은 경우에는 그다지 참을성 있게 기다려 주지 않죠." 마카니는 자본을 좀 더 오래 유지하기 위해서 최근에 직원 30명 중 절반 정도를 내보내야 했다. 그리고 시간이 지날수록 사울은 이 필연적인 에너지 혁명에 대한 자각이 더디게 이루어지는 것에 대해 조바심을 내고 있다. 그는 기술적 문제를 해결하는 것보다 그것에 수반되는 정치적, 사회적, 재정적 변화를 이루는 것이 더 힘들다고 생각한다. "이제 사람들은 그 문제를 파악했고, 얼마나 노력을 기울여야 하는지도 알고 있습니다. 하지만 시민들은 자신들의 생활 방식을 바꾸기를 꺼리고, 정부는 기존의 기업 로비를 충족시키기 위해 너무 많은 타협을 하고 있습니다."

사울은 스스로를 연구 대상으로 삼아 일상 행동 하나하나에 얼마나 많은 에너지가 드는지를 정확히 파악했다. "제가 쓰는 화장실 휴지와 전동 칫솔의 에너지 소비까지 우스울 정도로 자세히 계산을 해보았습니다." 사울은 자신의 전력 사용량을 확인하기 위해 데이브 샤메이데스가 집 안 쓰레기로 했던 실험보다(제2장 참조) 한층 심화된 작업을 했다. 2007년에 그가 소비한 전력량은 1만 8,000와트였다. 그런데 기후 평형 문제를 해결하려면 한 사람이 1년에 2,200와트씩을 소비해야 한다고 계산된다. "전 제가 샌프란시스코 시민으로서 자전거를 이용하고 '녹색' 신생 기업을 경영하면서 보통 미국인보다 에너지 낭비가 적을 줄 알았습니다. 그런데 실은 두 배나 더 쓰더군요!"

사울은 이젠 일상에서 소비 제품을 볼 때마다 그걸 만드는 데 필요했을 에너지의 녹색 수치가 눈앞을 스쳐 지나간다고 웃으면서 설명한다. "꼭 영화 〈매트릭스〉의 자막처럼 말이에요." 그리고 그는 코펜하겐 정상 회담에서 지구가 탄소 발자국을 줄이는 데 성공할 수 있도록 제시할, 시민들과 정부가 사용할 일종의 매뉴얼을 준비 중이다.

그는 마치 곤충학자가 곤충을 관찰하듯 모든 걸 꼼꼼히 따진다. "다시는 종이 신문을 사지 않는 것과 다시는 포도주를 마시지 않는 것 중에 하나를 골라야 했습니다. 그래서 〈뉴욕 타임스〉를 인터넷으로 읽기로 했죠. 고기도 일주일에 한 번만 먹기로 했고요." 그는 그렇게 농담을 던진다. 2CV 시트로엥의 소박함을 예찬하는 사울은 초경량 전기 자동차 압테라(제8장 참조)를 주문한 선구자에 속한다. 그가 이번에는 웃지도 않고 진지하게 말한다. "우리 아이들은 극단주의자로 키워야 합니다. 이 혁명이 우리 세대에 가능하지 않다면 그 아이들의 세대에는 지구에 불가피해집니다. 이대로 화석 에너지를 낭비하고 이렇게 빚만 잔뜩 쌓다가는 아이들에게 역대 가장 엄청난 '불법 피라미드'만 남겨 주게 될 겁니다! 정작 우린 해야 할 일도 안 하는데 왜 그 아이들이 우리의 은퇴에 대비해서 계속 돈을 내야 하는지 도통 알 수가 없단 말입니다."

ON
OFF

Chapter 8

; 해가 떠오르다

로스앤젤레스 북서쪽으로 두 시간 거리에 위치한 랭커스터의 먼지 덮인 작은 도시에서는 이솔라eSolar 부지가 한눈에 보인다. 14번 고속도로를 벗어나자마자 이내 모하비 사막 산맥의 지평선에 도드라져 보이는 가느다란 타워의 실루엣 두 개가 눈에 띈다. 하늘에서 내려다보면 각각의 타워 주변에는 북쪽과 서쪽으로 거울 6,000개가 설치된 장방형 들판이 펼쳐져 있다. 텔레비전 평면 스크린 크기인 1.5제곱미터의 평범한 거울들이 강철 레일에 나란히 정렬되어 있다.

캘리포니아에서 매년 열리는 히피 페스티벌 버닝 맨Burning Man에 출품된 설치 미술 작품을 언뜻 떠올리게 만들지만 실제로는 석탄이나 가스 발전소의 대체물이다. 거울의 용도가 태양 에너지를 보다 저렴한 형태로 만들어 내는 것이기 때문이다. 건물 지붕에 설치되는 광전지판과는 다른, 일명 '집열'된 태양 에너지다. 이미 이스라엘과 스페인에서 1980년대부터 활용되었는데 기본 원리는 간단하다. 거울이 태양광을 반사하여 물을 채운 통에 집약시킨다. 물이 끓기 시작하면 수증기를 만들고, 그 수증기가 파이프를 타고 터빈으로 가서 전기로 변형된다. 응축된 수증기는 다시 물이 되어 회로 속으로 들어간다. 그런 유형의 농장에서 집중적으로 생산되는 태양열 전기는 지역 공급 업자의 네트워크로 연결되고, 지역 공급 업자는 대개 미리 규정된 메가와트 총량에 따라 20년간 구매 계약을 맺는다.

전기 회사인 서던 캘리포니아 에디슨과 퍼시픽 가스 전기는 수요가 대단히 많다. 아널드 슈워제네거의 캘리포니아 주 정부가 2010년에는 전기 생산량에 지열, 풍력, 바이오매스, 태양열 등과 같은 재생 에너지 20퍼센트를, 2020년까지는 33퍼센트를 통합하도록 강요하는 법안을 통과시켰기 때문이다. 그러다 보니 그야말로 '태양열 붐'이 일고 있다. 대여섯 개의 운영 업체가 캘리포니아와 네바다, 애리조나, 뉴멕시코의 사막을 다양한 크기와 형태의 거울로 뒤덮는 20여 개의 프로젝트를 위임받았기 때문이다. 요컨대, 미국 전기 회사들은 4,000메가와트의 용량을 갖춘 태양열 전기 선구매 계약을 맺었다. 그린 에너지 컨설팅 기업인 뉴에너지 파이낸스의 조사 결과에 의하면, 세계적인 규모의 프로젝트들이 그 총량의 세 배는 달성할 거라고 한다. 그 기술에 대해 대단히 낙관적인 입장을 보이는 그린피스 NGO는 태양열이 2030년에는 지구에 필요한 전기의 7퍼센트를, 2050년에는 25퍼센트를 공급할 것으로 예측한다.

2009년 3월 3일은 랭커스터의 이솔라 작업장에 중요한 날이었다. 영업을 책임지고 있는 밥 홀싱어는 몹시 들떴다. 오후에 기중기를 동원해 높은 강철 받침대 위에 거대한 37톤짜리 터빈을 설치했기 때문이다. 그 터빈은 수증기를 흡입해 전기를 뱉어 낼 시스템의 핵심이었다. 그날 밤 태양열 농장에는 여러 타워 중 하나의 꼭대기에 놓일 거대한 두 번째 열 수신기가 도착했다. 수신기를 옮기는 행렬은 한나절 안에 다 못 갈 정도로 거대했다. 이제 부품을 모두 연결했으니 2009년 가을에 스위치를 누르는 일만 남아 있었다.

해바라기 거울

랭커스터의 조그마한 발전소는 3,500가구에 전기를 공급할 수 있는 5메가와트 용량을 갖추었다. 하지만 무엇보다도 이솔라가 개발한 태양열 시스템의 효율성을 입증하는 것이 목적이었다. "우리는 미국 남서부 지역에서 245메가와트 이상의 전력을, 전 세계에 1,500메가와트 이상의 전력을 생산하기 위해 계약을 체결했습니다. 우리는 미국과 다른 나라의 기업들과도 제휴를 맺었습니다. 파트너들은 우리의 기술을 믿고 있지만 그 기술이 실제로 작용하는 걸 보고 싶어 하죠." 패서디나에 본사를 둔 신생 기업 이솔라의 창립자이자 CEO인 빌 그로스는 그렇게 설명한다.

청정 전기로 쇄도하는 유행을 따른 '거울 농장'의 미개척 시장에
서는 스페인의 아벤고아Abengoa 나 악시오나Acciona 같은 유서 깊은
에너지 기업들과 미국 벤처 캐피털 회사들로부터 재정 지원을 받
는 신생 기업들 사이에서 한바탕 경쟁이 벌어지고 있다. 그로스의
이솔라 외에도, 2008년에 마운틴 뷰에서 한 오스트레일리아 공학
도가 창립하고 벤처 캐피털의 등대와 같은 두 회사 코슬라 벤처스
와 클라이너 퍼킨스의 지원을 받은 오스라Ausra가 있다. 뿐만 아니
라, 1980년대에 네게브 사막과 캘리포니아의 하퍼 레이크에 태양
열 발전소를 건설했던 이스라엘 회사 러즈Luz를 전신으로 한 오클
랜드 소재의 브라이트소스도 있다.

각 기업마다 나름의 '비밀 양념'이 있다. 악시오나는 파이프에 햇
빛을 집중시키는 홈통형 반사경을 활용한다. 오스라는 축을 움직
이며 태양의 궤도를 따라가는 아주 긴 프레넬 반사경을 설치했다.
브라이트소스와 아벤고아는 달걀 형태의 들판을 상상해 대형 거울
들이 대형 타워 꼭대기에 설치된 저장소로 빛을 쏘게 만들었다.

"타워 테크놀로지가 가장 효율적입니다. 태양광의 집열 기능을
향상시키고 온도를 더 높게 올릴 수도 있으니까요. 하지만 지금까
지는 가격이 너무 비쌌습니다. 민간 공학으로는 대규모 작업장이
필요하고 인력이 많이 동원되니까요"라고 그로스는 말한다.

이솔라는 완전히 사전 제작되는 모듈 시스템을 완성했다. 타워
열여섯 개와 총 17만 6,000개의 작은 '반사경'들이 갖추어진 들판

두 군데로 46메가와트의 반사경군群을 이루었다. "우린 지구 상에서 가장 저렴한 태양열 기술을 갖추었습니다. 이제부턴 공장을 세울 겁니다. 천연가스 가격과도 경쟁할 만하죠"라고 그로스는 밝힌다. 그의 말에 의하면, 이솔라는 이미 킬로와트시당 10센트의 가격대에 도달했고, 여기에 미국에서는 30퍼센트의 세액 공제가 추가된다. 그로스는 규모를 줄이고 성능을 향상시켜 앞으로 몇 년 안에 킬로와트시당 5센트까지 이르길 바라고 있다. 즉, 석탄 화력 발전소에서 생산되는 전기의 가격으로 말이다.

이솔라 팀은 기술적인 어려움을 최소화하고 견고함을 향상시키면서 설치 시간을 줄이고 공정을 활용할 수 있도록 최선을 다하고 있다. 우선, 부지의 터가 있다. 이 회사는 이미 캘리포니아의 땅을 3,000만 달러에 구입했다. 그로스는 이렇게 강조한다. "언제나 옛 농경지나 사유지죠. 물을 사용할 수 있도록 말입니다. 그게 더 효율적이니까요! 무엇보다도 이건 추가로 환경 조사를 받을 일이 절대 없는 프로젝트입니다."

일부 기업들이 서식지를 위협받는 거북이들을 보호하려는 환경 단체들과 맞서 싸우고 있는 걸 생각할 때 높이 살 만한 장점이다. "로스앤젤레스 사람들 수영장이나 따뜻하게 데우라고 사막을 희생시켜선 안 됩니다." 시에라 클럽의 지역 투사 테리 프리원은 〈뉴욕 타임스〉에서 그렇게 말했다. 그는 캘리포니아와 네바다의 경계 지역인 아이반파 계곡에 태양열 발전소를 설치하는 것에 반대하는 투쟁을 벌이고 있다. 반면에 같은 NGO의 재생 에너지 전문가인 칼

지첼라는 다른 입장이다. "이젠 무조건 반대하고 나서서 될 일이 아닙니다. 제대로 된 계획에는 찬성해 줘야죠."

한편, 그로스는 절차상의 장애를 최소화하기 위해 최선을 다했다. 이솔라의 타워들은 경쟁사의 100여 미터 타워에 비하면 그 높이가 45미터를 넘지 않는다. 따라서 연방 항공 행정부의 특별 허가를 받을 필요가 없다. 끝으로, 빌 그로스는 힘주어 말한다. "우리 프로젝트의 규모는 도심, 즉 전선과 가까이 있습니다." 그래서 랭커스터의 작업은 땅을 구입한 직후에 시작되었다. 이솔라는 더 빨리 진척시키기 위해 1947년도에 제작된 GE 터빈을 구입해 제재소에서 미리 사용한 다음 목재 잔여물 에탄올 공장에서 사용했다. 또한 이솔라는 경력 직원을 고용했다. 작업장의 책임자 밥 홀싱어는 이렇게 이야기한다. "랭커스터의 우리 작업장에서 일했던 사람을 다시 복귀시켰습니다. 절약하기 위해서가 아니라 시간을 벌기 위해서죠. 다른 지형에 보내려고 지멘스에 주문한 새 터빈들은 도착하는 데에만 여러 달이 걸리니까요." 랭커스터의 태양열 발전소는 첫 삽을 뜬 지 약 1년 만인 2009년 8월 5일에 생산을 시작했다.

그로스는 시간뿐만 아니라 돈도 벌기 위해 모험을 한다. 46메가와트의 반사경군이 차지하는 면적은 고작 64헥타르 정도다. 하지만 반사경 들판이 직사각형이어서 일부 경쟁자들보다 두 배 더 많은 거울을 놓을 수 있다. 빌 그로스는 이렇게 비판한다. "다른 기업들은 테니스장만 한 대형 거울을 갖고 있습니다. 그 거울들을 바람에 지탱할 수 있게 해야 하고, 바람이 아무리 불어도 한 단계씩 방향을 바꾸도록 해야 하죠. 따라서 어마어마한 기둥을 땅속 깊숙이 박아야 합니다." 반면에 이솔라는 설치하기 쉽고 다루기 쉬운 시스템을 구상했다. 이솔라의 거울들은 작고 평평해서 강철이 더 적게 들어간다. 모든 것을 사전 제작하고 공장에서 미리 설치된 레일까지 포함해 철저한 테스트를 거친다. 그로스는 이렇게 주장한다. "컨테이너를 열면 모든 것이 만반의 준비가 되어 있죠. 레일은 콘크리트 받침대에 알맞게 고정되어 있고, 거울들은 나사 두 개로 틀에 단단히 부착되어 있습니다. 기술자도 필요 없고 전문 인력도 필요 없으니 아주 기능적이죠."

제어 시스템에서도 마찬가지 원칙이 적용된다. "경쟁 업체들이 사용하는 전자 제어 기기는 크기가 메르세데스 한 대만 하고 가격도 메르세데스 가격의 절반은 됩니다. 하지만 우리는 소프트웨어에 투자해서 정교한 알고리즘으로 영역 전체를 대형 파라볼라로 변형시켰습니다." 작은 반사경은 구두 상자 크기의 시스템으로 원격 조종되어 축 두 개로 방향을 전환한다. 각 영역을 둘러싸고 있는 네 개의 작은 금속 타워에 고정된 카메라가 모든 걸 자동 조절한다. 그로스는 자랑스레 이야기한다. "요컨대 정확한 설치 위치가 필요 없다는 겁니다. 카메라가 역학적으로 조명 지점 각각의 좌표를 계산하니까요. 심지어 지진에도 견딜 수 있도록 구상되었습니다." 그는 작은 자동 기계를 두 개 만들어 밤마다 반사경들 사이를 지나다니면서 청소를 하도록 세심하게 신경 썼다. 사막의 마른 먼지에 뒤덮이면 효능이 떨어지기 때문이다.

이솔라의 수많은 반사경들은 마치 로봇 해바라기들처럼 태양의 궤도를 추적한다. "'더 많은 강철More steel' 대신에 '무어의 법칙'을 활용하죠. 그렇게 해서 많이 절약되고 있습니다!" 빌 그로스는 그렇게 말하면서 원가는 다른 경쟁자들이 올린 가격의 절반밖에 되지 않는다고 주장한다.

너무 호언장담하는 걸까? 물론 그의 확신에 찬 주장에 많은 경쟁업자들은 어깨를 으쓱이며 무시하거나 부인했다. 오스라의 CEO 밥 피시먼의 경우, 크기에 대한 얘기를 문제 삼았다. 그는 〈와이어드〉지에서 이렇게 설명했다. "전 그 문제를 열심히 연구했는데 크기와 가격 사이에는 직접적인 상관관계가 있습니다. 사람들이 왜 그렇게 커다란 석탄 화력 발전소를 짓는다고 생각하십니까?" 어쨌든 전기 회사들은 진지하게 중재에 나서는 모든 업체들과 계약을 체결하고, 테크놀로지를 선택하는 문제는 시장에 맡긴다. 계약된 최대 용량의 시합에서 유리한 입장에 놓인 쪽은 총 3,000기가와트의 브라이트소스다. 하지만 태양열 발전소를 지으려면 브라이트소스는 아직 더 많은 자원을 확보해야 한다. 브라이트소스의 투자자들 중 하나인 밴티지 포인트의 앨런 샐즈먼은 이렇게 설명한다. "전통적으로 그런 역할을 하는 건 시장, 즉 GE 캐피털 그러니까 '구조금융'의 전문가들이죠. 지금은 빈틈이 있습니다. 위기로 혼란이 빚어졌으니까요. 하지만 시장은 곧 정상화될 것이고, 정부는 간극을 메우려고 애쓸 겁니다."

이솔라의 유리한 조건을 조목조목 설명하는 빌 그로스의 모습은 마치 캘리포니아 공과 대학 학생으로 돌아가기라도 한 양 테크놀로지에 매료된 듯해 보인다. 자그마한 체구에 단호해 보이는 쉰 살의 그는 이따금 말까지 더듬을 정도로 열정적으로 이야기한다. 그는 가느다란 음성으로 속사포같이 말을 쏟아 내며 숫자와 자세한 테크닉 그리고 암산까지 곁들인다.

폴란드에서 이민 온 재단사의 아들이었던 그의 아버지는 아들이 캘리포니아 엔시노에서 자신의 뒤를 이어 치열 교정 의사가 되기를 바랐다. 하지만 그로스는 치의학보다는 기계 공학을 더 좋아했다.

사춘기 시절에 이미 그는 클린테크에 대한 열정에 사로잡혔다. "제가 첫 회사를 차린 게 열다섯 살 때였습니다. 1973년의 에너지 위기 때였죠. 중학교에서 배운 삼각법의 기초로 태양열 에너지를 집광시키고 스털링 엔진을 뜨거운 공기에 구동시키는 파라볼라를 개발하기 위한 설계도를 그렸습니다. 〈포퓰러 사이언스〉라는 잡지에 작은 광고를 이용해서 수천 개의 장비를 개당 4달러에 팔았죠. 그 덕에 칼텍에 입학할 수 있었던 것 같습니다. 어쨌든 그렇게 해서 첫 1년간 학비를 댈 수 있었죠."

하지만 그로스가 1981년에 기계 공학 학위를 따고 학교를 졸업했을 때 세상은 저렴한 석유에 잠겨 있었고 태양열의 유행은 지난 뒤였으며, IBM PC가 갓 출시되었을 무렵이었다. 그는 개인 컴퓨터 사업에 뛰어들었다. "스물다섯 살에 정보 기술 분야로 우회했다가 그 후에야 에너지 문제로 돌아오게 되었죠." 얼마나 돌아왔는지! 그로스의 초창기 회사들로는 GNP 라우드스피커스라는 오디오 자재 제조 업체 그리고 후에 로터스 소프트웨어에 인수된 GNP 디벨롭먼트 주식회사가 있었다. 1990년대 초반에 그로스가 창설한 최초의 교육용 게임 시디롬 제조 업체 중 하나였던 널리지 어드벤처Knowledge Adventure는 센던트Cendant 그룹에 인수되었다가 장마리 메시에의 비방디Vivendi를 통해 그로스가 다시 매입했다.

빌 그로스는 이렇게 이야기한다. "그 당시 저는 연속적으로 신생 기업들을 경영했습니다. 그 기업들을 설립하고 개발하여 되팔거나 주식 시장에 들여놓았죠." 하지만 그로스에게는 기업가적인 참신한 아이디어가 끊이질 않았다. 1995년에 그는 널리지 어드벤처를 발전시키던 중에 넷스케이프Netscape라는 내비게이터가 증권 시장에 들어오는 걸 보았다. 그걸 보자, 인터넷 회사에 대한 여러 가지 아이디어가 떠올랐다. 그의 벤처 캐피털 투자자였던 모어 데이비도는 그에게 분리된 회사들을 설립하라고 조언했다. 한 가지 팀을 단 하나의 아이디어에만 집중시키는 것이 늘 효과적이기 때문이었다. 그래서 빌과 일부 협력자들은 동시에 최초의 온라인 주소록인 시티 서치City Search에 뛰어들었다.

그로스는 오케스트라 지휘자와 같은 그 역할이 자신에게 완벽하게 어울린다는 걸 깨달았다. "전 아이디어를 찾고 시도하는 것은 무척 좋아하지만 오랫동안 관리하는 건 제 강점이 아닙니다. 그래서

1996년 3월에 인터넷 기업 육성 회사인 아이디어랩Idealab을 세워 동시에 여러 프로젝트를 시작하기로 했죠. 마치 토머스 에디슨의 실험실을 모델로 한 것처럼 말입니다."

오늘날 로스앤젤레스 북쪽 패서디나에 위치한 총 4,600제곱미터 규모의 아이디어랩 벽돌 건물과 부속 사무실 몇 개에는 종신 고용인 50여 명이 근무하고 있을 뿐만 아니라 아이디어랩이 육성하는 신생 회사 10여 개도 입주해 있다. 직원들은 투명 합성수지와 야트막한 칸막이로 둘러싸인 넓게 트인 밝은 장소에서 일하고 있다. "누구든 다른 사람들이 하는 일을 볼 수 있습니다. 사생활은 별로 없지만 대화가 많아서 선의의 경쟁이 이루어집니다"라고 그로스는 말한다.

빌 그로스는 아이디어랩을 '미니 GE'에 비유하길 좋아한다. 아이디어랩은 인류에 제기된 모든 위대한 도전의 목록을 작성했다. 건강, 자동차 운행, 내일의 에너지……. 그다음엔 진정한 '브레인스토밍'에 빠져든다. '현 상태를 뒤집어라!'라는 단 하나의 슬로건을 가지고! "그 문제들에 기술적인 해결책이 있는지 정치적 해결책이나 입법적인 해결책에 대비시켜 생각해 봅니다. 그러다가 아이디어가 떠오르면 시제품을 만들고 그게 제대로 진행되는지를 봅니다. 관습적이지 않은 해결책은 늘 미친 생각처럼 떠오릅니다. 적어도 그 생각을 받아들일 때까지는 무모하게 보이죠. 우린 그런 식의 도전적인 작업을 좋아합니다."

아이디어랩의 팀에는 약간의 독창성과 부단한 노력 그리고 적당한 열정만 있으면 보다 나은 테크놀로지 세계를 건설할 수 있다고 확신하는 이상주의자들이 한데 모였다. 그들의 계획은 어느 정도는 순진해 보이기까지 하다. 13년 동안 그로스의 연구소에서는 족히 100여 개의 회사들을 만들어 냈고, 그 회사들은 가치 평가의 정점에서 인터넷 거품이 사라지기 전까지 수십억 달러를 호가했다. 그중 일부는 '닷컴'이 파산했어도 살아남았다.

시티 서치는 증권가로 들어갔다가 인터액티브 코퍼레이션에 합병되었다. 쇼핑닷컴 Shopping.com은 1998년에 시가가 매겨졌다. 20만 달러로 출범한, 최초의 유료 광고로 재정 후원을 받는 검색 회사 중 하나인 고투닷컴 Goto.com은 2003년에 16억 달러에 야후에 인수되었다. 구글에 넘긴 사진 편집 소프트웨어 피카사 Picasa 역시 성공적이었다. 그로스는 이렇게 평한다. "우리는 구글 주식으로 지불을 받아 구글이 증권가에 상장되고 놀라운 행보를 보인 덕에 이윤을 낼 수 있었습니다."

대개 신생 기업들의 자본은 아이디어랩과 직원들 그리고 외부 주주들 사이에 공평하게 분배된다. 그다음에 빌 그로스는 자기 회사의 10퍼센트를 챙긴 다음 증권가에 상장시키거나 다른 기업에 양도하곤 한다. "하지만 매입자가 자본의 100퍼센트를 원한다 해도 저에겐 문제가 되지 않습니다. 우리 아이디어를 계속해서 개발하기만 한다면 말이죠. 예를 들어 구글은 피카사 버전 3.0을 출시했습니다."

물론 아이디어랩은 무수한 실패도 겪었다. 하지만 그것도 과정의 일부였다. 그로스는 자신의 우상 토머스 에디슨을 인용해서 이렇게 말한다. "'난 실패하지 않았다. 성공하지 못하는 방법 1만 가지를 배운 것이다.' 토머스 에디슨이 전구를 발명하려던 시점에 그런 말을 했죠. 실패는 훌륭한 학습입니다. 개인적으로 실패는 저에게 두 배의 에너지로 다시 뛰어들 동기를 부여해 줍니다." 빌 그로스는 아이디어랩을 그런 정신 상태를 가지고 자신이 창립하는 회사들을 채워 줄 청년들을 선별하는 필터로 활용한다. 예를 들면 이솔라의 직원 20퍼센트가 아이디어랩 출신이다. "전 직원을 모집할 때 이미 실패를 경험해 보고 거기서 교훈을 얻은 사람들을 찾습니다. 창의성과 뗄 수 없는 모험을 즐기는 DNA를 지닌 사람들을 찾아내는 이상적인 방법이죠. 모든 신생 회사들은 언젠가는 풍파를 겪게 됩니다. 그런 식의 정신없는 상황을 극복해 본 사람들이 더 우수한 겁니다. 장애에 부딪쳐 본 일이 없는 사람들은 치유도 힘든 법입니다."

소프트웨어, 꽃 그리고 돌고래

피카사를 팔아 번 돈으로 빌 그로스는 재생 에너지 영역에 다시 투자했다. "2001년에는 캘리포니아에 역사적인 정전 사태가 있었죠. 당시 사람들은 네트워크 밖에 에너지를 저장하는 방법을 찾기 시작했습니다. 그리고 대체 에너지 생산에도 관심을 보였죠." 기후 온난화에 대한 우려가 생겨나기 이전, 앨 고어보다도 훨씬 전에 그로스는 화석 에너지에 대한 의존도를 줄여야 한다고 느꼈다. "어린 시절 제가 그토록 꿈꾸었던 태양열 분야에서는 20년 동안 별다른 일이 일어나지 않았습니다. 그래서 저는 다시 연구를 시작했죠." 2003년의 TED 강연 비디오를 보면, 빌 그로스가 희한한 '태양 꽃' 을 소개하는 모습을 볼 수 있다. 거울 꽃잎이 움직이면서 스털링 엔진을 구동시키는 꽃이다.

그 실험적인 작업에서 네 개의 태양열 기업이 탄생했다. 이솔라의 모듈 발전소 개념뿐만 아니라 기업들의 지붕에 대형 광전지군을 설치해 주는 에너지 이노베이션Energy Innovations, 스털링 모터를 상업화한 뒤에는 에너지와 난방을 위한 주거용 혼합 장비를 제공하는 인비디아Invidia, 개발 도상 국가를 위해 저가의 마이크로 태양열 시스템을 구상하는 디스트리뷰티드 월드 파워Distributed World Power.

그로스는 이렇게 설명한다. "대개 우리의 아이디어는 전부 이 안에서 싹틉니다. 처음엔 1만 달러로 시제품을 만들기 시작하죠. 그 다음에 그게 제대로 진행되면 10만 달러로. 마침내 사업 계획서를 쓰게 되면 100만 달러로 넘어가죠." 이솔라의 경우를 예로 들면 그로스와 그의 동료들은 패서디나 빌딩 지붕에 소형 집광 타워와 함께 미니 태양열 연구소를 차렸다. "우린 그렇게 해서 소프트웨어를 시판하기 전에 1년 동안 테스트를 했습니다. 그다음엔 사업 모델이 있는지 생각했죠. 그리고 나서 그 생각을 발전시킨 사람들과 함께 회사를 차렸습니다."

아주 드물긴 하지만 외부에서 들어온 아이디어에 영향을 받는 경우도 있다. 압테라의 경우가 그랬다. 아이디어랩 팀은 언제부터인가 최소한의 공기 저항을 나타내는 공기 역학 법칙을 기반으로 삼은 완전한 전기 차를 생각하고 있었다. 그로스는 이렇게 이야기한다. "지방의 한 학교에서 디자인 콘테스트를 개최한 일이 있었습니다. 그런데 가장 뛰어난 크로키조차 일반적으로 자동차가 만들어지는 개념에 지나치게 사로잡혀 있더군요." 그러던 어느 날 스티브 팸브로와 크리스 앤서니가 샌디에이고에서 매혹적인 프로젝트를 가져왔다. 물방울 형태를 띤 자동차의 꼬리 부분은 길고 납작한 모양이었다.

"그 사람들을 만나고 나서 그들을 통해 내 꿈을 이룰 수 있을 거라는 생각이 들었습니다. 자동차가 공기 역학적으로 될수록 에너지를 절감시킬 수 있죠. 형태는 무게를 더 많이 고려해야 합니다. 움직일 때의 저항력은 공기의 3분의 2이고 강철 무게의 3분의 1에 해당합니다."

2009년 봄에 압테라는 앞부분이 마치 돌고래 코처럼 생기고 바퀴 세 개에 문이 곤충의 겉날개처럼 위로 올라가는 특이한 모양의 흰색 자동차 시제품 다섯 대를 제작했다. 거기서 더 진척시키려면 재정적 후원이 필요했다. 그로스는 자세히 설명한다. "압테라를 모델마다 하나씩 제작하려면 50만 달러가 듭니다. 하지만 1,000대를 시리즈로 제작하면 대당 2만 달러가 될 수 있죠. 그리고 우린 2만 5,000달러에 팔 수 있고요. 그러니 적어도 2,000만 달러는 모아야 합니다."

압테라는 칼즈배드의 공장에서 연간 5,000대를 제작하기 위해 에너지부에서 7,500만 달러 대출을 요청했다. 하지만 그 우스꽝스럽게 생긴 자동차는 혁명적인 디자인에 오히려 발목을 잡혔다. 그로스는 이렇게 이야기한다. "바퀴가 세 개이다 보니 압테라는 기술적으로 오토바이에 해당하더군요. 아무리 자동차 안전 테스트까지 거쳐도 말이죠. 그래서 우리의 요청은 지금까지 거부당했습니다." 미국 사람들이 흔히 하는 말처럼 '고정 관념에서 벗어나out of the box' 생각한다는 게 좋기만 한 건 아닌 모양이다. 그로스는 친환경 자동차를 도와주어야 할 사명을 띤 에너지부가 기준을 재고하거나 아니면 말벌처럼 생긴 자동차가 다른 투자자들의 마음을 사로잡기를 바라고 있다.

2009년 3월에 〈월 스트리트 저널〉의 에코노믹스 회담장 밖 샌타 바버라의 바카라 호텔 뜰에 주차된 둥근 코의 희한한 삼륜차는 어쨌든 센세이션을 불러일으켰다. "지금까지도 새로운 투자자들과 접촉하고 있습니다. 작은 기업 혼자서 자동차 세계를 바꿀 수 없다는 건 압니다. 하지만 우리가 성공한다면 다른 제조 업자들도 자신들의 디자인과 재료를 근본적으로 다시 생각하게 될 것입니다." 그로스는 그렇게 속마음을 털어놓는다.

외부에서 볼 때는, 빌 그로스가 당시에 자신이 CEO였던 이솔라, 자신이 직접 이끌던 아이디어랩 그리고 관리하는 대여섯 개의 다른 신생 기업들을 어떻게 다 나누어 맡는지 이해하기 힘들 것 같

다. 압테라를 제외하고 그 기업들 전부가 한 건물 안에 있다고는
하지만 제각각 별개의 개체이기 때문이다. 나름대로 프로젝트와
고객, 투자자, 관리인 그리고 서로 다른 문제와 시장이 있으니 말
이다. 빌 그로스의 가정생활도 무시할 순 없다. 그에게는 두 번의
결혼에서 얻은 자녀가 다섯이나 된다. 게다가 장남 데이비드는 이
솔라에서 일하고 있다.

"맞습니다. 전 아주 바쁜 생활을 하고 있죠." 그렇게 인정하는 그
로스는 바퀴 달린 작은 가방을 끌고 클린테크 심포지엄의 친환경
회의에 참석차 가는 중이었다. 하지만 늘 끝없는 자신만의 혁신으
로 분주한 그에게서는 조금도 피로한 기색을 찾아볼 수 없었다. "아
이디어랩은 제가 어렸을 때부터 꿈꿔 왔던 겁니다. 그리고 전 제가
하는 일을 너무 좋아하기 때문에 특별히 노력할 것도 없어요!"

위기를 돌리다

인터넷의 붕괴를 겪고 훌륭한 아이디어들이 숱하게 사장되는 것
을 지켜보았던 빌 그로스는 호된 시련을 피해 자신만의 인큐베이
터를 만들었다. 그는 항상 은행에 1억 달러를 넣어 놓고 있다. "그
건 아이디어랩의 10년 치 운영비입니다. 그 한계를 넘어서면 저를
포함한 주주들에게 다시 나누어 줍니다." 하지만 아이디어랩의 경
영자로서 그는 사막을 건넌다 해도 그 정도의 적립금으로 충분히

만족한다. 그리고 현재의 금융 위기와 함께 유례없는 금융 시장의 고갈 상태가 뚜렷이 드러나고 있다. 그가 마지막으로 후원한 신생 기업 인터넷 브랜즈Internet Brands가 설립된 건 2007년 11월의 일이다. "우리 회사들 중 어느 하나도 매각되지 않거나 오랫동안 공개되지 않는 일은 있을 수 없습니다. 이솔라의 경우는 앞으로 2~3년이 걸릴 것 같습니다."

130명의 직원을 둔 이솔라는 패서디나의 아이디어랩 빌딩에 상주해 있다. "앞으로 열 명 정도 더 고용하면 이전할 겁니다"라고 그로스는 말한다. 반면 이솔라는 2007년에 '분봉'된 이후 아이디어랩과는 독립된 개체로 운영되고 있다. "매번 무에서 새로운 기업을 만들어 냅니다. 이는 고용인들에게 엄청난 동기를 부여하는 일입니다. 그들이 거기서 직접 혜택을 보니까요. 그 이름들은 아이디어랩의 활동보다 더 많은 위험 부담을 갖죠. 하지만 그만큼 더 큰 부를 누릴 잠재력도 보입니다." 아이디어랩을 처음 시작할 때 그로스는 CEO 자리에 자신의 다른 회사들을 경영하던 아시프 안사리를 임명했다. 그러고 나서 위기가 닥치자 자신이 직접 지휘권을 맡았다. "당시 이솔라에는 제가 필요했으니까요. 하지만 임시방편일 뿐입니다. 전 나중에 다시 이솔라를 발전시킬 만한 관리인을 찾을 겁니다. 그리고 전 계속 남아서 테크놀로지에 몰두할 겁니다."

이솔라의 소박한 문화는 위기 상황에 직면해서도 외부 투자자들의 마음을 사로잡았다. 이 신생 기업은 벤처 캐피털 기업인 팰러앨토의 오크 인베스트먼트 파트너스와 구글닷오아르지로부터 1억

3,000만 달러가량을 거두어들였다. 그로스는 자랑스럽게 말한다. "에릭 슈미트, 래리 페이지 그리고 세르게이 브린은 자신들이 하는 일을 굉장히 좋아합니다. 그들은 이솔라만이 아니라 압테라에도 투자를 했죠. 구글은 재생 에너지를 석탄보다 더 싸게 만들려면 3만 5,000억 달러는 필요할 거라고 생각합니다. 하지만 전 1만 5,000억 달러면 할 수 있으리라고 생각됩니다."

늘 낙관적인 그로스는 어쨌든 오랜 경험에서 확고한 규칙 두 가지를 갖게 되었다. 빌 그로스의 첫 번째 법칙은 이것이다. "소비자가 진짜로 필요로 하는 것이 뭔지 직접 만나러 가야 합니다. 시장에 상품을 억지로 안길 순 없습니다. 시장이 상품을 끌어당기게 해야죠. 다시 말하면, 마케팅을 하고서도 이론적으로 이윤을 잃을 위험을 무릅쓰게 된단 말이죠." 너무나 혁신적인 상품이어서 아무 기준도 없을 때는 그 상품의 경제적 효용을 어떻게 확신할 수 있을까? 그로스는 시장 조사만 무턱대고 믿지는 않는다. 그는 매번 사람들이 그런 상품이 있다는 걸 알면 저절로 팔리게 될 거라는 확신을 가지려 애쓴다. 고투닷컴의 경우, 그는 광고주들에게 지면 광고를 하게 한 후에 매일 확인했다. "압테라의 경우는 시제품 두 대를 만들고 웹사이트를 만들어 500달러 선불을 걸고 선주문을 받기 시작했습니다. 그랬더니 5,000건이 예약되더군요! 그렇게 하지 않았더라면 회사에 돈도 대지 못할 뻔했죠."

이솔라의 경우, 빌 그로스는 잠재 고객들의 관심을 확보한 상태였다. 즉, 캘리포니아와 뉴멕시코 그리고 네바다의 전기 회사들 말이다. 하지만 그는 태양열 에너지 분야에서 잘 알려진 전문가들이나 개인 기업 로켓다인Rocketdyne 또는 샌디아 국립 연구소로부터 자사의 기술을 인정받기를 원했다. "로켓다인의 데일 로저스와 샌디아의 크레이그 타이너는 우리 프로젝트를 대단히 마음에 들어 하며 우리와 함께 일하겠다고 오기도 했습니다! 그 일은 우리의 선택에 확고한 힘을 실어 주었죠."

빌 그로스의 두 번째 법칙은 "우리 상품이 대다수 사람들로부터 이해를 받고 받아들여질 수 있도록 최대한 오래 살아남아 있어야 한다"는 것이다. 아이디어랩이 궤도에 올려놓은 회사들 중 몇몇은 너무 빨리 성장해서 1990년대 말에 터진 인터넷 거품의 희생양이 되어 끝내 사라지고 말았다. "주주들이나 고객들 또는 언론에서 다들 하나같이 대단하다고 치켜세울 때 거기에 휘말리지 않는다는 건 대단히 힘든 일입니다." 1997년에 아이디어랩에서 만들어 낸 온라인 장난감 판매 회사 이토이즈eToys를 죽인 게 바로 그랬다. "이토이즈는 첫해 크리스마스에 500만 달러의 판매 수익을 올렸고, 다음 해에는 1,000만, 그다음에는 5,000만 그리고 1억 5,000만 달러 수익을 올렸죠. 증권 거래소에 들어갔을 때 그 회사의 자본화는 70억 달러를 넘었어요! 그러다가 이듬해 판매 수익 3억 달러를 예측했던 경영자들은 새 창고에 돈을 대느라 2억 달러를 써버리고는 결국 빈털터리가 되었죠."

그로스 역시 2008년에 태양열 에너지가 유행할 때 이솔라의 현금을 낭비할 뻔했다. 하지만 그는 조금 더 조심스럽게 진행한 덕분에 후회할 일은 만들지 않았다. 이솔라는 서던 캘리포니아 에디슨과 245메가와트 전력 공급에 대한 장기 계약을 맺었다. 그의 기본 팀 다섯 개의 판로가 보장되는 일이었다. 하지만 금융 시장이 얼어붙은 마당에 엄청난 자본이 들어가는 태양열 발전소를 어떻게 짓는단 말인가? 그로스는 경쟁 업체들 일부가 그런 정세 속에 마비된 가운데 문제를 교묘히 돌려 기업 파트너를 찾아냈다.

2009년 초반에 그로스는 그때까지는 유난히 석탄에 의존했던 미국 전기 회사 NRG 에너지와 500메가와트 계약을, 그리고 인도 그룹 ACME와 1,000메가와트 제휴를 맺었다고 연달아 발표한다. 더군다나 NRG 에너지와 ACME는 이솔라에 제각각 1,000만 달러와 3,000만 달러의 자본을 대기도 했다. 그런데 NRG 에너지는 그때까지 석탄 화력 발전소와 함께 생산을 했고, ACME는 어떤 지방에서 저렴한 가격으로 운영을 했다. 그 두 건의 제휴로 이솔라의 경쟁성이 가치를 인정받은 셈이었다. 6월 11일, NRG 에너지와 이솔라는 엘파소 일렉트릭 전기 회사와 함께 92메가와트의 계약에 서명을 하고 뉴멕시코의 도나아나에 태양열 발전소 두 개를 세우기로 했다고 발표한다.

인도와는 물론 단순한 허가 협정이었다. "이솔라는 외국에 건설할 임무가 없습니다. 그래도 우리는 중국과 중동 그리고 유럽 남부에서 그런 식의 제휴를 활발히 찾고 있습니다." 미국에서 이솔라는 모든 사업 모델에 문을 활짝 열고 있다. "처음에는 NRG 에너지와 함께 운영하다가 이후에는 그들이 하게 될 겁니다. 우리의 전문 분야는 전자 유도 장치와 알고리즘이지 공장 건설과 유지는 아니니까요." 그로스는 꼭 전기를 만들어 내기 위해서만이 아니라 산업 부지를 가동시키거나 수증기를 만들어 내기 위해 수중에 있는 주요 개체들을 팔 준비도 되어 있다. "반사경만 팔 수도 있습니다. 개당 1,000개가 넘으면 비용을 10퍼센트에서 20퍼센트 정도 낮출 수도 있죠."

이솔라는 태양열로 수익을 올리는 관련 업체들처럼 위기를 딛고 일어설 수 있을까? 그러길 바라는 건 비단 빌 그로스만은 아니다. 업체들이 차례로 문을 닫고 실업률이 2007년의 5.1퍼센트에서 2009년 3월에 13.5퍼센트까지 오른 랭커스터의 시장 렉스 패리스는 그를 귀빈 모시듯 한다. 이솔라 부지가 건설되는 동안 그곳에 고용된 사람들은 300명까지 되었고 정규 직원이 20여 명은 꾸준히 유지될 전망이다. "우린 지구를 구하는 일에 동참한다는 사실에 자부심을 갖고 있습니다." 1990년대 초반에 항공 우주 산업이 쇠퇴하면서 이미 경제 위기로 호된 타격을 받았던 그 베드타운의 시장은 〈로스앤젤레스 타임스〉에서 그렇게 설명했다.

수중 하키에서 태양 전지판까지

샌프란시스코 남쪽 근교에서 북쪽으로 600킬로미터 떨어진 솔라시티는 태양열 산업의 반대쪽 사슬을 노리고 있다. 즉, 개인이나 중소기업을 상대로 광전지판을 설치하는 일이다. 솔라시티의 CEO 린든 라이브는 채색 유리 비슷하게 생긴 직사각형 판을 흔들면서 말한다. "박막 신상품을 보십시오. 규소 판보다 훨씬 아름답지 않습니까!" 남아프리카공화국 출신인 린든과 피터 형제는 2007년에 그 회사를 설립했다. 하지만 그 아웃사이더들은 각각 7년, 8년 그리고 20년 전에 설립된 경쟁 업체 REC, 아키나Akeena 그리고 리얼 구즈 Real Goods를 믿을 수 없을 정도로 가뿐하게 뛰어넘었다. 그리고 젊은 기업가 린든은 이내 대단히 세분된 캘리포니아 시장의 리더가 되어, 캘리포니아의 시설 절반 정도가 그의 영향을 받게 되었다. 솔라시티를 홍보할 때 활달한 성격의 린든은 비스듬하게 모자를 눌러쓰고 한 손에는 맥주병을 든 시골의 가게 주인처럼 보이는 걸 좋아했다. 잠재의식의 메시지는 이런 것이었다. 차라리 '프로'들을 신뢰하라!

린든은 이렇게 설명한다. "1월에 캘리포니아에서 새로운 설비 시장의 22퍼센트를 점유했습니다. 지금부터 2009년 말까지는 30퍼센트에 도달할 겁니다." 그런데 캘리포니아는 솔라시티 단 한 업체에만 미국의 태양열 시장의 67퍼센트를 짊어지웠다. 솔라시티는 총 판매액을 밝히지 않지만 2008년에 350명의 직원을 두고 1,100건의 신규 계약을 체결했다. 오늘날 이 회사의 판매는 개인의 55퍼센트, 기업의 45퍼센트와 관계된다.

솔라시티는 2007년과 2008년 사이에 총 판매액이 두 배로 늘었고 2009년에 다시 두 배가 된다. "위기만 아니었으면 세 배는 되었

을 텐데……." 린든은 그렇게 말하면서 웃음 짓는다. 그는 전문 박
람회에서 다른 사람들의 부아를 돋울까 봐 그 사실을 애써 내색하
지 않았다. 라이브 형제의 비밀은 그 일을 전문으로 하면서 성장을
지켜보았다는 점이다. "환경적인 도전을 받아들이려면 태양열 에
너지로 1만 가구를 넘기는 것만으로는 충분하지 않고 100만은 되
어야 합니다. 피터와 저는 이 단계에서 배급과 설비의 인프라를 건
설할 야심을 품고 있습니다."

형 피터는 기술자인 반면에 동생 린든은 경영을 맡고 있다. 남아
프리카공화국 억양이 강한 말투를 쓰는 린든은 경영 수업을 한 번
도 들은 일이 없다. 그의 말을 들어 보면 학교 다닐 때 성적도 별로
였다고 한다! 두 형제는 테슬라 모터스와 스페이스 X의(제4장 참
조) CEO 엘론 머스크와 사촌 간이다. 그들의 어머니는 캐나다에서
태어나 남아프리카공화국으로 이주했던 쌍둥이 자매다. "전 프리
토리아에서 태어나고 자랐습니다. 아버지는 척추 교정 지압사이셨
고, 어머니는 미용실을 꾸려 나가셨죠"라고 린든은 이야기한다.

린든 라이브는 열일곱 살에 첫 회사를 차렸다. 천연 건강식품을
배급하는 회사였는데 운영이 꽤 잘되었다. "학교에 못 나가는 날이
많아서 교장 선생님이 절 퇴학시키려고 하셨죠. 그래서 교장 선생
님을 찾아가 제 회사의 대차 대조표를 보여 드렸죠. 저희 학교 선
생님들의 월급을 전부 합친 것보다 더 많이 벌었거든요!" 그렇게
해서 린든과 교장 선생님은 타협을 보았다. 린든이 시험을 봐서 통
과하면 수업을 면제시켜 주는 걸로. 그리고 결국 그렇게 되었다.

1998년에 린든은 자신이 상품을 배급하던 회사가 자신의 회사를 인수하자 드디어 꿈을 이룰 수 있었다. 그의 꿈이란 캘리포니아의 새너제이로 가서 수중 하키 선수권 대회에 참여하는 것이었다. 수중 하키는 수영장 물속에서 숨을 참고 하는 익스트림 스포츠이다. "전 남아프리카공화국 팀원으로 쉽게 비자를 받았습니다. 챔피언인 오스트레일리아 팀도 이겼는데 애석하게도 프랑스 팀에 2대 1로 졌어요!"

린든은 어쨌든 실리콘 밸리에 마음을 빼앗겨 그곳에 남기로 결심했다. "퀸스 대학에서 정보학을 전공한 형이 실리콘 밸리에서 일하면서 자신의 회사를 차리고 싶어 했죠." 1999년에 린든은 형과 함께 "전문적인 정보 서비스가 더 이상 악몽이 되지 않도록 하기 위해" 에버드림Everdream을 설립했다. 그는 벤처 캐피털에서 1억 600만 달러를 모아서 사업을 발전시켰고, 2007년에 상당한 액수를 받고 델에 매각했다. "우린 7월 2일에 에버드림을 떠나 국경일인 7월 4일에 솔라시티를 출범시켰습니다." 린든 라이브는 그때 일을 회상하며 말한다.

라이브 형제는 2004년부터 태양열 산업의 다른 부분들을 평가했다. 장비, 전지판 제작, 회사를 상대로 한 전기 생산, 설치 등등을. "우린 제조 부문에는 관련 업체들이 많은데 판매 부문에는 거의 없다는 결론을 내렸죠. 배급과 배달 시장은 대단히 수공업적이고 분할되어 있었습니다. 기술이 무상으로 제공되는데도 그 기술을 채택하는 비율은 좀체 오르지 않는 것 같았죠. 모든 설비 업체들이 능력의 최대치에 있었거든요!"

두 형제는 실리콘 밸리의 주요 벤처 캐피털 업체인 드레이퍼 피셔 저벳슨으로부터 5,600만 달러를 후원받기 시작했다. 그 업체는 형제의 에버드림을 믿었던 것을 후회하지 않았을 뿐만 아니라 머스크의 '사촌 형제'라는 점도 신뢰의 요인이 되었다. "어렸을 때는 잘 알지 못했어요. 제가 훨씬 어렸거든요. 하지만 제가 여기에서 자리를 잡자 당시에 페이팔을 운영하던 엘론은 기업을 운영하는 사촌 동생이 누군지 알고 싶어 하더군요." 두 형제의 아이디어에 매료된 엘론 머스크는 솔라시티에 막대한 금액을 투자하고 이사회장 직을 맡았다. 그런데 그 무시무시한 재정가는 테슬라 모터스의 공동 창립자 마틴 에버하드는 이내 쫓아낸 반면 라이브 형제에게는 어느 정도 독립권을 맡긴 것 같았다. '사촌 회장'에 대해 말하는 린든의 이야기에는 넘치는 존경심이 담겨 있다. "엘론은 완전히 무모하고 놀라운, 독특한 사람입니다. 아주, 아주 똑똑하죠. 꼭 다른 부류의 인간 같아요. 자신의 일에 열정적이고 열광적으로 일에 몰두합니다. 밤낮으로 일을 하죠."

의견 충돌은 없을까? "그는 가장 가차 없는 이사입니다. 열심히 회사 일에 참여하지만 다른 일로 바쁘죠. 그가 뭔가에 참견할 때는 그렇게 하고 싶어서가 아니라 그래야 하기 때문에서입니다. 그는 우리의 전략을 정하는 데 기여하고 우리가 약속한 일을 해내기를 기다립니다. 실패는 용납하지 않아요. 뭔가를 숨기는 것도요." 그런 점에서 린든은 가족 관계가 꼭 좋은 점만 있는 건 아니라는 느낌을 받는다. "그가 만족하지 않을 때에는 인정사정 봐주지 않고 이야기합니다. 봐주는 게 전혀 없어요!"

린든과 피터 단둘이서 사업을 시작했다. 그리고 석 달 만에 형제는 "본질적으로 직원 여섯 명의 전문성을 위해서" 작은 회사 두 개를 인수했다. 그 이후로 얻은 명성 덕분에 그들은 굳건한 팀을 만들 수 있었다. 보다 최근에는 J. P. 모건 은행과 태양 전지판 제조업체인 퍼스트 솔라가 합류했다.

지구를 구하는 경제 활동

시작부터 라이브 형제의 강박 관념은 태양열 에너지 채택의 세 가지 주요 장애를 없애는 것이었다. "첫째는 사람들의 정보와 교육입니다. 둘째는 일반 대중에게는 여전히 제한적인 초기 투자입니다. 셋째는 애프터서비스와 유지에 대한 걱정입니다. 끝으로, 부차적으로는 미적인 것이 있죠." 그래서 린든은 고객들을 지역별로 모아서 설치 비용을 낮추기 시작했다. "구역을 돌아다니면서 정보와 대중화 운동을 벌였죠. 그리고 사람들에게 말했습니다. '단체로 주문하시면 상당한 할인을 받을 수 있습니다.' 주 절반에 걸쳐 흩어져 있는 경우보다는 차라리 한 지역에 시스템 100개를 설치하는 것이 훨씬 생산적인 일이니까요." 그 산업에 발을 디딘 컴퓨터 소프트웨어 전문가로서 라이브 형제는 언뜻 보기에 대단한 것이 없어 보였다. 차별화되는 점도, 브랜드도, 신뢰도도 없었기 때문이다. 하지만 그 전략 덕분에 솔라시티는 첫해부터 캘리포니아를 뚫고 들어가 지도력을 발휘하기 시작했다.

2008년에 라이브 형제는 대단한 술책을 재빨리 고안해 냈다. 고객이 빠져나가지 못하도록 재정을 지원하는 프로그램이었다. "대폭 할인을 한다 해도 전에는 태양 전지판을 구입하려면 2만 달러에서 3만 달러 정도는 지불해야 했습니다. 그래서 많은 고객들이 포기했죠." 그래서 2008년 5월에 솔라시티는 사용자들이 설치 비용을 한 푼도 내지 않고 매달 전기 회사에 내던 금액보다 저렴하게 쓸 수 있는 패키지 대여 형식을 제안하기 시작했다. "매달 220달러씩 내던 재래형 전기와 매달 190달러씩 내는 태양열 전기 중에 선택하라면 어떤 걸 선택하시겠습니까?" 린든은 그렇게 묻는다.

경제 평형은 실제로는 이솔라보다 솔라시티에 훨씬 더 쉬웠다. "산업에서는 다들 '그리드 패리티grid parity'에 도달해야 한다고 이야기합니다. 즉, 화력 발전으로 생산된 전기를 사는 것과 같은 비용을 말하죠. 하지만 우리는 소매 시장에서 활동합니다. 우리가 경쟁해야 할 가격은 지역 전기 회사가 대량으로 구매하는 금액(킬로와트시당 8센트에서 10센트)이 아니라 소비량에 따른 고객의 요금을 나타내는 킬로와트시당 18센트, 25센트 또는 40센트입니다." 가격 책정은 누진적이라 솔라시티는 볕이 잘 드는 집에 살면서 매달 150달러를 웃도는 전기 요금을 내는 개인들이 절약을 할 수 있게 해준다.

린든은 전국적인 수준에서 가능한 보조와 지역 보조를 누적해서 그 빗장 아래로 통과하는 데 성공했다. 캘리포니아는 실제로 2006년에 독일 다음으로 가장 큰 규모의 태양열 보조 프로그램을 시행했다. '캘리포니아 태양열 계획'은 특히 '100만 태양열 지붕One Million Solar Roofs' 프로젝트를 통해 2016년까지 태양열 전기 용량의 3,000메가와트 설치를 예상하고 있다. 주 정부의 보조는 한 지역의 설치 수에 따라 차츰 줄어든다. 때로는 시 차원의 보조가 추가되기도 한다. 예를 들어, 샌프란시스코는 태양열 전기를 설치할 때마다 4,000달러씩 보조 할인을 해주겠다고 제안했다. "샌프란시스코는 태양열을 설치하는 데 있어 미국 최고의 도시입니다. 전기 요금이 다달이 60달러가 넘을 때마다 이익이 되죠"라며 린든은 즐거워한다.

초기 지출이 전혀 필요 없는 그 독창적인 대여 프로그램은 솔라시티의 활동에 큰 자극을 주어 2008년 여름까지 재정 위기에서 회복되었다. "태양광 전지판 구매에 할애되는 특별 자본이 생겨났습니다. 그래서 태양열에 투자하는 은행들은 세액 공제를 활용할 수 있었어요. 그런데 현재의 문제들 때문에 그 기관들은 모두 당좌 차월되어 있는 상태입니다. 그래서 이제 그들에게는 해당되지 않죠"라고 린든은 이야기한다. 그래도 여전히 그는 낙관적이다. 2009년 2월에 거대한 '경제 촉진 정책'이 미 상원을 통과하면서 이후 2년 동안 세액 공제를 대신하여 직접적인 보조를 받을 수 있을 것으로 예상되기 때문이다. "첫 분기는 순식간에 지나가겠지만 금융 기관들이 정비를 갖추어 보조를 할 수 있게 되면 2009년 후반기에는 더

욱더 왕성하게 활동을 다시 시작할 수 있을 겁니다."

수요는 줄어들지 않기 때문이다. "매달 우리는 설치하는 것보다 많은 양의 주문을 받습니다. 놀랄 일도 아니죠. 사람들이 심각하게 돈이 부족한 시점에 우린 그 사람들이 절약할 수 있게 해주니까요. 매달 요금의 30달러를 줄인다는 건 무시 못할 일입니다. 무엇보다 바로 그 점에 우리 고객들이 끌리는 겁니다. 친환경적인 양상은 부차적인 장점으로 파악되고 있어요." 신용 카드 지불과 대출에서 발생하는 사고가 늘어난다 해도 솔라시티는 지금까지 제대로 지불을 받지 못한 적이 단 한 번도 없다. "사람들이 우리에게 돈을 내지 않을 경우의 대안은 서던 캘리포니아 에디슨이나 퍼시픽 가스 전기가 돈을 더 많이 내도록 하는 겁니다."

라이브 형제는 장난치는 것처럼 보일 정도로 기분 좋게 서비스를 제공할 줄도 안다. 솔라시티의 인터넷 사이트에서 전기 요금의 중간 합계와 자신의 주소를 확인하려는 방문자는 곧바로 자신이 사는 동네의 지도가 나타나는 것을 보게 된다. 그리고 그 사람의 집 지붕 위에 표시가 되면서 지붕의 크기와 빛 노출 정도가 상세히 설명된다. 그리고 그 사이트는 곧바로 태양열 에너지 요금의 총액을 계산한다. 샌프란시스코 노브힐 구역의 방 네 칸짜리 주택의 경우, 지붕이 남향이고 평평하다면 250달러의 요금이 태양열로 전환할 경우 매달 168달러가 되어 연간 약 1,000달러를 줄일 수 있게 된다.

게다가 솔라시티의 고객들은 매 순간 자신이 생산하는 전기와 소비하는 전기를 시각화할 수 있어서 그 자원을 능률적으로 활용할 수 있다. 그리고 햇빛이 비치고 모든 전등과 기타 전기 시설이 꺼지면 계량기는 반대로 돌기 시작한다. 그러면 전기 회사는 고객들에 대해 '소비자 신용'을 기록한다. 이는 후에 해가 지고 다시 재래형 네트워크로 옮겨 갈 때 활용할 수 있다.

린든 라이브는 이렇게 설명한다. "우리의 가장 유리한 마케팅 중 하나는 완전하고 통합적인 서비스를 제공하는 겁니다. 우리는 시스템을 구상하고, 설치하고, 재정을 후원하고, 허가증을 요청하고, 보조를 받을 서류를 작성하고, 성능을 보장하고, 이 모든 걸 사용자가 온라인으로 확인할 수 있게 합니다. 문제가 생길 경우에는 확실한 보수 관리도 하고요." 거기에 프리미엄으로, 솔라시티는 원하는 고객들에게는 회사가 개입하지 않는 에너지 소비 부분, 즉 절연, 가스보일러, 환기 시스템, 전자 제품 등에 대한 무상 점검을 실시한다.

미적인 부분을 염려하는 사람들을 위해서 솔라시티는 2009년 초부터 파트너인 퍼스트 솔라의 최신식 카드뮴 텔루리드 태양 전지판을 제안한다. 일명 '박막' 태양 전지판으로서 지금까지는 전문 고객들의 집에만 설치되었다. 제작 비용이 두 배 정도 저렴하지만 그만큼 성능도 떨어지기 때문이다. 따라서 같은 양의 에너지를 얻으려면 지붕의 면적이 허용하는 한 더 넓게 설치해야 한다. 린든의 말에 의하면, "그 신기술은 흐린 빛으로도 에너지를 만들어 낼 수 있다는 장점 덕분에 아침저녁으로 30분씩 벌 수 있습니다. 그 태양 전지판은 고온에서도 작동이 뛰어납니다. 게다가 퍼스트 솔라는 완전히 재활용을 하기 때문에 탄소 발자국도 아주 낮습니다."

오늘날 태양열 에너지는 캘리포니아에서 소비되는 전력의 1퍼센트도 안 된다. 따라서 그만큼 성장 잠재력이 있어, 아마도 실리콘 태양 전지판과 카드뮴 태양 전지판 사이의 싸움은 볼 수 없을 것 같다. "오히려 화석 연료 대 모든 형태의 태양열 에너지, 그러니까 실리콘이나 카드뮴을 기반으로 하는 열에너지와 광전지의 싸움을 보게 되겠죠"라고 린든은 예측한다.

점점 크게 번지는 '독일 모델'

금융 위기 이전의 캘리포니아 태양열 에너지 시장은 개인 대상으로나 기업 대상으로나 한창 비상하던 중이었다. 태양열 전지판은 구글, 이베이, 어플라이드 머티리얼스 등 실리콘 밸리의 하이테크 캠퍼스의 지붕이며 주차장 처마며 할 것 없이 두루 지배했다. 대형 유통사의 차고나 상점에도 나타나기 시작했다. 거물 월마트는 캘리포니아 팜데저트의 상점에 624킬로와트를 설치했고 캘리포니아와 하와이의 다른 부지 22곳에도 설치해서 20메가와트의 누적 용량에 도달할 계획을 세웠다. 베스트 바이Best Buy는 미국의 35개 상점에 태양열 에너지 프로젝트를 세웠다. 세이프웨이, 홀 푸즈, 스테이플스, 타깃, 홈 디포, 메이시스, 코스트코도 따라 했다.

미국의 주요 전기 회사들도 착수했다. 리더 격이라 할 수 있는 캘리포니아 주 북부에서 1,500만 고객에게 전기를 공급하는 퍼시픽 가스 전기는 2009년 3월에 5개년 태양광 전지 500메가와트 프로그램을 발표하면서 위기에 대처했다. 그룹 자체적으로 변전소 근처에 250메가와트를 설치하고 나머지 절반은 외부 조정자들과 계약을 체결하기로 했다. "연기된 재생 에너지 프로젝트가 많은 데다 환경을 보호하고 고객들의 기대에 부응하기 위해서는 가만히 있을 수가 없습니다"라고 CEO 피터 다비는 선언했다. 2002년부터 이 회사는 이미 앞으로 필요할 양의 20퍼센트 이상에 대해 청정 에너지 구입 계약을 체결했다. 계획대로만 된다면 2015년에는 그룹 수요의 1.3퍼센트에 해당하는 새로운 일부를, 즉 1만 5,000가구에 해당하는 전력을 공급하게 될 것이다.

솔라시티의 린든은 이렇게 평한다. "굉장한 일입니다. 퍼시픽 가스 전기는 경쟁자라기보다는 잠재적인 파트너입니다. 그 회사에 250메가와트의 일부를 공급하려고 합니다." PG&E는 풍부한 재생 에너지를 갖춘 주에서 활동할 기회를 갖게 된 것 같다. 남부와 동부에 전력을 공급하는 회사들은 아직까지도 미국 전기의 50퍼센트 이상을 제공하는 화력 발전소에 크게 의존하고 있다. "그들이 좋아하든 말든 태양열 에너지는 도래합니다. 약지 못한 회사들은 태양열을 채택하기 위해 사업 모델을 찾아야 할 겁니다. 저항하는 회사들은 고객들의 요구 앞에 난처한 입장에 놓일 겁니다." 린든은 그렇게 판단한다.

미국의 태양열 에너지 생산은 전년도보다 나아지지는 않았지만

2008년에 새로운 정점에 도달해 이를 관측하는 대부분의 사람들은 그 현상이 계속 이어지리라고 기대한다. "용량이 16퍼센트 진보해서(1,265메가와트) 총 9,183메가와트가 설치"되었다고, 태양열에너지산업협회는 연간 보고서에서 밝힌다. 미국의 생산 네트워크는 이제 소매 시장을 책임지는 태양열 전지판 제조 업체(퍼스트 솔라, 에버그린 솔라, 에너지 컨버전 디바이스)와 설치 업체(REC, 아키나, 솔라시티) 등에 주요 공장들을 맡기고 장비를 구상하는 산업 관계 업체들(어플라이드 머티리얼스, 올리콘)을 중심으로 구축되고 있다.

그러나 태양열 에너지는 실제론 정부 보조금과 호의적인 규제의 혜택을 받는 곳에서만 부상하기 시작했을 뿐이다. 그리고 무엇보다도 세부적으로 전기 요금이 오른 지역에서 더 각광을 받고 있다. 1991년부터 태양열 산업을 보조하고 있는 독일은 캘리포니아보다 태양열 전지판이 다섯 배 더 많이 설치되었지만 그만큼 알려지지는 않았다. 그런데 독일의 사례에는 한 가지 그냥 지나칠 수 없는 현상이 있다. 2009년 3월에 플로리다의 게인즈빌은 미국 도시들 중 최초로 독일 시스템을 도입했다. 즉, 개인이든 기업이든 태양열 에너지를 공급받게 되면 우선적으로 일종의 '가입비'를 낸다. 그러면 시립 전기 회사가 그때부터 태양열 에너지 생산자로부터 20년 동안 표준 요금의 두 배 가격으로 전기를 사들인다. 실질적으로 그렇게 하면 납세자의 보조금에 대한 부담이 지역 소비자에게 이전되어, 지역 소비자의 매달 전기 요금이 74센트씩 오르게 된다(평균 요금의 0.5퍼센트). "제가 직접 체험해 보니 실제로 우리 지역 경제에 긍정적인 영향을 미치더군요. 가뜩이나 이 힘든 시기에 말입니다." 게인즈빌에 전력을 공급하는 전기 회사를 위한 플래닝 담당 차관 에드워드 리건은 〈뉴욕 타임스〉에 그렇게 설명했다. 게인즈빌의 경험이 제 기능을 하게 되면 하와이나 로스앤젤레스 혹은 캘리포니아도 곧 따라 할 수 있다.

미국에서는 보조금이 일시적인 데다 상한선이 정해져 있어 조금씩 줄고는 있지만 일부 정치인들은 이를 잘 받아들이지 못한다. 어찌 되었든 업계에서는 앞으로 8년까지는 보조금이 전혀 없어도 상관없다고 생각하는 듯하다. 최근의 매킨지 연구 결과를 보면 확실히 알 수 있다. "지난 20년 동안 태양광 시스템의 제작과 설치 비용은 설치된 용량이 두 배가 될 때마다 매번 20퍼센트씩 줄어들었다." 그 연구에 의하면, "보조를 받지 않은 태양열 에너지 비용은 캘리포니아, 미국 남서부, 이탈리아, 일본, 스페인의 재래식 전기 비용과 같을 것이다." 공통적으로 일조량이 많고 전기 요금이 비싸며 비용 절감에 필요한 시장의 성장을 촉진하기 위한 부양책을 갖춘 지역들이다.

어플라이드 머티리얼스의 회장 찰스 게이는 프레젠테이션에서 1974년과 2004년 사이에 트랜지스터의 가격은 2,000만분의 1로 줄었고, 1995년과 2005년 사이에는 텔레비전 평면 스크린의 비용은 20분의 1로 줄었고, 불과 2006년과 2010년 사이에는 태양열 에너지의 와트 비용이 이미 반으로 줄었음을 상기시킨다! "우리 업체는 보조금에 대한 강박 관념이 전혀 없습니다. 석유 산업도 시추 보조로 수억 달러를 받았고 지난 50년 동안 다양한 세금 혜택을 받았죠. 석탄의 경우도 이산화탄소 배출량의 실질 비용을 지불하지 않기 때문에 보조금을 받았고요. 쓰레기 재활용을 후원할 것 없이 그냥 강물에 던져 버릴 수 있는 원자력 발전소처럼 말입니다!" 그런 점에서 볼 때 미국 시장에 이산화탄소 배출권이 정립되면서 태양열 에너지는 단숨에 경쟁력을 더 갖추게 된 것 같다.

태양열 에너지의 비상은 당연히 미국에만 국한되는 일이 아니다. 미국의 그린 에너지 관련 연구 기관인 클린 에지에 의하면, 세계의 태양열 에너지 설비가 2008년에 네 배(4기가와트)로 늘어났다고 한다. 그리고 태양광 전지의 세계 시장은 2008년에 296억 달러에서 2018년에는 806억 달러로 확장될 것이라고 한다.

"눈앞에 새로운 태양열의 시대가 펼쳐지고 있다"고 매킨지 연구는 결론지으며 2020년까지 지구에 설치된 용량의 20배 혹은 40배로 늘어날 수 있다고 예측한다. "오랫동안 비경제적인 헛소리로 치부되었던 태양열이 기술의 진보와 전통적인 에너지 비용의 상승에 따라 차차 영역을 확보해 나가고 있다."

하지만 아직은 첫 단계에 불과하다. "가장 순조로운 성장 시나리오에서조차 태양열 에너지는 2020년(200기가와트에서 400기가와트)에 설치된 세대 용량의 3~6퍼센트에 불과할 것"이라고 매킨지는 강조한다. 어쨌든 캘리포니아에서는 그 비율이 10퍼센트는 넘을 것이다. 아니, 린든의 견해대로라면 20퍼센트도 넘을지 모른다. 린든 라이브는 미래가 결정적으로 따스할 거라고 생각하니까.

자본주의의 새로운 단계

이 조사에서 결정적인 결론을 끌어낸다면 건방진 소리로 들릴 것이다. 우리는 지금 새로운 시대의 초입을, 장기적으로 그 결과를 따져 봐야 할(우리가 숨 쉬는 공기로, 우리가 마시는 물로, 우리의 몸에 스며드는 분자들로, 지구의 기온을 높이고 그 다양성을 위협하는 가스로) 개발 모델의 조심스러운 첫발을 지켜보고 있기 때문이다. 따라서 이 모험은 이제 시작일 뿐이다. 녹색 혁명은 1년 안에, 아니 10년 안에 완수될 일이 아니다. 이건 한 세대가 걸린 문제이다.

그렇지만 이제부터 상당한 사실을 확인할 수는 있다. 새로 생겨나는 클린테크에 대한 심취는 한때의 '유행'으로 그칠 문제가 아니다. 이는 우리의 에너지 소비를, 따라서 그것이 부양하는 생산 시스템 전체를 완전히 균일하게 만들고자 하는 욕구를 반영하기 때문이다. 에너지는 자본과 마찬가지로, 경제라는 육체에 흐르는 피와 같다. 2008년에 우리는 심각한 금융 위기를 초래할 수 있는 대

격동을 보았다. '에너지 부족energy crunch'은 분명 더 비극적인 사태가 될 것이다. 훨씬 더 깊고 지속적인 후유증을 남길 테니까 말이다. 그 문제를 해결하려면 자본을 투입하는 것으로는 충분치 않다. 한데 그런 식의 시나리오는 현재 피할 수 없는 것 같다. 석유는 2010년과 2030년 사이에 생산 정점에 도달하고 2050년에는 고갈될 것이다. 이산화탄소 배출량은 가장 비관적인 시나리오들이 예측될 만큼 언뜻 보아도 더욱더 늘어나고 있다. 빠른 분기는 없다 해도, 온실 효과는 지표면 온도를 2010년까지 최대 격차 섭씨 1.1도에서 섭씨 6.4도까지 올릴 우려가 있다.

따라서 어떤 식으로든 자원을 더욱 아끼고 기후에 해가 적은 시스템이 절실하다. 문제는 현재의 위기가 변화로 이어질지를 아는 것이 아니라 인류가 어떻게 하면 그것을 조절할지 알아내는 일이다. 중대한 경제적 그리고 인류적인 재앙을 다급하게 조절해 나갈 것인가? 아니면 차분하게 책임 있는 정부를 통해 조직되는 변화, 그 속에서 자신의 이익을 추구하는 이들을 포함한 경제 관계자들을 통해 정보를 얻은 국민들이 그들과 함께 자유롭게 받아들이는 변화를 추구할 것인가? 그 문제를 마냥 낙관만 하고 있다가는 언젠가 우리 손자들이 19세기, 20세기 그리고 21세기를, 다시 말하면 화석 에너지의 시대, 우리가 물려주어야 할 석탄과 석유 그리고 가스를 모두 써버린 시대를 문명의 짧고도 부조리했던 한심한 에피소드쯤으로 보게 될지 모른다.

우리의 '화석 에너지' 변형 속도는 각 나라에서 규정한 정책마다 상당히 다를 테지만 또 한편으로는 세계적인 구속의 수준과도 관계가 있어서, 국가들은 교토 의정서의 뒤를 잇기 위해 합의를 보려 애쓰고 있다. 온실 효과의 '초강대국'인 미국의 완전하고도 전체적인 협력이 특징을 이루는 최초의 다국가 모임인 2009년 12월의 코펜하겐 정상 회담이 그래서 중요했던 것이다. 그 국가들의 참여가 당장은 유럽의 참여보다 대단하지 않다 하더라도 그 존재만으로도 강한 신호이며 각각의 국가가 완수해야 할 막대한 임무에 대해 책임의 몫을 다하겠다는 미래 희망의 싹을 품고 있는 것이다.

이 책은 의도적으로 새로운 에너지의 개척자들에게 집중했다. 그 중소기업들이 기존의 경제 관계자들을 대체할 가능성이 희박하다 할지라도 어쨌거나 불씨, 촉매의 역할은 분명 해내고 있다. 테슬라 모터스나 베터 플레이스가 없다면 실제로 GM과 르노닛산은 결코 2010년에 첫 전기 차 모델을 출시하지 못했을 것이다. 아미리스나 솔라자임이 없었다면 BP나 쉘 그리고 마라톤 오일 같은 기업들은 지금까지도 바이오 연료 부문에 관심조차 갖지 않았을 것이다.

그러나 효율성을 높이기 위해서 에너지의 신기술을 받아들이는 건 간헐적으로나 부수적으로 이루어져선 결코 안 되는 일이다. 신생 기업들의 힘만으로는 충분하지 않다. 혁명은 서양의 여러 국가들이 착수해야만 구체화될 것이다. 그 대단한 당사자들만이 변화에 의미를 띠기에 충분한 규모를 부여할 수 있기 때문이다. 그들의 기업적인 노하우와 마케팅 능력이야말로 '녹색 상품'들이 다른 것들보다 더 비싸지 않게 만들 수 있고, '탄소를 제거한' 재산과 서비스가 그들의 둥지를 벗어나 대중 시장을 압도하도록 만들 수 있을 것이다.

'빅 카'는 깨끗한 자동차로 바뀌고, '빅 코얼'은 탄소의 포획과 격리에 진지하게 투자하고, '빅 오일'은 녹색 연료를 생산해야 한다. 화학 그룹과 석유 화학 그룹들, 시멘트 업체들, 대량 소비 상품과 농식품계의 거물들은 운영 방법을 다시 생각하고, 환경을 존중하는 산업과 보다 소박한 농업을 만들어 내야 한다. 월마트, 테스코, 카르푸 등의 대형 유통 업체들은 그들의 '탄소 발자국'을 줄이고 그 기준을 공급 업체들에도 부과해 상품을 공급하는 저비용 국가들에까지 그 모델들을 전파시킬 만한 가치가 있도록 해야 한다. 그 과정은 이제 시작되었지만 아직 갈 길이 멀다. 그리고 자본주의의 거인들은 금융 시장의 신호와 규범의 구속과 고객들의 열망 앞에서 진보의 리듬을 늦출 것이다.

일부 당사자들은 패러다임을 바꾸어 내일의 깨끗한 경제를 지배하려 들 것이다. 또, 일부는 옛 모델에 집착하며 쇠퇴할 것이다. 우리는 그 '창조적인 파괴'의 법칙이 이전의 모든 산업 혁명에서 작용하는 것을 보았다. 직조, 전기, 자동차, 컴퓨터, 인터넷 등의 기술이 도래할 때 말이다. '탄소 제거'와 싸우는 이들은 무엇보다 경제적인 논증을 언급한다. 즉, 모델을 바꾸면 너무 비싼 비용이 들고 너무나 많은 일자리를 없애서 한마디로 경제를 쇠퇴시킬 거라는 주장이다. 그러나 그건 비용의 개념 자체가 대단히 상대적이라는 사실을 조금은 성급하게 잊고 하는 소리다. 한편으로, 화석 에너지는 과거에도 현재에도 국가의 보조를 크게 받고 있다. 다른 한편으로, 화석 에너지의 시장 가격은 잘못된 것이다. 집단으로 회복시켜야 할 인류의 건강이나 환경에 미치는 피해도, 더군다나 이라크 전쟁처럼 직접 책임을 물을 수 있는 지정학적인 결과와 군사 비용을 염두에 두지 않았기 때문이다.

2006년 10월, 영국 정부의 기후 변화 보고서인 〈스턴 리뷰Stern Review〉는 기후 변화에 대한 조속하고 맹렬한 활동은 그 비용을 크게 보상하고도 남는 장점들을 보여 준다는 결론을 내렸다. 그 이후로, 많은 연구 결과가 아무리 적당한 정책이라도 녹색 정책들은 오히려 경제적인 원동력이 되었음을 입증했다. 때문에 2008년 말엽에 발표된 대부분의 경제 성장 재활성화 정책에서는 녹색 정책이 중요한 비중을 차지한 것이다. 오클랜드의 NGO '그린 포 올Green for All' 창립자인 반 존스는 혁명적인 개념을 전개시켰는데, 그 개념에 의하면 미국은 '블루칼라'와 '화이트칼라'에 빗댄 '그린칼라'의 출현을 도우면 자국의 사회 문제와 환경 문제를 동시에 해결할 수 있다고 한다. 그의 저서 《그린칼라 이코노미》는 녹색의 '뉴딜'을 격찬한다. 그는 '성장을 위한 녹색 연합당', 즉 '군사 석유 자본 동맹'의 권력에 대항할 수 있는 정치 세력이 나타나야 한다고 호소한다.

세계적인, 세계 시장의 그리고 세계 정치의 문제이다. 미국은 새 대통령의 지휘 아래 몇 년 안에 지구 최강의 오염과 낭비 국가에서 클린테크의 세계적인 리더로 180도 선회할 수 있을 것이다. 그건 그리 대단한 일은 아니다. 하지만 이는 분명 실리콘 밸리의 청정 에너지 분야의 수많은 기업가들과 재무가들의 꿈이다. 또한 최신작 《세계는 평평하다》에서 그런 생각을 펼친 논설위원이자 작가인 토머스 프리드먼의 이미지에 따라, 견식 있는 인텔리겐치아의 지지를 받아 새로운 미국 에너지부 장관의 자리에 오른 스티븐 추의 꿈이기도 하다.

에너지에 대한 미국 법의 새로운 프로젝트인 왁스먼-마키 법안은 물론 대단히 소박한 목표들을 예상한다. 그것은 바로 이산화탄소 배출권이 85퍼센트 무상으로 배급되는 세계 시장, 그리고 1990년에 비해 2020년까지는 이산화탄소를 15퍼센트 감축시킨다는 목표이다. 그러나 그 주창자들은 결코 법안 전체를 그대로 통과시키지 못하리라는 걸 알고 있다. 때문에 그들은 차라리 언제든 나중에라도 충분히 압박할 수 있는 입법적인 테두리를 부과하기 시작했다.

유럽 연합은 서류상으로는 진보하고 있다. 2005년 1월에는 유럽의 이산화탄소 시장을 정립시켰다. 하지만 그 메커니즘은 그다지 구속력이 없는 것으로 드러났다. 보조가 지나치게 관대하게 이루어지고, 고작 배출량 전체의 3분의 1에만 해당되기 때문이다(주로 화력 발전소와 중공업에만). 그러나 그 작용은 2012년 이후로는 개선되고 확장될 전망이다.

기후 변화와의 투쟁에 관한 유럽의 새로운 법안은 1990년의 기준에 비해 지금부터 2020년까지 온실가스 배출량을 20퍼센트 감축시키겠다는 목표를 정했다. 유럽 연합 정부들과 의원들 역시 유럽인들에게 2020년에는 전기 소비에서 재생 에너지의 20퍼센트를 포함시키도록 강요하는 법안에 협조했다. 연합의 27개국 각각은 국가적인 목표에 도달하고 특히 풍력과 태양열, 수력, 지열과 같은 재생 에너지를 거쳐 '탄소 제거' 계획을 준비해야 한다. 그러나 미국에서와 마찬가지로, 그 정책은 아직 탄소에 대한 의존도가 상당히 높은 동부 경제와 원자력(이산화탄소를 배출하지 않는)과 재생 에너지 연료의 경제 사이에서 많은 긴장감을 자아내고 있다.

프랑스에서는 2009년 봄의 유럽 선거에서 녹색당이 큰 점수를 얻으며 니콜라 윌로Nicolas Hulot 재단을 통해 오래전부터 구상되어 온 '탄소세'에 대한 생각이 다시 유행되었다. 그 '기후 에너지 기여금' 제도는 온실가스 배출을 줄이기 위해 탄소가 함유된 제품들의 소비에 제동을 걸게 될 것이다. 그리고 유럽의 오염권 교환 시장에 포함되지 않는 부문인 교통수단이나 건물과 산업에서 화석 에너지(석탄, 휘발유, 가스)를 소비하는 모든 상품을 대상으로 징수되는 형태를 띠게 될 것이다.

그 새로운 세금은 이론적으로는 세무상 중립이다. 관련 전문가 위원회를 주관한 미셸 로카르는 "이 세금 때문에 어떤 식으로든 국내의 사회 보장세가 늘어나선 안 되니 다른 세금을 대체해야 한다"
고 했다. 그렇게 하면 소득세가 에너지와 오염원 배출로 옮겨 갈
수 있다. 이 메커니즘은 미셸 로카르의 표현에 의하면, "기한이 다
되면 국내 세제 전체를 개조할 싹"을 품고 있다. 그 대신 저소득층
은 '녹색 수표'를 받을 수 있다는 아이디어가 탐색 중이지만 아직은
미정이다. 파리 동쪽 지구 베르시의 경우에 비추어 보면, 그런 대
책은 1년에 0.2점에서 0.6점 정도의 성장 증대를 가져올 수 있고
잘하면 수만 명의 고용을 창출할 수 있다고 한다. 10퍼센트 세금이
에너지 경제를 부추겨 막대한 휘발유를 줄이게 할 테니까 말이다.

안타깝게도 프랑스의 접근 방법에는 여전히 원자력을 둘러싼 커
다란 금기 사항이 존속한다. 아무리 심사숙고해도 프랑스 전력의
80퍼센트를 공급하는 원자력에 대한 의존도는 앞으로도 쉽게 바뀌
지 않을 것 같다. 직접적으로 이산화탄소를 방출하지 않는 원자력
은 물론 코펜하겐의 합의문에는 포함되지 않았다. 하지만 원자력
에는 쓰레기 관리와 같은 여러 위험 요소가 있고, 고도로 집중된
에너지 구조가 불가피해서 일부 전문가들은 에너지 배급의 도래를
예측할 정도임을 우리는 알고 있다. 게다가 아레바Areva사가 차세
대 원자로 건설 수주에 실패한 일과, 노회한 발전소 철거의 실질
비용을 고려하지 않은 원자력 전기 '가격'의 인위적인 특성은 논쟁
의 여지가 될 것이다.

끝으로, 그 금기와 관련된 불리한 점이 있다. 우리의 전력 소비를
제한하기 위한 대책이 전혀 없다는 사실이다. 그런 점에서 캘리포

니아의 사례는 생각해 볼 만한 가치가 있다. 판매액을 올리기보다 차라리 고객들이 절약하도록 부추기는 전기 회사들에 대한 보상을 왜 생각하지 못했을까? 그 생각은 물론 전기 공급 업체들이 독점하지 않는 경쟁적인 테두리에서는 시행하기 어렵겠지만 유럽 차원에서는 타협해 볼 만하다.

클린테크를 진지하게 받아들이는 일은 프랑스로서는 거의 완전히 소외된, 세계 경제의 새로운 전쟁터가 되고 있는 마당에 더없이 시급한 일이다. 실제로 우리는 인터넷과 마찬가지로 전자에서도 전국적인 챔피언들을 만들어 내는 것이 내수 시장임을 보았다. 호의적인 국가 규제 덕분에, 독일인들은 태양열(Q-셀)에서, 덴마크인들은 풍력(베스타스)에서 자리를 잡았다. 스페인은 태양열 발전소와 풍력 농장(악시오나, 아벤고아)에서 최초로 세계적인 운영 업체들을 배출했다. 프랑스인들은 쓰레기와 물 관리(수에즈와 비방디) 그리고 자동차에서 우세한 입장이다. 프랑스가 새로운 EDF 에너지와 함께 풍력에 조금이나마 들어선 것은 기업가 파리 모라토글루(자본의 공동 소유자) 덕분에 국영 전기 업체가 재생 가능한 미래를 준비해야 한다는 근심을 하게 되어서이다.

그런데 청정 에너지를 지배하려는 세계적인 싸움에서 새로 등장하는 경쟁자들을 눈여겨보아야 한다. 지구 상에서 가장 큰 오염 국가인 중국을 필두로 해서 말이다. 중국 대륙은 물론 호전적인 성장 정책을 이끌어 품질 나쁜 상품들을 전 세계에 쏟아 내며 환경을 엉망으로 만들고 있다. 게다가 2008년에 중국은 온실가스 배출 국가의 대열에서 미국을 제쳤다. 중국의 강과 호수의 3분의 2는 기업적으로 활용하기엔 지나치게 오염되어 있다. 그리고 중국 인구의 1퍼센트만이 유럽에서는 그나마 믿을 만하다고 평가되는 공기를 마시고 있다. 또, 화력 발전소를 연달아 건설하고 있어서 전기 생산의 80퍼센트 가까이 차지하고 있다.

놀라운 사실은, 그런데도 중국 정부가 얼마 전부터 많은 민주 국가들보다 더 자발적인 환경 정책을 펼치고 있다는 점이다. 무엇보다도 중국은 활성화에 있어 가장 친환경적인 정책을 펼친 국가 중 하나이다. 지능형 전력망과 에너지 경제에 2,000억 달러가 할애된 것이다(미국의 1,000억 달러 정도에 비해서). 그러한 노력은 중국의 계획안 전체의 38퍼센트에 해당하고, 이는 대한민국(81퍼센트)과 유럽 연합(59퍼센트)의 뒤를 잇는 것이다. 물론 미국(12퍼센트)보다는 한참 앞선 것이라고 HSBC 유럽의 한 조사 결과는 밝히고 있다.

중국의 환경 정책은 이제부터 자동차 제조 업체들에 미국이 2020년 전에는 도달하지도 못할 휘발유 소비 규제를 부과한다. 중국 정부는 강력한 에너지 경제의 기준을 마련했다. 즉 2010년 말에 각각의 생산체는 2005년보다 20퍼센트 적은 에너지와 30퍼센트 적은 물을 활용해야 한다고 규정한 것이다. 그리고 재생 에너지로 생산되기 전의 전기 할당량을 2010년에는 3퍼센트로, 2020년에는 8퍼센트로 정했다. 단, 이미 20퍼센트를 나타내는 수력은 여기에서 제외했다.

그런데 그게 전부가 아니다. 세계 공장은 청정 테크놀로지에 관한 커다란 야심을 품고 있다. 중국은 태양열 보조 정책을 세웠다(와트당 3달러로 설치 비용을 60퍼센트까지 감당하는). 그리고 이미 선테크 파워Suntech Power 같은 태양 전지 업체나 히민 솔라Himin Solar 같은 온수 제조 업체의 챔피언들과 함께 세계 제일의 태양광 생산 국가가 되었다. 또한 풍력 터빈에 있어서도 세계 두 번째 시장으로서 지난 4년 동안 용량을 두 배로 늘렸고 조만간 리더인 미국을 앞지를 수 있을 것 같다. 농업 폐기물로 만드는 바이오가스 공장도 늘어나는 추세다.

게다가 중국은 제조업의 노하우를 배터리와 전기 자동차에 집중시키기로 했다. 세계 최초로 충전 가능한 전기 자동차를 상업화시킨(고작 2만 2,000달러에) BYD는 방대한 내수 시장을 세계 정복으로 뻗어 가기 위한 발판으로 여기고 있다.

기후 온난화에 대한 투쟁에서 승리를 거두는 것은 또한 아시아나 아프리카 또는 라틴 아메리카의 개발 도상 국가가 어제의 우리처럼 화석 에너지의 길을 가지 않도록 설득하는 방법이 될 수 있다. 우리에게 호사와 물질적인 안락을 가져다준 것이 그들에게는 금지되었음을 설명한다는 것은 사실 상당히 예민한 문제다. 다시 말하면, 우리가 지구를 엉망으로 만들어 놓고는 이제 와서 그들이 우리를 도와 지구를 구해야 한다고 하니 말이다. 그러나 가능한 길이 있다면 그들이 진보된 에너지 기술을 받아들여 탄소가 적은 경제를 직접 개발하도록 돕는 일일 게다. 전화의 경우에 실제로 일어났던 일이기도 하다. 많은 개발 도상 국가들이 고정된 네트워크 개발에 관해 위험을 무릅쓰고 곧장 이동 통신으로 넘어갔으니까……. 물론 이는 태양열과 풍력이 빠르게 화력 발전소만큼의 경쟁력을 갖추어야 한다는 점을 전제로 한다.

남반구 국가들의 또 다른 희망은 그 새로운 여건을 활용해 특히 풍요로운 풍력과 바이오매스에서 비교적인 이점을 돋보이게 하는 것이다. 그런 상태에서라면, 마그레브 지방은 태양열 전기에서 유럽의 특혜를 받은 공급 업체가 될 수 있고, 열대 지역은 셀룰로오스 경작에서 파생된 연료들의 세계적인 천연 저장고가 될 것이다. 끝으로, 막대한 열대 숲을 지닌 가난한 국가들은 그 집합적인 재산을 효율적으로 보호하기 위한 보상을 받게 될 것이다. 하지만 그런 시각이 본질적으로 화석 에너지보다 더 훌륭한 새로운 에너지들을 둘러싼 전략 지정학이 걸려 있음을 인정하자. 아직 확실해지려면 멀었다.

한 가지는 확실하다. 아직도 이 모든 것이 '환경 운동가'들의 이야기에 불과하다고 여기는 사람들은 당치 않은 생각을 하는 것이다. 모든 게 바뀌어야 한다. 게임의 법칙도, 대책 도구도. 생산 방법, 일하는 방법, 이동하는 방법도. 숙박하는 방법도, 긴장을 푸는 방법도, 먹는 방법도. 다른 사람들과의 관계도, 동물군과 식물군의 관계도. 오로지 국내 총생산으로만 정의되던 '경제 성장'의 개념 자체가 쓸모없게 되었음은 갈수록 명백해지고 있다. 공기, 물, 숲, 생태학적 다양성과 같은 희귀 자원들의 소비를 고려하는 공적인 회계 시스템을 정립하지 않는다면 우린 이내 벽에 부딪히고 말 것이다. 과소비의 사회를 절제의 미학으로 옮기는 방법을 배워야 할 것이다. 완전히 다른 세상을 만들어야 한다. 이 책의 개척자들이 노력했던 대로 만들어야 한다.

인류는 지금 전 세계적으로 유례없는 금융 위기를 겪고 있다. 하지만 머지않아 진행될 에너지 고갈과 계속해서 심각하게 진행되고 있는 환경 파괴는 앞으로 인류를 예측할 수 없는 비극으로 몰아넣을 수 있다고 한다. 따라서 세계는 지금 기후 변화와 에너지 고갈에 대응하기 위해 각국의 탄소 발자국을 줄이고 재생 가능한 에너지를 개발하기 위해 주력하고 있다. 이제 '녹색 성장'이니 '녹색 산업'이니 '녹색 경제'니 하는 말은 단순히 스쳐 지나가는 유행이 아니라 인류의 미래를 짊어진 세계적 추세가 될 전망이다. '녹색 산업'이란 온실가스와 환경 오염을 줄임으로써 자연을 훼손시키지 않으면서 국가의 경제 성장을 동시에 이루려는 산업이다. 즉, 석유나 석탄 대신 태양열, 풍력, 조력과 같은 청정 에너지와 녹색 기술을 통해 환경을 지키고 새로운 환경과 일자리를 만들어 경제 성장을 추구하는 것이다.

이 책에서는 캘리포니아 실리콘 밸리라는 특정 지역에서 녹색 사업을 주도적으로 이끌고 있는 '녹색 기업가'들을 통해 세계적인 현상으로 자리매김하고 있는 녹색 혁명의 시작을 이야기한다. 세계 최초로 전기 자동차를 대중화하려는 원대한 포부를 펼치고 있는 베터 플레이스의 샤이 애거시와 테슬라의 엘론 머스크, 거대한 연을 터빈으로 하여 깨끗하고 재생 가능한 에너지를 생산하려는 풍력 개발 업체 마카니 파워의 사울 그리피스, 태양광 전문 업체 이솔라의 빌 그로스, 친환경 리모델링 사업을 이끌고 있는 서스테이너블 스페이스의 맷 골든, 합성 생물학을 대표하는 아미리스의 제이 키슬링 등 녹색 사업의 선구자들에 초점을 맞추어 이들의 새로운 시도와 모험담을 들려준다. 이들이 벌이고 있는 인류의 도전을 긍정적인 측면으로 묘사하기 때문에 이 책을 읽다 보면 아직도 우리에게는 활용할 수 있는 자원이 무궁무진하다는 희망이, 지구가 앞두고 있는 위기를 얼마든지 극복해 다시 녹색 지구를 일궈 낼 수 있을 것 같다는 희망이 샘솟는다. 그리고 책을 덮을 때쯤이면 누구든 녹색 운동에 동참하고 싶다는 생각을 하게 될 것이다. 어쩌면 녹색 혁명에 직접 뛰어들어 개척자가 되어 보겠다는 투지를 품는 사람도 있을 것이다.

우리나라도 2013년부터는 온실가스 의무 감축국이 될 가능성이 높다고 한다. 국가적으로 이산화탄소 배출을 줄이지 못하면 배출량이 적은 나라에서 배출권을 사들여 와야 한다. 그렇게 되면 실질적인 GNP 성장률도 감소될 뿐 아니라 몇 년 안 가서 우리나라 공장 절반은 문을 닫을 수도 있다고 한다. 따라서 정부는 2013년까지 녹색 분야에 107조 원을 우선 투입하고 녹색 연구 개발 예산도 3조 5,000억 원을 대폭 늘리기로 했다고 발표했다. 또 녹색 기술을 신성장, 원천 기술 연구 개발 세액 공제 대상에 포함시켜 최대 30퍼센트의 세액을 공제시켜 주는 방안도 추진하기로 하는 등, 녹색 산업 육성을 위한 강력한 추진 의지를 표명했다. 하지만 이 같은 녹색 혁명에 대한 공적인 규제와 후원도 중요하겠지만, 이를 실천하는 개개인의 행동도 무엇보다 중요할 것이다. 가령, 이 책에서 소개된 데이브 샤메이데스처럼 말이다. 그처럼 집 안에서 지렁이 공장을 만들 정도는 안 된다 하더라도 일상에서 개개인이 실천할 수 있는 녹색 행동은 100만 개도 넘는다고 한다. 변기 물통에 벽돌이나 페트병 넣기, 세탁기 돌릴 때 차가운 물 사용하기, 휴대용 장바구니 이용하기, 재활용을 생활화하기, 종이컵 대신 개인 컵 사용하기, 대중교통 이용하기, 사용하지 않는 조명 끄기, 스위치가 달린 멀티탭 사용하고 사용하지 않을 때는 꺼 두기 등등.

부디 우리의 아이들이 푸른 땅에서 맑은 공기를 숨 쉬며 살아갈 수 있기를 바라는 마음에서 당장 작은 것부터 실천에 옮겨야겠다는 다짐을 해본다.

2010년 9월
문신원

참고 문헌

Adam Werbach, *Act Now, Apologize Later*, HarperCollins, 1997.

Brian Dumaine, *The Plot To Save The Planet: How Visionary Entrepreneurs and Corporate Titans are Creating Real Solutions to Global Warming*, Crown Business, 2008.

Corine Lepage, *Vivre autrement*, Grasset, 2009.

Edward Humes, *Eco Barons: The Dreamers, Schemers, and Millionaires Who are Saving Our Planet*, HarperCollins, 2009.

Genevieve Ferone, *2030, Le krach ecologique*, Grasset, 2008.

Jean-Marc Jancovici, Alain Grandjean, *C'est maintenant! 3 ans pour sauver le monde*, Seuil, 2009.

Jeremy Rifkin, *Beyond Beef: The Rise and Fall of The Cattle Culture*, Plume, 1992.

Joel Makower, *Strategies for The Green Economy: Opportunities and Challenges in the New World of Business*, McGraw-Hill, 2009.

Paul Hawken, Amory Lovins, Hunter Lovins, *Natural Capitalism: Creating the Next Industrial Revolution*, Little Brown and Company, 1999.

Ron Pernick, Clint Wilder, *The Clean Tech Revolution, The Next Big Growth and Investment Opportunity*, HarperCollins, 2007.

T. Boone Pickens, *The First Billion is the Hardest: Reflexions on a Lifetime of Comebacks and America's Energy Future*, Crown Business, 2008.

Thomas Friedman, *La Terre perd la boule: Trop chaude, trop plate, trop peuplee*, Fondation Saint-Simon, 2009.

Van Jones, *The Green Collar Economy: How One Solution Can Fix Our Two Biggest Problems*, HarperCollins, 2008.

William McDonough, Michael Braoungart, *Cradle to Cradle: Remaking the Way We Make things, North Point Press*, North Point Press, 2002.